Accounting through Cases and Discussion

Case로 배우는 회계학

| 김유라 · 김선미 · 김진욱 · 이세중 · 정주렴 공저 |

창 민 사

서문

Preface

회계란 재무상태나 경영성과에 영향을 미치는 경제적 사건을 인식하고 측정하여 의사결정자에게 전달하는 일련의 과정을 일컫는다. 이에 기존의 회계학 교재들은 기업회계기준에 의한 거래나 사건의 기록방법을 설명하고 이들 정보를 기업 안팎의 정보이용자에게 전달하기 위해 필요한 보고 서식(재무제표 등)의 작성방법을 소개하고 있다. 그리고 기존의 서적들은 회계 과목을 처음 접하는 학생들이 손쉽게 이해할 수 있도록 경제적 사건을 단순화시켜 명확한 형태의 거래를 제시하고 이를 예시 삼아 회계의 흐름을 설명하는 데 초점을 맞추어 왔다. 그런데 회계를 꼭 이렇게만 공부해야 할까? 정형화된 교육방법에서 벗어나 조금 더 현실적인 상황에 가까운 케이스(case)로 회계를 교육할 방법을 모색하고자 저자들은 의기투합하였다. 이 교재는 실제 상황에 가까운 케이스들을 소개함으로써 학생들의 깊이 있는 회계 학습을 돕는 것을 목적으로 한다.

기업에서 근무하는 직장인도, 과감하게 스타트업을 시작한 창업자도 경영활동을 영위하기 위해서, 그리고 수익을 얻기 위한 투자의사결정을 하기 위해서 기업이나 사업체에 대한 전반적인 이해가 필요하다. 기업에 근무하는 내부 이해관계자로서 혹은 기업에 투자하는 외부 이해관계자로서 우리는 기업의 이익 산출 과정을 이해하고, 인건비, 재료비 등의 관리를 통한 비용절감 방안 등을 논하기도 한다. 그러나 기초 회계에 대한 지식을 가지고 있다 하더라도 이를 실무적으로 어떻게 적용해야 할지 알 수 없는 경우가 많다. 또한 경영의사결정에 사용되는 데이터의 범위와 그 활용도 기존의 재무제표에 국한되지 않고 점차 다양화되고 있는 추세에 있다. 따라서 회계교육은 단순한 이론적 학습뿐 아니라 실무적 응용학습까지 요구되는 새로운 시대를 맞이하고 있다. 이에 저자들은 회계이론과 개념을 단순히 학습하는 과거의 방법에서 벗어나 재무자료 및 비재무자료를 활용하여 회계개념을 직접 적용해

볼 수 있는 학습방법에 대한 필요성을 느꼈다.

이 책은 크게 재무회계, 원가, 그리고 관리회계 케이스로 나누어져 있다. 재무회계 케이스에서는 재무보고 분석, 재무제표분석 및 가치평가, 그리고 주요 회계 이슈에 대한 다양한 케이스를 제시함으로써 기업의 재무제표를 통한 여러 가지 분석 및 회계기준 적용에 대한 실무 적용 능력을 제고하고자 하였다. 원가 및 관리회계 케이스에서는 원가분석 및 의사결정 관련 원가에 대한 다양한 케이스를 제시함으로써 기업 내에서 경영성과를 높이기 위한 여러 고려사항에 대한 이해를 높이고자 하였다.

본서는 회계학의 이론을 학습하는 도서들이 많은 가운데 회계 이론과 원리를 실제 혹은 가상의 케이스를 활용하여 회계이론과 현실이 어떻게 연결되어 있는지를 학습하도록 도울 수 있다. 특히, 학습한 회계 지식을 활용하여 회계기준에 대해 폭넓게 이해하고, 기업의 재무제표와 주석 사항을 분석하며, 원가구조 파악 및 수익성 분석 등을 구체적인 케이스를 통해서 학습할 수 있도록 하여 기존의 회계 도서들과의 차별점을 제공한다. 또한, 본서를 통해 독자들이 다양한 회계 관련 국내외 이슈들을 케이스를 통해 이해하며 회계가 정체되어 있는 학문이 아니라 시간이 흐르고 환경이 변화함에 따라 보완되고 발전하고 있다는 것을 알 수 있다.

저자들이 많은 시간과 노력을 기울였지만, 아직 부족한 점이 존재한다. 저자들은 여기에서 멈추지 않고 독자들의 제언을 바탕으로 본서의 부족한 점을 계속 보완하여 좀 더 완성도 높은 책을 출간하도록 노력할 것이다. 독자들이 본서를 읽고 회계를 이론 중심으로 학습하는 데에서 더 나아가서 회계 개념과 이론의 실제 활용에 대한 이해를 높이고 개인이나 기업들이 마주치는 중요한 경영의사결정에 조금이라도 도움이 된다면 저자들은 더 없이 기쁠 것이다.

마지막으로 본서 집필을 위한 저자들의 노력과 함께 각 사례 구성에 있어 아이디어를 제공하고 개선사항을 제시해준 모든 분들께 고마움을 전한다. 또한 본서의 출판 및 교정에 힘써주신 창민사 직원 여러분들께 감사의 말씀을 드린다.

2022년 5월

저자 일동

As always, for you, the reader

차례

Contents

PART 1

재무회계 케이스

PART 2

원가, 관리회계 케이스

PART 1

재무회계 케이스

CHAPTER 1

회계 개념과 재무보고 분석

- 학성빵
- 율리시스 골프연습장
- 텍사스 폴드포크 샌드위치
- 라온피부과
- 발생주의 vs. 현금주의 - 정부회계
- 닥터제이: 매출채권에 대한 재휘 씨의 고민
- 미리내유통 업계 매출 1위에도 손실이 발생한다?
- 항공사의 올해 유형자산 감가상각비는?
- 샤넬코리아 유한회사
- A전기와 B전자의 일시적 손익
- 부채의 장부가치와 시장가치

회계를 알아야 재무제표의 숫자가 보인다

본 장은 회계개념, 기업의 주요 회계처리방식 등에 대한 내용을 각 사례별로 살펴보는 것에 중점을 둔다. 기업의 재무제표를 보기 전에 기본적인 회계개념을 학습하고 기업이 제시하는 재무제표 정보에 어떠한 의미가 함축되어 있는지, 재무제표에 보고되는 수익, 비용 등의 개념을 구분할 수 있는지 등의 내용을 각 사례별로 제시함으로써 먼저 회계의 개괄적인 이해를 돕고자 한다. 구체적으로 가상 및 실제 기업 사례를 통해 재무제표 작성, 매출채권 회계처리, 부채의 장부가치, 시장가치 계산, 수익성 분석, 일시적 손익 판단 등에 대한 내용을 살펴본다.

학성빵

> **학습내용** 본 사례를 통해 제조업을 영위하는 기업의 회계순환과정을 학습한다. 구체적으로 재료원가, 노무원가, 간접원가를 가진 제조업 기업의 분개, 전기, 시산표 작성 및 재무제표 작성을 학습한다.

코로나 팬데믹 가운데 2022년 새해를 맞은 지 얼마 지나지 않은 것 같은데 벌써 2월이 되었다. 이재필 씨가 주식회사 학성빵을 창업한 지도 벌써 7년이라는 세월이 지났다. 지난 2021년 경영성과를 결산하기 위해 이재필 씨는 2020년 재무제표와 2021년 현금 출납기록을 모두 모았다.

학성빵의 유래

울산에서 태어나고 자란 이재필 씨는 어릴 적부터 황남빵을 접할 기회가 많았다. 경주의 명물이자 대표적인 먹을거리로 꼽히는 황남빵은 경주식 단팥빵의 대명사이다.

8년 전 결혼준비를 하며 본가에 있던 어릴 적 사진을 정리하다 '학성빵'이라는 상호 아래 할아버지와 찍었던 사진을 발견했다. 어릴 적 돌아가셔서 기억이 전혀 없는 할아버지의 사진이 신기했고, 학성빵이라는 낯선 이름도 궁금했다. 이에 대해 아버지가 들려주신 이야기는 충격적이었다. 할아버지는 1938년 울산 학성동에서 본인이 개발한 비법 레시피로 학성빵 가게를 차리셨다. 밀가루 반죽에 단팥을 넣는 단순한 레시피였지만, 그 비밀은 달지 않은 단팥을 제조하는 기술에 있었다.

할아버지가 열었던 학성빵 가게는 당시 선풍적인 인기를 끌었고, 경주의 황남빵과 자웅을 겨룰 정도로 성공적이었다고 한다. 그러나 할아버지와 할머니가 불의의 사고로 함께 돌아가시며 학성빵은 그 운명을 다하고 말았다고 한다. 할아버지는 비밀 레시피를 적은 노트를 아버지에게 남겼지만, 불운하게도 대단한 악필이셨던 할아버지의 글씨를 아버지는 알아보지 못했던 것이다.

재필 씨는 결혼준비로 바쁜 와중에도 몇 달에 걸쳐 암호를 해독하는 정성으로 할아버지의 비밀 레시피를 마침내 해석하는 데 성공했다. 2014년 1월, 재필 씨는 주식회사 학성푸드를 설립하였다.

학성푸드 주식회사

주식회사 학성푸드의 CEO인 재필 씨는 최고 품질의 단팥빵을 제공한다는 할아버지의 신념을 이어받아 학성빵 하나만을 판매하고 있다. 그리고, 일관된 품질과 맛을 유지하기 위해 학성빵은 울산 신정동에 위치한 공장에서만 제조하고 있다. 밀가루와 팥을 원재료로 하는 학성빵은 기념품 등의 선물로 찬사받는다는 점을 고려하여 고급 선물상자에 포장되어 판매되고 있다. 학성푸드는 고품질이라는 제품 특성과 수작업 제조과정을 가진 학성빵의 특성을 고려할 때 직접노무비가 생산 공정 전반에 걸쳐 고르게 배분된다고 생각하고 있다.

매출수익

학성푸드는 선물상자에 담긴 학성빵을 울산공항에 위치한 직영 소매점과 울산에 주소지를 둔 대형 마트들에서만 판매하고 있다. 재필 씨가 확인한 2021년 학성빵 매출은 총 317,670상자로 이는 전년도 매출에 비해 20% 상승한 것이다. 학성푸드는 대형 마트들에게 도착지 인도조건으로 상품을 배송한다.

유형자산

학성푸드의 공장은 울산시 신정동에 있다. 신정동 공장과 공장의 기계장치는 회사 설립시기인 2015년 1월에 구매되었다. 공장은 1,000평 규모인데, 이 가운데 200평은 사무실로 사용되고 나머지 800평만 생산목적에 이용된다. 해당 공장은 정액법으로 감가상각되며 잔존가치는 없다. 기계장치는 내용연수합계법으로 감가상각되며 내용연수는 10년이고 잔존가치는 없다. 울산공항 직영점의 점포설비는 10년의 내용연수를 가지고 잔존가치는 없으며 정액법으로 감가상각된다.

보험료

학성푸드는 매년 1년분 보험료를 4월 1일에 지급하고 있다. 해당 보험은 보험료

지급일인 4월 1일부터 익년 3월 31일까지 공장 및 소매점의 화재에 대해 배상한다. 2020년 4월 1일에 지급한 보험료 총액은 ₩3,600,000이었으나, 2021년 4월 1일에는 보험료가 인상되어 총 ₩4,200,000을 지급하였다. 제조와 비제조에 대한 보험료 배분은 전년과 동일하다.

급 여

자신의 월급을 ₩6,000,000으로 책정한 재필 씨는 세 가지 업무를 담당하고 있다. 첫째, 경영전략 및 판매전략에 50% 시간을 쏟고 있다. 둘째, 생산직 근로자 감독에 근무시간의 25%를 할애하고 있다. 마지막으로, 비법 레시피를 이용한 단팥 제조에 근무시간의 25%를 쏟고 있다. 학성푸드는 3명의 판매직원과 1명의 사무원을 두고 있다.

신정동 공장에는 공장 감독자 두 명과 10명의 생산직 노동자가 학성빵 제조에 종사하고 있다. 공장 감독자들은 매달 각자 ₩4,000,000의 월급을 받는다. 생산직 노동자들의 시급은 ₩15,000이며 매월 15일에 급여를 받는다. 2021년에 10명의 생산직 노동자들이 근무한 시간은 총 17,200시간이었다. 그 가운데 12월 16일부터 12월 31일까지 생산직 노동자들 10명의 근무시간은 총 720시간이다.

광고비

2020년 말 학성푸드의 미지급 광고비는 ₩2,587,000이며, 2021년 말 해당 잔액은 ₩3,194,000이다.

내 역	2021년 12월 31일	2020년 12월 31일
미지급광고비	₩3,194,000	₩2,587,000

수도광열비

2020년 말과 2021년 말, 학성푸드의 미지급 수도광열비는 다음과 같다.

내 역	2021년 12월 31일	2020년 12월 31일
미지급수도광열비	₩1,264,000	₩1,091,000

임차료

학성푸드는 울산공항에 직영 소매점을 운영하고 있다. 소매점의 월 임차료는 ₩3,000,000으로 매달 마지막날에 지급된다.

밀가루와 팥

학성푸드는 부산F&B로부터 밀가루와 팥을 선적지 인도조건으로 구매하고 있다. 구매금액과 운송비는 선적일에 모두 현금으로 지급하고 있다. 재고실사 결과, 2021년 12월 31일 현재 창고에는 ₩1,924,000의 밀가루와 ₩5,982,000의 팥이 남아 있는 것으로 확인되었다. 2021년의 밀가루와 팥 구매내역은 다음과 같다.

2021년 12월 28일에 주문한 밀가루는 운송비를 포함하여 총 ₩6,830,000이다.

구매내역	선적일	도착일
팥	2021년 1월 8일	2021년 1월 13일
밀가루	2021년 2월 3일	2021년 2월 7일
팥	2021년 5월 22일	2021년 5월 27일
밀가루	2021년 7월 28일	2021년 8월 1일
팥	2021년 11월 13일	2021년 11월 18일
밀가루	2021년 12월 28일	운송 중

선물상자

학성푸드는 학성빵을 선물상자에 포장하여 판매한다. 선물상자는 충주에 있는 썬앤패키지로부터 도착지 인도조건으로 대량 구매를 하고 있다. 썬앤패키지는 주문 수량에 따라 할인을 제공하고 있으며, 학성푸드는 도착일에 대금을 지급하고 있다. 학성푸드는 선물상자 재고에 대해 가중평균법을 적용하고 있다. 재고실사 결과, 2021년 12월 31일 현재 창고에는 8,320개의 선물상자가 재고로 남아있는 것으로 확인되었다. 2021년 선물상자의 구매내역은 다음과 같다.

구매내역	선적일	도착일	개 수	순비용
선물상자	2021년 1월 8일	2021년 1월 13일	78,800	₩94,560,000
선물상자	2021년 2월 3일	2021년 2월 7일	69,500	₩85,485,000
선물상자	2021년 5월 22일	2021년 5월 27일	61,200	₩76,500,000
선물상자	2021년 7월 28일	2021년 8월 1일	83,500	₩98,312,000
선물상자	2021년 11월 13일	운송 중	64,300	₩79,732,000

생산소모품

학성푸드는 학성빵 제조과정에서 생산소모품을 사용한다. 재고실사 결과, 2021년 12월 31일 현재 창고에는 ₩690,000의 생산소모품이 재고로 남아있는 것으로 확인되었다.

재공품과 완성품

재필 씨의 추정에 따르면, 2021년 12월 31일 현재 ₩3,318,000의 원재료와 672 노무시간이 재공품에 투입되었다. 재공품은 제품을 제조하기 위한 재공과정에 있는 재고자산을 의미한다. 재고실사 결과, 2021년 12월 31일 현재 창고에는 학성빵으로 채워진 3,529개의 선물상자가 재고로 남아있는 것으로 확인되었다.

[토론사항 1] 수정분개를 포함한 2021년의 모든 거래를 분개하라.

[토론사항 2] 분개를 T-계정에 전기하라.

[토론사항 3] 2021년 시산표를 작성하라.

[토론사항 4] 2021년 손익계산서를 작성하라.

[토론사항 5] 2021년 재무상태표를 작성하라.

〈표 1〉 2020년 손익계산서

2020년 1월 1일부터 2020년 12월 31일까지		
수 익:		
매출액		1,191,262,500
매출원가:		
완성품, 1월 1일	8,580,000	
제조원가	746,211,500	
판매가능상품원가	754,791,500	
완성품, 12월 31일	9,050,000	
매출원가		745,741,500
매출순이익		445,521,000
영업비용:		
수도광열비	2,540,000	
급 여	155,000,000	
감가상각	11,250,000	
보 험	1,440,000	
광 고	36,230,000	
운송비	135,322,000	
임차료	36,000,000	
총영업비용		377,782,000
영업이익		67,739,000
법인세		13,547,800
당기순이익		54,191,200

〈표 2〉 2020년 제조원가보고서

2020년 1월 1일부터 2020년 12월 31일까지		
재공품, 1월 1일		22,315,000
직접재료원가:		
기초원재료재고원가	8,766,000	
당기원재료매입원가	297,998,000	
사용가능원재료원가	306,764,000	
기말원재료재고원가[1)]	11,791,500	
직접재료원가		294,972,500
직접노무원가		285,100,000
제조간접원가:[2)]		
급 여	125,597,000	
수도광열비	10,160,000	
보 험	2,160,000	
감가상각	25,000,000	
생산소모품	2,120,000	
제조간접원가		165,037,000
재공품원가		767,424,500
재공품, 12월 31일		21,213,000
당기제품제조원가		746,211,500

1) 기말원재료재고원가는 ₩2,476,000의 팥, ₩7,682,000의 밀가루, ₩1,633,550의 선물상자 14,850개를 합한 금액이다.

2) 별도 언급이 없으면 2021년에도 동일한 제조간접원가 배부율을 사용함.

〈표 3〉 2020년 말 재무상태표

2020년 12월 31일		
자 산		
유동자산		
현 금		247,512,000
매출채권		121,029,000
선급보험료		900,000
재고자산		42,054,500
생산소모품		618,000
유동자산 총액		412,113,500
유형자산		
토 지		250,000,000
기계장치	55,000,000	
감가상각누계액(생산장비)	45,000,000	10,000,000
공 장	500,000,000	
감가상각누계액(공장)	150,000,000	350,000,000
점포설비	62,500,000	
감가상각누계액(점포설비)	37,500,000	25,000,000
유형자산 총액		635,000,000
총자산		1,047,113,500
부채와 자본		
미지급광고비	2,587,000	
미지급수도광열비	1,091,000	
미지급급여	9,300,000	
미지급법인세	15,370,000	
부채 총액		28,348,000
자 본		
보통주 자본금	900,000,000	
이익잉여금	118,765,500	
자본 총액		1,018,765,500
부채 및 자본 총액		1,047,113,500

〈표 4〉 2021년 현금유입과 현금유출

2021년 현금유입	
현금 매출	257,000,000
매출채권 회수	1,205,435,000
현금유입 총액	1,462,435,000
2021년 현금유출	
보험료	4,200,000
급여와 임금	526,500,000
광고비	32,491,000
수도광열비	13,223,000
운송비	115,600,000
임차료	36,000,000
밀가루	90,190,000
팥	212,762,000
선물상자	354,857,000
생산소모품	2,390,000
법인세	11,731,000
현금유출 총액	1,399,944,000

율리시스 골프연습장

학습내용

본 사례를 통해 회계순환과정을 학습한다. 구체적으로, 거래를 분개하고 분개를 T-계정에 전기하여 시산표를 작성한 후 이를 바탕으로 손익계산서와 재무상태표를 작성한다.

박태신 씨는 열혈 골프 매니아이다. 골프가 대중화되기 한참 전이었던 서른 살 무렵에 아버지에게 골프채 풀세트를 물려받은 것을 계기로 골프를 시작했지만, 짧은 시간에 골프의 매력에 흠뻑 빠져들었다. 그는 대한은행의 행원으로 직장생활을 하면서도 남몰래 골프에 많은 시간을 쏟았다. 동료직원들과 회식을 즐기는 것보다 집 근처 실내연습장에서 골프 스윙 연습을 할 때 행복을 찾을 수 있었다.

대한은행의 스폰서십을 받고 미국으로 MBA를 떠날 때에도 학교를 선택하는 단 하나의 기준은 골프였다. 사시사철, 일 년 내내 골프를 칠 수 있는 캘리포니아에서 MBA 과정을 다니는 동안 그는 시간을 쪼개어 골프장으로 향했다. 마침내 그는 MBA 과정을 마치기 전 US Golf Teaching Professional 자격증을 취득할 수 있었다. 그러나 가까운 동료 몇 명에게만 얘기했던 이 사실이 회사 내에 조금씩 알려지면서 태신 씨는 위기를 맞았다. 태신 씨의 미국 생활에 극노한 부행장과 인사팀장은 태신 씨를 한직으로 내몰았던 것이다. 은행의 스폰서십을 받고 유학을 갈 정도로 회사에서 인정을 받고 있었던 태신 씨였지만, 한번 임원들의 머릿속에 자리잡은 태신 씨에 대한 선입견과 불신의 여파를 이겨낼 수 없었다. 결국 태신 씨는 일반 행원 신분을 벗어나지 못한 채, 50세의 나이로 2020년 6월 명예퇴직을 하게 된다.

은행에서의 인생 1막은 안타깝게 끝났지만, 태신 씨는 오히려 설렘으로 가득 차 있다. 창업을 통해 인생 2막을 열 계획을 미리 차곡차곡 준비해왔었기 때문이다. 그가 거주하는 잠실동에는 17,000세대가 넘는 아파트 단지들이 빼곡히 들어서 있지만 제대로 된 골프 레슨을 제공하는 골프연습장이 존재하지 않는다는 사실에 주목했다.

2021년 1월, 태신 씨는 ₩200,000,000의 자본금을 투자하여 잠실학원사거리에 율리시스 골프연습장을 개점했다. 골프연습장의 이름은 MBA 과정 중 그가 연간 회원권을 끊어 매일같이 다녔던 율리시스 CC의 이름을 가져왔다. 20개의 타석을 설치하기 위해 총 ₩90,000,000이 소요되었고, 음료수 판매를 위한 설비에 ₩3,000,000이 소요되었다. 타석시설은 10년 동안 사용가능하며 잔존가치는 없는 것으로 추정된다. 음료 판매설비는 5년 동안 사용가능하며 잔존가치는 ₩500,000으로 추정된다. 타석설비와 음료 판매설비는 모두 정액법으로 감가상각한다.

태신 씨가 계획한 율리시스 골프연습장의 수입원은 총 세 가지이다. 첫째, 1개월 단위로 판매하는 타석 이용권이다. ₩300,000에 타석 이용권을 선결제한 고객들은 한 달 동안 하루에 한 시간씩 타석을 이용할 수 있다. 둘째, 태신 씨가 제공하는 골프 레슨이다. 레슨 쿠폰은 ₩500,000에 판매되는데 30분씩 총 10회 레슨을 받을 수 있다. 셋째, 이온음료, 탄산음료 등의 캔 음료 판매로 인한 수입이다. 개업과 함께 태신 씨는 ₩600,000의 음료수 재고를 구입하였다. 그리고 타석 배정과 음료 판매를 도울 직원 두 명을 채용했다.

태신 씨는 그 어느 해보다 바쁜 2021년을 보냈다. 이미 잠실에서는 꽤 알려진 골퍼이기도 했지만, 실제로 그에게 레슨을 받아 본 고객들의 입소문을 타고 잠실 최고 레슨 프로의 반열에 올라서고 있었다. 바쁜 일정 탓에 회계 기록을 자세히 살펴보지는 못했지만, 개업 이후 현금 유입·유출 기록은 꼼꼼하게 챙겨 두었다. 2021년의 마지막 레슨을 마친 태신 씨는 그간의 장부와 기록들을 살피기 시작했다. 벌써 십수 년 전이긴 하지만, MBA 과정 회계 수업에서 A+를 받아 회계에는 자신이 있는 태신 씨는 혼자 그의 창업 첫해를 결산해보기로 했다. 태신 씨가 가지고 있는 현금 유입·유출에 대한 기록은 다음과 같다.

현금유입	
타석 이용권	₩288,000,000
레슨 쿠폰	180,000,000
음료 판매	5,455,500
현금유입 합계	₩473,455,500

	현금유출	
	타석 시설 (개업 시점)	₩90,000,000
	음료 판매 시설 (개업 시점)	3,000,000
	음료 재고 구매 (개업 시점)	600,000
	음료 재고 추가 구매	1,400,000
	건물 임차료[1)]	48,000,000
	직원 급여[2)]	36,000,000
	수도광열비	26,565,000
	현금유출 합계	₩205,565,000

1) 건물 임차료는 1개월에 ₩4,000,000이며, 12월분 임차료는 12월 25일에 지급되었다.
2) 12월분 직원 급여는 12월 31일에 지급되었다.

위의 자료에 추가로, 태신 씨는 자신의 월급으로 ₩5,000,000을 받았다. 그 밖에 자신이 놓치고 있는 항목이 있지는 않은지 걱정이 된 태신 씨는 골프연습장의 서류함을 다시 확인하였다. 그리고, 서류함에서 최근 구매하였지만 아직 지급되지 않은 음료수 재고 구매에 대한 ₩250,000짜리 고지서를 발견하였다.

회원 장부를 확인한 결과, 2021년 12월 31일 현재 회원들의 잔여 타석 이용일수의 총합은 718일이었다. 그리고 그의 레슨 장부에 따르면 회원들의 잔여 레슨 쿠폰 총합은 62개였다. 음료수 재고는 ₩431,500으로 확인되었다. 수도광열비 고지서는 익월 첫째 주에 통지받는데, 태신 씨는 12월 수도광열비를 ₩2,550,000으로 추정하고 있다. 세율은 30%로 가정한다.

[토론사항 1] 수정분개를 포함한 2021년의 모든 거래를 분개하라.

① 자본금과 관련된 모든 거래를 분개하라.

② 20개 타석과 관련된 모든 거래를 분개하라.

③ 음료 판매설비와 관련된 모든 거래를 분개하라.

④ 타석 이용권과 관련된 모든 거래를 분개하라.

⑤ 레슨 쿠폰과 관련된 모든 거래를 분개하라.

⑥ 음료 구매 및 판매와 관련된 모든 거래를 분개하라.

⑦ 건물 임차료와 관련된 모든 거래를 분개하라.

⑧ 급여와 관련된 모든 거래를 분개하라.

⑨ 수도광열비와 관련된 모든 거래를 분개하라.

⑩ 법인세와 관련된 모든 거래를 분개하라.

[토론사항 2] 분개를 T-계정에 전기하라.

[토론사항 3] 2021년 시산표를 작성하라.

[토론사항 4] 2021년 손익계산서를 작성하라.

[토론사항 5] 2021년 재무상태표를 작성하라.

텍사스 풀드포크 샌드위치

학습내용	본 사례를 통해 회계순환과정을 학습한다. 구체적으로, 거래를 분개하고 분개를 T-계정에 전기하여 시산표를 작성한 후 이를 바탕으로 손익계산서와 재무상태표를 작성한다.

'그래! 한번 뭉쳐보는 거야!'

2021년 12월 어느 날, 고교동창인 기덕 씨와 우한 씨는 공동 창업을 결의했다. COVID-19 신규 확진자 숫자가 연일 신기록을 기록하고 있지만, 오히려 지금이 창업을 하기에 최적기라는 판단을 내렸다. 팬데믹으로 상가에는 공실이 많아 상대적으로 낮은 임차료로 상가를 임대할 수 있으며, 우세종으로 자리잡은 오미크론의 증상이 심각하지 않아서 이제는 코로나와 공존하는 생활로 접어들 것이라는 예측이었다. 그리고 무엇보다 기덕 씨와 우한 씨가 고객층으로 생각하는 대학생들이 2022년 1학기부터는 대면수업에 임할 것이라는 기대가 컸다.

우한 씨가 가장 좋아하는 음식은 텍사스 풀드포크 샌드위치(pulled pork sandwich)[1]이다. 20년 전 교환학생으로 1년간 생활했던 미국 텍사스에서 풀드포크 샌드위치를 처음 맛본 우한 씨는 그 매력에 푹 빠졌다. 한국으로 돌아온 후에도 그 추억을 잊지 못해 전국에 있는 음식점을 찾아다녔고, 마침내 그가 기억하는 텍사스 풀드포크 샌드위치를 부산의 한 음식점에서 맛볼 수 있었다. 주변의 만류에도 우한 씨는 대학을 휴학하고 6개월 동안 부산에서 텍사스 풀드포크 샌드위치 조리법을 배웠다.

드디어 우한 씨의 풀드포크 샌드위치 조리 실력을 발휘할 때가 온 것이다. 2022년 1월, 기덕 씨와 우한 씨는 ₩60,000,000의 자본금을 투자하여 '텍사스 풀드포크 샌드위치'를 창업했다. 같은 날, 이들은 기덕 씨가 평소 연락하며 친하게 지내는 고

1) 텍사스 풀드포크 샌드위치는 참나무로 훈연한 돼지 목전지와 코울슬로우로 만든 샌드위치이다.

등학교 선배로부터 3년 이내에 원금을 갚겠다는 약속을 하고 ₩200,000,000을 빌렸다. 연 이자율은 시장이자율과 같은 5%이며, 이자는 연 1회 후급으로 익년 1월 초에 지급하기로 했다.

우한 씨는 그가 졸업한 K대 앞 상가들을 수시로 둘러보았다. K대 학생들의 동선을 꿰뚫고 있는 그는 기가 막힌 위치에 공실이 있음을 확인하고 서둘러 계약을 체결했다. 3월 1일부터 사용하기로 계약한 상가는 3년 계약으로 매달 ₩3,000,000의 월세를 내기로 했다. 계약서를 작성하기 위해 만난 건물주는 착한 임대인이었다. 현재 상가가 비어있고 코로나 팬데믹 상황임을 고려하여 지금 당장 입점할 수 있도록 배려해주었다. 이에 기덕 씨와 우한 씨는 텍사스 스타일로 임차 공간을 리노베이션하기로 했다. 3월 1일까지 완료된 리노베이션(구축물 자산)에는 ₩36,000,000이 소요되었으며, 이는 3년에 걸쳐 정액법으로 감가상각되며 잔존가치는 없다고 가정한다.

작은 음식점이지만 개업을 하기 위해서는 준비해야 할 것들이 많았다. 개업 예정일인 3월 1일까지 배송되어 설치된 업소용 냉장고와 그릴을 포함한 주방설비를 ₩24,000,000에 구입하였다. 주방설비는 일반적으로 5년간 사용할 수 있으며 잔존가치는 없는 것으로 추정된다. 주문을 위한 키오스크를 포함한 전산시스템은 ₩10,000,000에 구매하여 3월 1일부터 사용할 수 있도록 설치하였다. 전산시스템은 6년 동안 사용가능하며 잔존가치는 ₩1,000,000으로 추정된다. 그리고 3월 1일까지 배송된 업소용 가구(테이블 및 의자)는 ₩3,000,000에 구매하였는데, 5년 동안 사용가능하며 잔존가치는 ₩500,000이다. 주방설비는 이중체감상각법으로, 전산시스템과 업소용 가구는 정액법으로 감가상각한다.

2022년 현금유입		
항 목	금 액	비 고
매 출	₩382,570,000	2022년 텍사스 풀드포크 샌드위치의 모든 매출은 현금 혹은 신용카드 거래였다.

2022년 현금유출		
항 목	금 액	비 고
식재료 비용	₩127,035,000	2022년 말 아직 거래처에 대금을 지급하지 않은 식재료 비용은 ₩264,000이다. 남아있는 식재료 재고는 없다고 가정한다.
급 여	36,000,000	기덕 씨와 우한 씨는 영업을 시작한 3월부터 각각 ₩2,000,000의 월급을 받기로 했다. 급여는 익월 15일에 지급된다.
소모품 구매	4,500,000	일회용 포장자재, 냅킨, 비닐봉투 등의 소모품은 모두 현금으로 구매한다. 2022년 말 ₩120,000의 소모품이 남아있는 것으로 확인되었다.
수도광열비	14,400,000	수도광열비 고지서는 익월 첫째 주에 통지받는데, 2022년 12월의 수도광열비는 ₩1,600,000으로 추정된다.
보험료	9,000,000	2022년 3월 1일, ₩9,000,000의 보험료를 선지급했다. 해당 보험은 2년 동안 효력을 가진다.
상가 임차료	30,000,000	상가 임차료는 매월 1일에 선지급된다. 예를 들어, 4월분 상가 임차료는 4월 1일에 지급된다.
법인세	0	익년 5월에 지급해야 할 법인세의 세율은 10%로 가정한다.

2023년 현금유입		
항 목	금 액	비 고
매 출	₩573,775,000	2023년 텍사스 풀드포크 샌드위치의 모든 매출은 현금 혹은 신용카드 거래였다.

2023년 현금유출		
항 목	금 액	비 고
식재료 비용	₩203,260,000	2023년 말 아직 거래처에 대금을 지급하지 않은 식재료 비용은 ₩395,000이다. 남아있는 식재료 재고는 없다고 가정한다.
급 여	59,000,000	기덕 씨와 우한 씨는 경영성과에 비해 월급이 낮다고 판단하여, 2023년 1월분부터 각각의 월급을 ₩2,500,000으로 상향 조정했다. 급여는 익월 15일에 지급된다.
소모품 구매	7,425,000	일회용 포장자재, 냅킨, 비닐봉투 등의 소모품은 모두 현금으로 구매한다. 2023년 말 ₩180,000의 소모품이 남아있는 것으로 확인되었다.

2023년 현금유출		
항 목	금 액	비 고
수도광열비	20,300,000	실제로 지급한 2022년 12월의 수도광열비는 ₩1,600,000이었다. 수도광열비 고지서는 익월 첫째 주에 통지받는데, 2023년 12월의 수도광열비는 ₩1,700,000으로 추정된다.
상가 임차료	36,000,000	상가 임차료는 매월 1일에 선지급된다. 예를 들어, 4월분 상가 임차료는 4월 1일에 지급된다.
법인세	?	실제로 지급한 2022년분 법인세율은 10%였다. 익년 5월에 지급해야 할 2023년에 대한 법인세 세율도 10%로 가정한다.

[토론사항 1] 수정분개를 포함한 2022년의 모든 거래를 분개하라.

① 자본금과 관련된 모든 거래를 분개하라.
② 장기차입금과 관련된 모든 거래를 분개하라.
③ 리노베이션과 관련된 모든 거래를 분개하라.
④ 주방설비와 관련된 모든 거래를 분개하라.
⑤ 전산시스템과 관련된 모든 거래를 분개하라.
⑥ 가구와 관련된 모든 거래를 분개하라.
⑦ 매출과 관련된 모든 거래를 분개하라.
⑧ 식재료 구입과 관련된 모든 거래를 분개하라.
⑨ 급여와 관련된 모든 거래를 분개하라.
⑩ 소모품과 관련된 모든 거래를 분개하라.
⑪ 수도광열비와 관련된 모든 거래를 분개하라.
⑫ 보험료와 관련된 모든 거래를 분개하라.
⑬ 건물 임차료와 관련된 모든 거래를 분개하라.
⑭ 법인세와 관련된 모든 거래를 분개하라.

[토론사항 2] 2022년의 분개를 T-계정에 전기하라.

[토론사항 3] 2022년 시산표를 작성하라

[토론사항 4] 2022년 손익계산서를 작성하라.

[토론사항 5] 2022년 재무상태표를 작성하라.

[토론사항 6] 수정분개를 포함한 2023년의 모든 거래를 분개하라.

① 장기차입금과 관련된 모든 거래를 분개하라.
② 리노베이션과 관련된 모든 거래를 분개하라.
③ 주방설비와 관련된 모든 거래를 분개하라.
④ 전산시스템과 관련된 모든 거래를 분개하라.
⑤ 가구와 관련된 모든 거래를 분개하라.
⑥ 매출과 관련된 모든 거래를 분개하라.
⑦ 식재료 구입과 관련된 모든 거래를 분개하라.
⑧ 급여와 관련된 모든 거래를 분개하라.
⑨ 소모품과 관련된 모든 거래를 분개하라.
⑩ 수도광열비와 관련된 모든 거래를 분개하라.
⑪ 보험료와 관련된 모든 거래를 분개하라.
⑫ 건물 임차료와 관련된 모든 거래를 분개하라.
⑬ 법인세와 관련된 모든 거래를 분개하라.

[토론사항 7] 2023년의 분개를 T-계정에 전기하라.

[토론사항 8] 2023년 시산표를 작성하라

[토론사항 9] 2023년 손익계산서를 작성하라.

[토론사항 10] 2023년 재무상태표를 작성하라.

라온피부과

학습내용

본 사례를 통해 현금기준(cash-basis)과 발생액기준(accrual-basis) 회계의 차이에 대해 학습하고 기업의 현금보유량(cash holding) 관리의 필요성에 대해 이해한다.

"〈표 1〉에 제시된 2017년도 회사의 현금의 유입과 유출을 보면 이익이 매출의 22.3%입니다. 2016년도 인수하기 전 라온피부과의 이익률은 30% 초반대를 유지하고 있었는데, 도대체 1년 사이에 무슨 상황이 발생한 것입니까? 두 숫자가 너무 많은 차이를 보이는데 한 해 동안 매출이 하락한 것인지, 아니면 비용의 증가로 인해 이익률이 하락한 것인지, 기타 다른 원인으로 인해 이익률이 하락한 것인지 자세한 설명을 해주세요." 송라온 대표는 회계담당자에게 질문했다.

문제점

송라온 씨는 2017년 1월에 라온피부과를 인수했다. 2006년도에 의사면허를 취득한 후에 대형병원에 있는 피부과에서 10년을 근무하며 경험을 쌓아왔다. 그는 개인피부과를 운영하기 위하여 좋은 장소를 알아보던 중, 라온피부과를 인수하기로 하였다. 지하철역과 가깝고 유동인구가 많으며 기업체들이 많아서 여러 면에서 뛰어난 입지조건을 가지고 있었고, 인수하기 전의 전임 피부과 대표가 잘 운영해 왔기 때문에 매년 매출이 상승해 왔고 지출면에서도 안정적이고 효율적으로 운영해 왔기 때문이다. 피부과는 고가의 장비가 많아서 고정원가의 비중이 높기 때문에, 매출이 상승하면 이익률이 높아지는 사업구조를 가지고 있다. 라온피부과는 주변 경쟁피부과에 비하여 상대적으로 높은 편인 30%대의 당기순이익률을 수년째 유지하고 있었다. 이에 송라온 씨는 사업성이 높다고 판단하여 2017년 초에 라온피부과를 인수하였다. 그러나, 2018년도 초에 2017년도 한 해 동안의 현금 출입을 정리한 손익계산서를 받아들고 지난 몇 해 동안의 이익률보다 약 10%가량 낮은 2017년도의 당기순이익률을 도저히 받아들일 수 없었다. 그는 의아해 하며 2017년 초에 라온피부과를 인수할 당시에 근무를 시작한 회계담당자에게 자세한 설명을 할 것을 지시했다.

상 황

분명히 매출은 꾸준히 증가하고 있으며 여전히 매출의 23%가량의 당기순이익률을 기록했지만, 당기순이익률이 전년도에 비해서 10%나 급격하게 하락한 것은 사업의 경영에 있어서 큰 문제점이다. 현재 라온피부과에는 송라온 의사를 포함하여 총 4명의 의사와 2명의 간호사, 3명의 피부관리사, 그리고 병원의 총 행정 및 관리를 하고 있는 영업부장 1명, 총무 및 재무담당자 1명이 근무하고 있다.

피부과의 경우 일반적으로 환자가 자신의 피부상태에 대한 상담을 먼저 받고, 레이저 시술의 종류와 횟수에 따라서 현금으로 선지급을 한 후에 진행하는 것이 일반적이다. 하지만, 라온피부과는 새로운 경영전략으로 시장점유율을 늘리고 매출을 증가시키려는 노력을 해왔다. 라온피부과는 개인 환자뿐만 아니라 기업을 상대로 하는 새로운 마켓에 진출해서 매출을 늘릴 전략을 고민해 왔다. 라온피부과는 근처의 기업들에게 복지의 한 종류로 직원들에게 피부과 사용권을 나누어 주는 것을 제안했고, 기업들은 의외로 긍정적인 반응을 보였다. 외모를 가꾸는 데 나이나 성별에 관계없이 점점 더 많은 관심을 가지고 있는 상황이고 새로운 복지로 종업원들의 지지를 받을 수 있고 긍정적인 근무환경을 조성할 수 있다고 판단한 기업들이 라온피부과의 제안을 받아들였다. 라온피부과는 이들 기업들을 상대로 개인 진료보다는 조금 저렴한 가격을 제시했고, 기존의 미용목적의 피부과 시술의 선지급 방식에서 벗어나서 외상매출을 허용했다.

〈표 2〉는 라온피부과가 2017년 한 해 동안 개인과 기업 고객으로부터 일으킨 매출액과 현금 수령액을 월별로 정리한 표이다. 2017년도 이전에는 몇몇 경우를 제외하고는 고객으로부터 현금을 수령한 후에 피부과 시술을 하였으므로 2016년 12월 31일 매출채권의 잔액은 ₩95,650,000이었다. 새로운 매출전략으로 매출이 더 상승할 것이라고 기대하고 있지만, 동시에 고객들로부터 현금을 수령하지 못할 가능성이 존재하므로 송라온 대표는 총외상매출액의 3%를 대손충당금으로 설정하기로 했다. 피부과의 매출은 다른 병원들과 비슷하게 의료보험수입과 비보험수입으로 구성되지만, 라온피부과의 경우에는 보험적용이 되는 의료 서비스보다는 비보험 의료 서비스인 레이저 시술이나 미용 보톡스, 필러 등으로 인한 매출이 병원 매출의 대부분을 차지하고 있다. 따라서, 라온피부과의 시술은 일회성이 아닌 경우가 대부분

이다. 1월에서 6월까지 발생한 매출은 2017년도 내에 시술이 끝났으나, 7월에서 12월 사이에 발생한 매출의 경우에는 해당 연도 이후인 다음 연도까지 의료 서비스를 제공해야 하는 의무가 있다. 7월 매출의 10%, 8월 매출의 15%, 9월 매출의 20%, 10월 매출의 25%, 11월 매출의 30%, 그리고 12월 매출의 35%는 2017년에 의료 서비스를 제공하지 못했다.

기업 고객의 증가로 인해 매출이 상승할 것으로 예상하고, 송라온 대표는 2017년도 중에 의약품 및 의료소모품을 지난해 대비 많은 양의 재고를 사들였다. 2017년 재고자산으로 인한 매입채무 기초잔액은 ₩15,350,000이다. 2017년 중에 라온피부과는 ₩1,360,000,000을 매입하였고 매입액의 62.5%만 2017년도에 현금으로 지급하였다. 2017년도에 매출의 증가로 인하여 의약품 및 의료소모품비도 크게 증가하여 총 ₩1,120,000,000을 실제 사용하였다. 의약품 및 의료소모품의 2017년도 기초잔액은 ₩10,000,000이었다. 2017년 기초현금 잔액은 ₩250,000,000이다.

회계담당자는 〈표 1〉에 제시된 바와 같이 수정현금기준으로 손익계산서를 작성하였다. 수정현금기준 손익계산서란 현금중심 손익계산서와 마찬가지로 현금이 수령될 때 매출을 인식하고 현금이 지급될 때 비용을 인식한다. 단, 유형자산의 경우에는 자산으로 기록하고 내용연수에 따라서 감가상각비를 계산하여 감가상각비로 표시하여 당기 비용으로 처리한다. 기타 매출액은 전액 현금으로 수령하였다. 수정현금기준 회계 하에서 2017년도의 현금수령액은 ₩4,300,000,000이다. 이 중에 2017년 이전의 시술과 관련된 매출의 현금수령액은 ₩17,000,000이었다.

선급보험료 계정의 2017년 초 기초잔액은 ₩21,000,000이며 라온피부과에 한 달에 발생하는 보험료는 총 ₩3,000,000이다. 광고선전비의 경우에는 2017년에 총 ₩24,000,000을 현금으로 지급하였지만, 이 중 ₩4,000,000은 2018년도 초에 실제 광고 서비스를 제공받기로 하였다. 직원들의 퇴직급여의 경우에는 2017년에 퇴직한 직원이 없어서 지급되지 않았지만 총 ₩50,000,000 퇴직충당금을 적립하였다.[1] 기타비용에는 피부과 인수와 관련된 비용이 포함되어 있다.

1) 의약품 및 의료소모품, 보험료, 광고선전비, 급여 이외의 비용은 현금지급 시기와 회계 기간이 일치한다고 가정한다.

[토론사항 1] 라온피부과의 2017년도 매출채권, 매입채무, 의약품 및 의료소모품, 그리고 선급보험료의 기말 잔액을 수정현금주의 하에서 각각 구하라.

[토론사항 2] 본 사례에서 언급된 항목 이외에 다른 발생액 항목이 없다는 가정 하에 수정현금주의 손익계산서를 바탕으로 발생액기준 손익계산서를 작성하라. 기말현금잔액을 구하고 현금의 증가·감소와 발생액기준 회계에서의 당기순이익의 차이에 대해 토론하라.

[토론사항 3] 라온피부과의 낮아진 2017년도 당기순이익률을 설명하라. 라온피부과의 새로운 매출증진전략에 대해서 토론하라.

〈표 1〉 수정현금중심(Modified Cash-basis) 손익계산서

(주)라온피부과 (단위: 천원)

수익(cash receipts)		
매출-환자 레이저, 피부관리 등	₩3,100,000	
기타 매출-화장품 판매 등	1,200,000	
		4,300,000
비용(cash disbursements)		
의약품, 의료소모품	₩ 850,000	
급여 및 복리후생비	1,250,000	
감가상각비	96,000	
임차료	900,000	
전력비, 수도광열비, 통신비 등	48,000	
수선비	24,000	
광고선전비	24,000	
보험료	20,000	
세금공과금	50,000	
금융비용	25,000	
기타 비용	54,000	
		3,341,000
당기순이익(net income)		₩ 959,000

〈표 2〉 2017년도 매출 현황

(주)라온피부과 (단위: 천원)

기 간	환자 청구액(customer billings)	현금 수령액(cash receipts)
2017.01	529,620	366,000*
2017.02	608,940	398,000
2017.03	521,750	375,000
2017.04	636,050	395,000
2017.05	582,900	376,000
2017.06	509,220	344,000
2017.07	402,880	294,000
2017.08	407,200	295,000
2017.09	494,780	332,000
2017.10	563,370	377,000
2017.11	715,360	393,000
2017.12	596,500	355,000
	₩6,568,570	₩4,300,000

* 1월에 수령한 현금 ₩366,000,000은 2017년도 이전에 발생한 외상매출에 대한 현금수령액 ₩17,000,000을 포함한 금액이다.

현금주의 vs. 발생주의 – 정부회계

학습내용

본 사례는 정부회계 기준 하에서 발생주의를 도입하게 된 배경과 그 기본개념에 대한 이해를 바탕으로 관련 사례를 살펴보는 것에 목적을 둔다. 이에 정부회계 하에서 국가나 지방자치단체의 결산보고서 내역을 상세히 살펴보고, 정부회계와 민간기업의 자산, 부채, 자본, 수익, 비용의 차이와 발생주의 회계도입이 국가나 지방자치단체 회계에 미치는 영향 등을 학생들이 학습하게 할 수 있다.

국가부채 vs. 국가채무의 차이를 알고 있을까? 아래 신문기사는 국가부채 vs. 국가채무의 차이에 대해 논했던 한 신문기사[1)]의 내용을 일부 발췌한 것이다.

“우리 정부의 부채 통계에는 세 가지 유형이 있다. 첫째는 국가채무(D1)로서 중앙관서의 장이 관리하는 재정에 한하여 현금주의 기준에 따라 국채, 차입금, 국고채무부담행위를 대상으로 산출되며, 국내 재정운용계획과 채무관리계획에 사용되는 협의의 국가부채(2020년 말 기준 846조 9,000억원)로 국가채권에 대응된다. 둘째는 일반정부부채(D2)인데 중앙정부, 지방정부 및 산하 비영리 공공기관에 대하여 2012년부터 발생주의 기준에 따라 산출되는 통상의 국가부채다. 국제통화기금(IMF)의 정부 통계 기준 매뉴얼(GFSM)에 따라 국제기구에 비교용으로 제출되는 통상의 국가부채(2020년 말 기준 1,981조 7,000억원, 국가채무 대비 234%)로서 국가자산에 대응된다. 셋째는 공공부문부채(D3)로 위 일반정부부채에 비금융공기업 부채까지 포함해 경제협력개발기구(OECD) 방식으로 산출되는 광의의 국가부채이며 공공부문의 재정건전성 관리 목적으로 활용된다.”

앞선 신문기사와 같이 국가부채 vs. 국가채무의 개념 차이는 기본적으로 국가의 ‘빚’ 정보를 현금주의 기준에 따라 작성하느냐 발생주의에 따라 작성하느냐 차이로 나뉠 수 있다. 현행의 정부회계는 단식부기 또는 복식부기 회계처리방식에 따라 예산회계와 재무회계로 구분되고 있다. 뉴질랜드가 발생주의 정부회계제도를 도입한 이래 우리나라에서도 1997년 외환위기 이후 공공부문의 재정투명성 확보를 위한

1) 김광윤, 국가 빚 통계 문제 있다. 매일경제, 2021.10.21의 내용 일부 발췌.

발생주의 복식부기 정부회계제도 도입의 필요성이 제기되었다.[2] 이에 1998년 5월 정부는 발생주의 복식부기 정부회계 도입방침을 발표하였으며, 그 결과 2007년 국가회계법이 제정되었으며 2009년 이후 2년간 시범적용기간을 두고 발생주의 복식부기 관점에서 작성된 재무제표가 2012년 5월 최초로 국회에 보고되었다.[3]

이전 예산회계 하에서는 세입예산과 세출예산 하의 현금의 수입과 지출을 예산항목에 따라 단식부기로 기록하였다. 이와 달리 발생주의 복식부기 정부회계 도입 이후에는 현금유출입에 관계없이 거래 발생 시 거래의 원인과 결과를 동시에 기록하도록 하였다. 이를 통해 정부는 자산과 부채의 전반적인 현황을 파악하고, 수익과 비용의 측정을 통해 순수한 재정사업원가를 파악하기 위한 정보를 제공할 수 있게 되었다.[4] 한 예[5]로, 예산회계 하에서는 건설중인자산 항목을 내부적으로 관리하는 항목으로 건설비 지출 연도에만 지출금액이 세입세출결산서에 보고가 되어 전반적인 자산가치를 판단하는 데 어려움이 존재하였다. 그러나 재무회계 하에서는 건설중인 자산이라 하더라도 투입된 자원의 가치만큼 자산으로 재무제표에 반영이 되며, 내용연수에 따라 감가상각비를 인식하는 등 국가가 활용 가능한 자산에 대한 정보를 누락없이 기록하고 관리하는 체계를 갖추게 되었다. 이러한 회계적 기록방식의 차이를 요약하면 다음의 표와 같다.

〈표 1〉 **발생주의와 현금주의**[6]

구 분		현금주의	발생주의
이연항목	선급비용	비용인식	자산 인식
	선수수익	수익인식	부채 인식
발생항목	미지급비용	인식 않음	부채 인식
	미수수익	인식 않음	자산 인식
추정항목	감가상각, 대손상각	인식 않음	비용 인식

2) 임동완, '발생주의 정부회계제도의 토착화', *한국사회와 행정연구* 30(1), 2019.
3) *알기 쉬운 국가회계: 2020*, 한국조세재정연구원 국가회계재정통계센터.
4) 상게서.
5) 상게서.
6) 국가회계편람, 2019.06, pp. 79-82의 내용을 수정/보완함.

국가나 지방자치단체에 대해 발생주의 회계기준에 따른 재무제표의 작성이 필요하게 되었으며, 기존 현금주의 하에서 세입세출의 운영내역을 보여주는 예산회계 보고방식에 추가하여 국가나 지방자치단체 회계실체의 재정상태와 재정운영결과를 발생주의 하에서 재무보고 정보를 제공하는 이원화시스템으로 운영하고 있다.[7] 이를 요약하면 다음의 표와 같다.

〈표 2〉 **국가와 지방자치단체 결산보고서 구성**[8]

[패널 A: 국가기관 결산보고서]
국가회계법 제14조(결산보고서의 구성) 결산보고서는 다음 각 호의 서류로 구성된다. 1. 결산 개요 2. 세입세출결산(중앙관서결산보고서 및 국가결산보고서의 경우에는 기금의 수입지출결산을 포함하고, 기금결산보고서의 경우에는 기금의 수입지출결산을 말한다.) 3. 재무제표 가. 재정상태표 나. 재정운영표 다. 순자산변동표 4. 성과보고서
[패널 B: 지방자치단체 결산보고서]
지방회계법 제15조(결산서의 구성) 결산서는 다음 각 호의 서류로 구성된다. 1. 결산 개요 2. 세입 · 세출 결산 3. 재무제표(주석을 포함한다. 이하 같다) 가. 재정상태표 나. 재정운영표 다. 순자산변동표 4. 성과보고서

다만, 여전히 국가채무 정보공시에 한국은행과 국민연금 부채 등 국가가 지급해야 될 부채를 포함하지 못하고 있다는 문제가 제기되고 있는 등 공공부문의 발생

7) 상게서, pp. 78-79의 내용을 수정/보완함.

8) 국가회계법 제14조, 지방회계법 제15조에서 발췌함.

주의 vs. 현금주의 연계와 그 보고에 대한 논의가 지속적으로 제기되고 있다.[9)] 이에 본 사례를 통해 공공부문의 발생주의 vs. 현금주의 하에서의 재무보고에 대한 이해를 돕고자 한다.

[토론사항 1] 〈표 1〉에서 제시한 바와 같이 발생주의와 현금주의 하에서 회계적 기록방식의 차이가 발생한다. 그러나 〈표 1〉에 제시한 예시는 현금주의와 발생주의 차이의 일부분을 제시한 것이며, 국가나 지방자치단체는 기존 현금주의에 추가하여 발생주의 하에서 작성된 재무제표를 보고하고 있다. 또한, 기업회계와 달리 국가나 지방자치단체는 재정에 관한 정보를 제공한다는 측면에서 재무보고의 차이점을 보일 것이다. 이에 다음과 같은 사항을 논의한다.

① 발생주의 vs. 현금주의 재무보고의 장단점 및 발생주의 복식부기 도입 취지 및 도입 효과

② 발생주의에 따른 기업회계 vs. 정부회계 재무보고의 차이점

국가재정법 제91조에 따르면 국채, 차입금, 국고채무부담행위를 국가채무로 보고하고 있다. 이 중 국고채무부담행위를 제외한 국채와 차입금은 발생주의 제도 하에서 부채로 처리하고 있다.[10)] 여기서 국고채무부담행위(국가재정법 제25조)란, 국고채무부담행위가 실제 발생하는 연도에 계약상 의무가 이행되었으나 그 대가가 미지급된 부분을 의미하는데, 발생주의 회계 관점에서 미지급금과 유사하나 계약이행 여부와 관계없이 계약체결 시에도 예산회계 시 국가채무에 포함한다는 점에서 차이가 있다. 따라서 국고채무부담행위에 따른 회계처리는 차이가 발생한다. 이를 다음의 예시를 통해 학습하도록 한다.

[토론사항 2] ×××부는 행정시설을 건설하기 위해 국회로부터 ××01년도 국고채무부담행위 한도 100억원을 승인받았다. 이에 따라 ×××부는 A 건설업자와 다음 연도 말 완공으로 하는 행정시설 건설계약(계약총액 95억)을 체결하여 공사를 착수하였다.

---

9) 정부 확대재정 정책…예산법률주의 없는 한국 경제엔 '독', 이뉴스투데이, 2019.12.18. 알기 쉬운 재정통계, 2020, 한국조세재정연구원 국가회계재정통계센터, p. 62.

10) 국가회계편람, 2019.06, pp. 120-121, pp. 147-148의 내용을 수정/보완함.

××01년 말 50억에 대한 기성이 완료되었으며, 그다음 연도 3월 말 대금을 지급하였다. 이때 발생주의 하에서 국고채무부담행위 한도승인 시점, 계약체결 시점, 기말 시점, 그리고 대금지급 시점에서의 회계처리를 수행하시오.

또한, 앞선 내용을 바탕으로 국가재정법에 따른 국고채무부담행위 처리 시 인식할 국가채무를 계산하시오.

닥터 제이: 매출채권에 대한 재휘 씨의 고민

학습내용 본 사례를 통해 두 가지 사업 라인을 가진 기업의 대손회계를 학습한다. 매출채권에 대한 대손회계의 방법으로 재무상태표 접근법과 손익계산서 접근법을 사례를 바탕으로 비교 학습한다.

최재휘 씨는 2001년 대한민국 최고의 건강식품을 제공한다는 설립 이념으로 닥터 제이를 창업했다. 아파트 상가 한편에서 지리산 복분자즙을 판매하기 시작했던 닥터 제이는 꾸준히 건강식품 라인업을 다양화시켰다. 건강식품으로 승승장구하던 닥터 제이는 2006년 기업의 명운을 좌우할 중요한 의사결정을 내렸다. K-뷰티가 글로벌 열풍을 일으킬 기운을 간파한 재휘 씨는 과감하게 코스메틱 사업에 뛰어들기로 한 것이다.

새로운 도전과 투자로 숱한 난관을 겪으며 유동성 위기에 처하기도 했지만, 재휘 씨의 과감한 의사결정은 기업에 새로운 동력을 불어넣었다. 이제 런칭 15년을 맞이한 화장품 라인업은 닥터 제이의 주력 사업이 되었고, 고객들은 닥터 제이를 코스메틱 기업으로 인식하고 있다. 2021년 코스메틱 라인업은 35종류의 상품에 이르고 매출액은 34억원까지 치솟았다. 한편, 닥터 제이는 건강식품 라인업을 아직도 유지하고 있다. 이는 재휘 씨가 20년 전 닥터 제이를 존재하게 만들었던 설립 이념을 아직도 잊지 못하고 있기 때문이다. 그렇지만 건강식품 라인은 여전히 2억원대의 매출에 머무르며 별다른 성장을 보이지 못하고 있다.

닥터 제이 매출의 94%를 차지하는 코스메틱 라인은 드럭스토어, 대형마트, 면세점, 온라인 쇼핑몰 등에 판매되고 있다. 닥터 제이로부터 30일의 신용기간을 제공받는 이들 고객들은 규모가 큰 기업들이다. 따라서 해당 업체들에 대한 소식, 특히 재무적 위험과 관련된 소식은 신속히 전해지며, 닥터 제이 재무팀은 해당 고객들의 계정을 용이하게 모니터링할 수 있다. 이에 닥터 제이는 코스메틱 라인의 매출채권에 대한 대손회계에 재무상태표 접근법을 이용하고 있다. 구체적으로, 매출채권을 경과일수에 따라서 분류한 후 경과일수에 따른 분류단위별로 상이한 대손율을 적용하여 대손추산액을 계산하는 연령분석법을 적용하고 있다. 만기 경과 1일에서 20일 사이의 매출채권에는 10%의 대손추정률을 적용하고, 만기 경과 21일에서 50일 사이에 대해서는 20%, 만기 경과 51일에서 90일 사이에 대해서는 40%, 그리고 90일을 초과하여 만기 경과한 매출채권에 대해서는 60%의 대손추정률을 적용한다.

복분자즙, 알로에, 칡즙, 오메가3 등의 건강식품 라인은 코스메틱 라인에 비해 다양한 유통 채널을 가지고 있다. 대형마트뿐만 아니라 소형 슈퍼마켓, 약국 등 상이한 규모의 수많은 고객사들을 대상으로 판매되고 있다. 따라서 고객사들의 재무적 위험과 계정을 개별적으로 평가하는 것이 불가능하다는 판단 아래 건강식품 라인의 매출채권에 대한 대손회계에는 손익계산서 접근법을 이용하고 있다. 구체적으로, 닥터 제이는 총매출액의 일정률만큼 대손상각비용을 인식하고 있다. 해당 비율은 과거 경험을 바탕으로 산정된 것으로 2015년 이후 매년 같은 비율을 적용하고 있다. 2021 회계연도에는 건강식품 라인의 매출채권 ₩10,831,700이 회수불능으로 대손확정되었다.

[토론사항 1] 코스메틱 라인의 2020년 대손회계 분개를 수행하라.

[토론사항 2] 코스메틱 라인의 2021년 대손회계 분개를 수행하라. 2021년 말 대손충당금 잔액 계산에서 어떤 가정을 하였는지 설명하라.

[토론사항 3] 건강식품 라인의 2020년 대손회계 분개를 수행하라.

[토론사항 4] 건강식품 라인의 2021년 대손회계 분개를 수행하라.

[토론사항 5] 매출채권에 대한 대손회계의 방법으로 재무상태표 접근법과 손익계산서 접근법의 장단점을 비교하라.

[토론사항 6] 건강식품 라인 대손상각비용이 적절한 규모인지 논하라.

〈표 1〉 닥터 제이: 매출수익, 매출채권 상각액, 매출채권 잔액, 대손충당금 잔액

매출수익	2018년	2019년	2020년	2021년
코스메틱	3,239,428,000	3,083,712,000	3,348,943,000	3,453,357,000
건강식품	207,091,000	182,277,200	217,952,800	215,477,200

매출채권 상각액	2018년	2019년	2020년
코스메틱	38,274,000	41,671,000	39,778,000
건강식품	8,076,500	8,473,300	8,909,100

매출채권 잔액	2018년 말	2019년 말	2020년 말	2021년 말
코스메틱	449,682,000	411,704,000	434,489,000	438,101,000
건강식품	55,647,300	47,223,300	59,375,100	54,128,400

대손충당금 잔액	2018년 말	2019년 말	2020년 말
코스메틱	40,342,600	39,115,900	41,689,600
건강식품	8,273,800	7,091,588	6,900,600

〈표 2〉 닥터 제이: 2021년 12월 31일 코스메틱 라인 매출채권 연령분석표

	고객사명	매출채권 총액	만기 이전	만기 경과 일수			
				1일~20일	21일~50일	51일~90일	90일 초과
1	엘 드럭스토어	30,342,000	19,722,000	10,620,000	–	–	–
2	서남 마트	19,479,000	19,479,000	–	–	–	–
3	누리 유통	12,463,000	–	–	12,463,000	–	–
4	드리머 마켓	22,539,000	13,442,000	–	9,097,000	–	–
5	더블유 마트	21,832,400	21,832,400	–	–	–	–
6	미래 홈쇼핑	34,869,000	–	–	–	–	34,869,000
7	포스 오픈마켓	29,422,000	15,653,000	13,769,000			–
8	메디웰 스토어	11,717,000	–	–	–	11,717,000	–
9	한북 유통	21,344,000	15,142,000	–	–	6,202,000	–
10	라임 쇼핑몰	15,730,000	–	15,730,000	–	–	–
11	한국 면세점	24,806,400	19,845,200	–	–	4,961,200	–
12	아이유 쇼핑몰	16,537,600	–	–	16,537,600	–	–
13	오케이 홈쇼핑	28,940,800	28,940,800	–	–	–	–
14	스타 면세점	34,581,000	27,115,000	7,466,000	–	–	–
15	동북 유통	12,345,000	–	–	–	12,345,000	–
16	대한 마켓	20,876,000	–	–	–	–	20,876,000
17	현진 마트	12,427,000	11,805,000	–	622,000	–	–
18	골드 유통	22,698,000	22,698,000	–	–	–	–
19	한성 쇼핑몰	12,403,200	8,682,400	3,720,800	–	–	–
20	오렌지 마트	22,748,600	–		22,748,600	–	–
	합 계	**428,101,000**	**224,356,800**	**51,305,800**	**61,468,200**	**35,225,200**	**55,745,000**

<닥터 제이: 코스매틱 라인 매출채권에 대한 추가 정보>

누리유통

9월 결산법인인 누리유통은 2021년 영업이익이 34% 감소했다고 보고했습니다. 누리유통의 CEO 한누리 씨는 제주도 유통망 확장계획을 보류시키는 동시에, 운영비용 절감을 위해 충청남도 당진시의 유통 창고를 폐쇄할 것이라고 발표했습니다. 90명의 직원이 있는 당진 창고는 수개월에 걸쳐 단계적으로 폐쇄될 예정입니다.

포스 오픈마켓

포스 오픈마켓은 향후 50일 이내 최대 60명의 직원을 정리해고할 것이라고 발표했습니다. 이는 기업 전체 직원 1,200명의 5%에 해당하는 규모입니다. 이번 정리해고는 2021년 3분기(9월 31일 마감) 동안 포스 오픈마켓의 당기순이익이 42% 감소한 결과입니다. 2021년 3분기 동안 포스 오픈마켓은 매출 ₩5,728,323,900과 당기순이익 ₩238,739,300을 기록했습니다.

라임 쇼핑몰

라임 쇼핑몰은 2021년 회계연도에 4억원 이상의 당기순손실을 기록할 것으로 예상된다고 보고했습니다. 회사는 또한 20억원 은행 대출에 대해 채무불이행 상태임을 알리는 보도자료를 발표했습니다. 라임 쇼핑몰은 부동산을 담보로 대출을 받아 은행 대출을 차환하려는 계획을 세웠지만 이마저 무산되었다고 합니다.

라임 쇼핑몰은 전년 대비 매출이 30억원 이상 감소하였고 주가는 급격히 하락했습니다.

대한 마켓

유동성 위기를 겪고 있는 대한 마켓은 40억원 대출에 대한 채무재조정안을 서울은행에 제출하였다고 발표했습니다. 해당 채무재조정안에 따르면, 대한 마켓은 원금과 이자를 2030년까지 분할 상환하게 됩니다.

미리내유통 업계 매출 1위에도 손실이 발생한다?

학습내용

본 사례는 가상의 유통기업 미리내유통[1)]의 가상 요약 재무제표를 바탕으로 신수익 인식기준 하에서 유통업계가 고려해야 할 요소를 살펴보는 것에 목적을 둔다. 구체적으로 유통업계의 거래구조를 살펴보고, 유통업계에서 총액인식 적용에 따른 반품회계처리 적용으로 인한 재무제표 영향 등을 살펴보는 것에 목적을 둔다.

기존 수익인식기준 하에서는 위험과 효익이 이전되는 경우 수익으로 인식하였으나, 신수익인식기준(K-IFRS 15호 고객과의 계약에서 생기는 수익)에서는 고객과의 계약에서 재화나 용역을 통제할 때 수익으로 인식하도록 하였다. 다시 말해 신수익인식기준 하에서는 제공하는 재화나 용역에 대한 수행의무 구분과 수행의무 이행 여부에 따라 수익을 인식해야 한다는 것이다. 2018년 1월 1일부터 회계기준 간 일관성 제고를 위해 고객과의 모든 유형의 계약에 적용되는 5단계 수익인식 모형에 따라 수익을 인식하도록 하였다.[2)] 이를 요약하면 아래 그림과 같다.

[그림 1] 수익인식 5단계[3)]

이에 기업별·산업별로 신수익기준서 적용에 따라 재무제표에 미치는 영향이 차별적으로 나타났다. 한 신문기사[4)]에 따르면 유통업계의 매출액은 고객에게 지급할 대가가 수익에서 차감되는 형태로 보고가 되고, 판매장려금 등이 수익에서 차감되어 매출액이 2018년 상반기 기준 3.94% 감소한 반면, 여행산업 분야는 항공권 대량

1) 본 사례는 쿠팡의 감사보고서(금융감독원 전자공시시스템) 상 재무정보 및 주석을 활용하여 가상기업인 미리내유통의 수익인식 방법 등을 제시하였다.

2) 금융감독원, '18년부터 시행중인 K-IFRS 新수익기준서 주의 깊게 살펴보세요!, 2018.11.06.

3) 금융감독원, '18년부터 시행중인 K-IFRS 新수익기준서 주의 깊게 살펴보세요!, 2018.11.06.

4) 신수익기준서, 업종별로 영향 달라….투자자 잘 살펴야, 경기일보, 2018.11.05.

선매입분을 총액인식으로 변경하게 됨에 따라 매출이 11.04% 증가하였다는 결과를 보고하고 있다. 이와 같이 회계기준 변경만으로 재무제표 전반에 영향을 줄 수 있기 때문에 이를 살펴보는 것은 의미가 있을 것이다.

이에 미리내유통도 신수익인식기준 하에서 고려해야 할 요소를 살펴보았다. 미리내유통은 2000년 3월 15일 설립된 회사로 유로모니터가 선정한 아시아 100대 유통기업에서 20위권 내 순위를 차지하고 있는 기업이다. 미리내유통은 기존 수익인식기준 하에서 재화가 인도되는 시점에 상품 판매수익을 인식하였다. 판매중개인으로서 용역을 제공하는 시점에 수수료 수익을 인식하였다. 통상적인 활동에서 발생하는 상품이나 용역의 제공에 대해 받았거나 받을 대가를 공정가치로 측정하고 있으며, 반품, 리베이트, 할인액을 차감한 순액으로 수익을 인식하고 있었다. 추가적으로 유효이자율법에 따라 측정된 이자수익을 인식하고 있다. 또한 미리내유통은 새로운 고객 확보 및 유지를 위한 영업정책의 일환으로 고객에게 포인트를 지급하고, 소비자에게 반품 권리를 부여하는 부분을 포인트충당부채 및 환불충당부채로 인식하여 왔다. 과거 3개년간 미리내유통의 매출액, 매출원가, 당기순이익 정보와 충당부채를 표로 정리하면 다음과 같다.

〈표 1〉 미리내유통의 기존 수익인식기준 하에서 수익인식과 관련된 주요 계정항목

(단위: 만원)

구 분		2015	2016	2017
매출액	상품매출액	990,380	1,705,750	2,459,160
	수수료 및 기타매출액	143,360	211,200	222,220
매출원가		989,080	1,526,320	2,166,500
당기순이익(손실)		(525,300)	(555,534)	(666,985)
충당부채	포인트충당부채	1,170	2,490	4,150
	환불충당부채	950	820	980

〈표 1〉과 같이 미리내유통은 기존 수익인식기준 하에서는 자체 온라인 플랫폼을 통해 직매입으로 상품을 판매하여 매출을 내는 방식을 강화하여 왔으며, 고객에게 특화된 서비스 제공을 위해 2016년 직매입 상품의 특급배송 서비스를 제공하여 왔

다. 이에 2016년도에는 2015년보다 약 1.72배 증가한 1,705,750만원의 매출을 기록하였으나, 여전히 손실을 면하지 못하고 있다. 이외에 상품중개방식을 통해 판매수수료를 수취하는 방식으로 수수료 매출을 인식하여 왔으나 그 비중은 점차 감소하고 있는 추세이다.

이후 미리내유통은 2018년 1월 1일부터 기준서 제1115호 고객과의 계약에서 생기는 수익을 기준으로 매출을 기록하였다. 구체적으로 온라인 플랫폼을 통한 상품매출은 고객이 온라인 플랫폼에서 결제하는 시점에 거래가격이 지급되고, 상품이 인도되는 시점에 수익을 인식하기로 하였다. 또한, 미리내유통은 기존과 동일하게 고객이 30일 이내에 반품할 수 있는 판매정책을 운영하고, 이를 재무상태표 상 재고자산과 환불충당부채(유동충당부채)로 기록하였다. 이때 반품금액은 판매시점에 포트폴리오 수준에서 누적된 경험에 기초한 기댓값 방법으로 예측하고, 반품되는 재화의 수량이 수년간 일정하여 누적적으로 인식한 수익의 유의적인 부분을 되돌리지 않을 가능성이 매우 높다고 판단하였다. 또한, 매년 회계보고기간 말 반품금액이 타당한지 재평가한다. 그리고 고객에게 제공되는 포인트는 계약체결이 없다면 받을 수 없는 중요한 권리를 제공하므로 미리내유통은 이를 별도의 수행의무로 보고, 포인트충당부채로 설정하였다. 제품의 개별 판매가는 소매가격에 근거하며, 거래가격은 제품과 포인트에 상대적 개별 판매가에 따라 배분되도록 하였다. 미리내유통 경영진은 포인트의 개별 판매가를 포인트 상환시점에 부여되는 할인과 과거 경험을 바탕으로 상환 가능성을 추정하도록 하였다.

추가적으로 미리내유통은 직매입 상품 판매로 인한 수익은 고객에게 상품이 인도되는 시점에 인식하고, 수수료 매출은 온라인 플랫폼상에서 상품판매 중계수수료를 수취하는 부분으로, 주문이 완료되어 주문정보가 판매자에게 제공되는 시점에 고객에게 청구한 금액에서 공급자에게 지급해야 할 금액을 차감한 순액을 수수료 매출로 구분하여 인식하고 있다. 또한, 미리내유통은 2018년도부터 광고서비스를 제공하고 광고서비스를 제공하는 기간에 걸쳐 수익으로 인식하고 있다. 이를 바탕으로 미리내유통의 2018년도 이후 수익인식과 관련된 주요 계정의 자료를 표로 정리하면 아래 〈표 2〉와 같다. 2020년 팬데믹 영향으로 유통업계의 매출이 상승하면서 미리내유통의 2020년 매출액 중 고객과의 계약에서 생기는 수익 항목이 전년 대비 증가한 13,925,780만원을 기록하고 있으나, 여전히 손실을 기록하고 있다. 이에 미리내유통은 기업의 손실을 개선시키기 위한 방안을 모색하고 있다.

〈표 2〉 **미리내유통의 신수익인식기준서 도입 하에서 수익인식과 관련된 주요 항목**

(단위: 만원)

구 분			2018	2019	2020
매출액	총수익	고객과의 계약에서 생기는 수익	4,412,600	7,138,830	13,925,780
		기타 원천으로부터의 수익*	2,055	1,920	2,100
	수익인식 시점	한시점에 인식	4,357,000	7,086,180	13,724,453
		기간에 걸쳐 인식	55,600	52,650	201,300
매출원가			3,672,680	5,966,560	11,589,658
당기순이익(손실)			(1,235,221)	(759,645)	(632,564)
계약부채	포인트충당부채		7,200	5,896	19,348
	환불충당부채		1,683	3,009	5,584

* 미리내유통의 기타원천으로부터의 수익 항목은 임차 및 전대 임차료 수익 등이 있다.

[토론사항 1] 신수익인식기준을 적용함에 있어 기업이 고객에게 상품이나 용역을 제공하는 약속의 성격(본인 vs. 대리인)을 판단하여야 한다. 특히 미리내유통과 같은 유통업계는 기업이 고객과의 약속을 이행하는 본인인지, 아니면 대리인인지 판단 여부에 따라 수익인식시점이나 금액 등이 달라질 수 있다. 이를 인지하고 백화점, 마트, 온라인 쇼핑몰 등 대표 유통 관련 실제 기업의 재무제표를 바탕으로 '본인 대 대리인' 여부를 판단해 보자.

[토론사항 2] 유통산업에 있어 신수익인식기준서 적용 시 반품회계처리에 대한 구체적인 지침제시로 반품될 것으로 예상되는 금액 및 그 원가는 환불부채 및 반환제품회수권으로 인식하도록 하고 있다. 이에 아래 상황에서 신수익인식기준 하에서 미리내유통이 수행해야 할 반품회계처리를 제시하고, 이때 미리내유통이 인식할 반환제품회수권과 환불부채를 계산하시오. 또한, 기존 수익인식기준 하에서 반품회계처리를 살펴보고 신수익인식기준서와의 차별점을 논하시오.

미리내유통은 이달 직매입한 컴퓨터 및 주변기기 300대를 개당 1,500,000원(원가 개당 500,000원)의 가격으로 고객에게 판매하였다. 미리내유통은 판매정책에 따라 30일 이내에 반품할 권리를 고객에게 부여하였다. 미리내유통과 같이 온라인 플랫폼을 활용한 유통산업에서 패션 상품을 제외한 업계의 평균 반품률은 9%이다. 이에 미리내유통은 판매시점에 포트폴리오 수준에서 누적된 경험에 기초한 기댓값 방법에 기초하여 판매된 제품의 9%가 반품될 것으로 예상하였으며, 반품기간이 종료될 때 이미 누적적으로 인식한 수익의 유의적인 부분을 되돌리지 않을 가능성이 매우 높다고 판단하였다. 제품의 회수원가는 중요하지 않을 것으로 추정하고 반품된 제품은 다시 판매하여 이익을 남길 수 있다고 예상한다.

[토론사항 3] 2021년 1분기 온라인 쇼핑[5] 거래액은 전년 대비 21.3%가 증가한 44조 6,917억원을 기록하고 있으며, 상품군별로 살펴보면, 음식료품, 생필품 등의 비중이 높았다. 그리고 최근 패션제품의 온라인 판매액이 증가하면서, 패션상품들의 온라인 거래 증진을 위해 프리미엄 패션·부티 전문관에서 거래하는 상품은 오픈마켓 상품이더라도 무료배송, 반품, 교환서비스를 제공[6]하는 등 온라인 쇼핑 역량을 강화하기 위한 노력을 기울이고 있다. 이에 발맞추어 미리내유통이 손실 개선과 역량 강화를 위해 노력할 수 있는 부분이 무엇인지 자유롭게 논하시오.

---

5) 통계청, 온라인쇼핑동향, 2021년 3월.

6) 추천보다 무료 반품·교환…새롭게 뜨는 패션 플랫폼 전쟁, 서울경제, 2021.05.25.

항공사의 올해 유형자산 감가상각비는?

학습내용

본 사례는 국내 대표 항공사 대한항공과 아시아나항공을 기준으로 유형자산 감가상각비 계산사례를 살펴보는 것에 목적을 둔다. 2021년 현재 대한항공과 아시아나항공의 통합[1)]이 논의되고 있지만, 이전에는 국내 2개의 대표 항공사로 운영되어 왔다. 이에 항공사의 감가상각비 계산기준 등의 비교를 통해 기본 감가상각에 대한 개념 습득과 관련 추정방법을 학습하는 것에 목적을 둔다. 또한, 2019년 1월 1일부터 적용되는 리스회계기준 변경으로 모든 리스에 대하여 사용권자산과 리스부채를 인식하도록 하고 있으며, 동 자산에 대해서는 감가상각비를 인식하도록 하고 있어 관련 내용을 학습하는 사례 문제를 통해 리스회계 변경효과를 학습하도록 한다.

국내 대표 국적 항공사로 대한항공과 아시아나항공이 있다. 항공업은 항공법, 항공법 시행령에 따라서 항공운송사업 등을 시행하고 있다. 대한항공[2)]은 1962년 6월 19일에 설립되어 1966년 3월 상장된 기업으로 국내외 항공운송업, 항공기 부품제작 및 정비수리업 등의 사업을 영위하고 있다. 대한항공의 2020년 말 자본금은 876,603백만원이며, 주요 주주로 한진칼(주)이 29.27% 비중을 차지하고 있다. 대한항공은 현재 총 159대의 항공기를 보유하고, 국제항공운송 협정에 따라 해외 42개국 108개 도시를 정기적으로 운항하고 있다. 아시아나항공[3)]은 1988년 2월 17일 설립되었으며, 1999년 12월 코스닥시장에 상장하고 2008년 3월 유가증권시장에 이전 상장하였다. 아시아나항공은 국내외 항공운송업, 항공기 및 기기류 재생사업 등을 영위하는 기업으로 주요 종속회사로 에어부산, 에어서울, 아시아나IDT, 아시아나에어포트, 금호리조트, Weihaipoint Hotel & Golf Resort Co., Ltd. 금호티앤아이(주) 등이 있다. 아시아나항공은 현재 국제여객기준 21개 국가, 65개 도시, 74개 노선을 정기적으로 운항하고 있으며, 국내여객은 10개 도시, 11개 노선을 정기적으로 운항하고 있다.

대한항공과 아시아나항공의 주요 사업인 항공운송업은 지속적으로 고가의 항공

---

1) 대한항공, 아시아나 인수 후 통합전략 오늘 산은 제출한다, 한국경제, 2021.03.17. 내용 참고.

2) 2018-2020년 대한항공 사업보고서 자료 참고.

3) 2018-2020년 아시아나항공 사업보고서 자료 참고.

기를 늘리거나 유지해야 하는 자본집약적 산업이며, 국가 간 항공협정 체결이 전제되어야 하는 등 진입장벽이 높고, 해상·육상 운임에 비해 운임료가 고가인 산업이다. 이에 대한항공과 아시아나항공의 국내외 항공운송 시장점유율은 도착기준 각각 23.11%, 15.57%로 높은 편이며, 출발기준으로 각각 23.10% 15.58%로 높은 편이다.

〈표 1〉 항공사별 운항/여객/화물 비율[4)]

항공사명	운항(편)			여객(명)		
	도착	출발	계	도착	출발	계
대한항공	23.11485889	23.10659172	23.11072414	20.06553833	20.04463218	20.05508726
아시아나	15.57729765	15.58602074	15.58166042	16.67649708	16.69236176	16.6844279
기타항공	61.30784346	61.30738754	61.30761543	63.25796459	63.26300607	63.26048484

항공사명	화물(톤)		
	도착	출발	계
대한항공	32.3552001	31.49754837	31.91805441
아시아나	21.26468052	20.80949143	21.03267032
기타항공	46.38011938	47.69296021	47.04927527

* 2017-2020년 항공사별 운항/여객/화물 정보를 바탕으로 비율 계산.

항공운송을 하는 항공사는 연료유류비가 영업원가에서 차지하는 비중이 높고, 외화결제 비중이 높아 환율에 따른 실적변동이 큰 산업에 속한다. 또한, 항공사들의 자산 구성 중 유형자산이 차지하는 비중이 대체로 50% 이상으로 높으며, 항공사들은 항공기 구입 또는 유지를 위해 대체로 외부 차입 혹은 리스를 통해 고가 항공기를 확보하고 있다. 다시 말해, 유형자산 중 상대적으로 비중이 높은 항공기, 부동산, 공항시설, 차량 등에 운용리스계약을 체결하고 있고, 이로 인해 항공사들의 항공기 구입 또는 유지는 항공사들의 부채비율을 높이고, 이익을 감소시키는 요인으로 작용하기도 한다. 한 예로 대한항공의 경우 최근 리스회계기준 변경으로 2019년 1월 1일 최초 적용시점의 운용리스 관련 사용권자산과 리스부채를 재무제표에 반영한

4) https://www.airport.co.kr/www/cms/frFlightStatsCon/airLineStats.do?MENU_ID=1250#none, 한국공항공사

이후 부채비율이 전년 대비 약 56% 정도 증가하기도 하였다.[5)]

대한항공과 아시아나항공의 손익계산서와 비용항목을 살펴보면, 대한항공과 아시아나항공은 전체 비용항목에서 감가상각비가 차지하는 비중이 높으며, 이는 유형자산 중 항공기 총액이 차지하는 비중이 높은 것으로 볼 때 항공기로 인한 감가상각비가 비용에서 차지하는 비중이 높은 것을 알 수 있다. 그리고 대한항공은 리스회계 전·후로 임차료가 340,965,766천원에서 31,863,042천원으로, 아시아나항공은 2018년도 임차료 660,208,298천원에서 2019년 임차료 106,606,721천원으로 감소하는 양상을 보인다.

아시아나항공은 토지 등 비상각자산을 제외한 유형자산 기준으로 정액법의 방법을 통해 추정된 감가상각비를 포괄손익계산서에 기록하고, 감가상각누계액과 손상차손누계액을 유형자산 원가에서 차감하여 표시하고 있다. 아래는 아시아나항공에서 사용하는 유형자산 항목별 추정내용연수에 대한 가상정보이다. 유형자산 중 50% 이상을 차지하는 항공기의 경우 최대 25년의 내용연수 동안 감가상각비를 인식하고 있다.

〈표 2〉 **아시아나항공 유형자산 항목별 추정내용연수**

구 분	추정내용연수	구 분	추정내용연수
건 물	20년~50년	리스항공기재	10년~25년
구축물	15년~50년	차량운반구	4년~20년
기계장치	4년~20년	공구와기구	2년~13년
항공기	5년~25년	비 품	2년~13년
리스항공기	5년~25년	기타의 유형자산	3.6년~20년
항공기재	10년~25년		

대한항공은 토지 및 토지리스자산을 제외하고 각 항목별 정액법의 방법을 통해 추정된 감가상각비를 포괄손익계산서에 반영하고 감가상각누계액과 손상차손누계액을 차감한 금액을 장부금액으로 계상하고 있다. 다음은 대한항공에서 사용하는

5) 대한항공과 아시아나항공의 요약 재무제표 상세 내역은 금융감독원 전자공시시스템 상 사업보고서 주석 내용(유형자산 상세내역, 비용 성격별 분류 등)을 참고.

유형자산 항목별 추정내용연수에 대한 가상정보이다. 대한항공의 경우 항공기 관련 유형자산은 최대 15년을 기준으로 감가상각비를 인식하고 있다.

〈표 3〉 **대한항공 유형자산 항목별 추정내용연수**

구 분		추정내용연수
건물, 구축물		20~40년
기계장치		4~15년
항공기, 항공기리스자산	동체 등	6~15년
	정기적 대수선	2.8~12년
엔진, 엔진리스자산	엔진	15년
	정기적 대수선	3.3~10.7년
항공기재		15년
차량운반구		4~9년
기타유형자산, 기타리스자산		2~15년
리스개량자산		1~ 11년

대한항공과 아시아나항공의 항공기 보유 현황은 다음과 같다.[6)]

〈표 4〉 **항공사별 항공기 종류 및 보유 대수**

항공사	항공기 종류	보유 대수
대한항공 (총 160대)	에어버스 A380-800	여객기 10대
	보잉 747-400	화물기 4대
	보잉 747-8i	여객기 10대
	보잉 747-8F	화물기 7대
	보잉 777-200ER/300/300ER	여객기 42대
	보잉 777F	화물기 12대

6) 대한항공: https://www.koreanair.com/kr/ko/footer/about-us/who-we-are/overview/introduce-corporation의 항공기보유현황(2021.03.22기준) 내역 참고.
아시아나항공: https://flyasiana.com/C/KR/KO/company/investor-relations/n-detail/performance/CM202011180001271169dml 2020년 3분기 경영실적 상 항공기 보유 현황 내역 참고.

항공사	항공기 종류	보유 대수
대한항공 (총 160대)	보잉 787-9	여객기 10대
	에어버스 A330-200/300	여객기 30대
	보잉 737-800/900/900ER	여객기 25대
	에어버스 A220-300	여객기 10대
아시아나항공 (총 81대)	A320/321	여객기 소형기 21대
	A321NEO	여객기 소형기 1대
	B767	여객기 중/대형기 5대
	A330	여객기 중/대형기 15대
	B747	여객기 중/대형기 1대
	B777	여객기 중/대형기 9대
	A350	여객기 중/대형기 10대
	A380	여객기 중/대형기 6대
	B767F	화물기 1대
	B747F	화물기 11대
	A350F	화물기 1대

[토론사항 1] 다음 사항을 바탕으로 대한항공과 아시아나항공이 추가로 인식해야 할 연간 감가상각비 금액을 계산하시오.

① 대한항공은 올해 화물용 중고 보잉 767-300 항공기 11대를 구매하였으며, 1대당 구매가격은 약 $217.9 millions[7] (한화 약 2,789억원)[8]이다. 대한항공이 매년 추가로 인식해야 할 감가상각비는 얼마인가? 내용연수는 각 항공사가 주석에 공시하고 있는 해당 자산의 최대 내용연수로 가정하며 항공기의 잔존가치는 항공기 취득원가에 20%로 가정한다.

② 아시아나항공은 여객기 A350-900 HL8381모델을 구입하였다. 에어버스 A350-900은 약 310명의 탑승 인원에 최대 항속거리는 15,000km 정도로, 아시아나항공은 이미 10대를 보유 중에 있으며, 기존 노후화된 B777을 대체

7) https://www.boeing.com/company/about-bca/#/prices 기준 가격을 참고(2021.03.22 현재).
8) 기준일(2021.03.23) 환율 1,280.0원을 적용함.

할 목적으로 구입했다.[9] 아시아나항공이 A350-900의 구입을 위해 지불한 가격은 약 3,590억원[10]이다. 내용연수는 〈표 2〉를 참고하여 항공기 추정내용연수의 최대 내용연수로 가정하며, 항공기의 잔존가치는 대한항공과 동일하게 20%로 가정한다.

[토론사항 2] 대한항공은 3년 전에 구입했던 화물용 중고 보잉 767-300 항공기 11대에 대한 최대 추정내용연수를 20년으로 변경하였다. 또한 항공기 및 항공기리스자산의 잔존가치를 기존 20%에서 10%로 변경하였다.[11] 회계추정의 변경을 통해 당기에 인식하게 될 연간 감가상각비는 얼마인가?

[토론사항 3] 아시아나항공은 대한항공보다 운용리스의 비중이 높다.[12] 2020년 3분기 기준 아시아나항공의 운용리스 비중은 64%로 항공기 구입을 대체적으로 리스를 통해 조달하고 있다고 가정하자. 아시아나항공은 새로운 여객기 A350-900 HL8381를 리스를 통해 조달하고자 한다. 아시아나항공이 에어버스와 체결한 리스계약의 조건은 다음과 같다(2021년 재무회계, CPA 1차 변경).

- 여객기 A350-900 HL8381의 리스기간은 2001년 1월 1일부터 20년간으로 한다.
- 아시아나항공의 항공기 내용연수는 25년이며, 종료시점의 잔존가치는 0이다. 그리고 정액법으로 감가상각한다.
- 아시아나항공은 리스기간 동안 매년 말 15억원의 고정리스료를 지급한다.
- 사용권자산은 원가모형을 적용하고, 잔존가치는 0이며, 정액법으로 감가상각한다.
- 20×1년 1월 1일 리스의 내재이자율은 연 5%로 리스제공자와 리스이용자가 이를 쉽게 산정할 수 있다.

---

9) https://ko.wikipedia.org/wiki/%EC%97%90%EC%96%B4%EB%B2%84%EC%8A%A4_A350_XWB의 내용을 참고.

10) 두 차례 추락사고 보잉반·사이익 에어버스 '희비 쌍곡선' 글로벌이코노믹, 2019.04.10 신문기사에서 항공기의 가격을 참고함.

11) 대한항공 2019년 사업보고서 상 실제 내용연수와 잔존가치 변경내역 참고(2020.04.14 접수일자 기준).

12) 대한항공과 아시아나 항공의 사업보고서 상 운용리스 내역 참고.

• 아시아나항공은 리스기간 종료시점에 항공기를 100억원에 매수할 수 있는 선택권을 가지고 있으나, 리스개시일 현재 매수선택권을 행사하지 않을 것이 확실하다고 판단하였다. 다만, 2015년 말에 아시아나항공은 유의적인 상황변화로 동 매수선택권을 행사할 것이 확실하다고 판단을 변경하였다.

• 2015년 말 현재 아시아나항공은 남은 리스기간의 내재이자율을 판단할 수 없으며, 증분차입이자율은 연 10%이다.

• 적용할 현가표는 아래와 같다.

구 분	단일금액 1원의 현재가치		정상연금 1원의 현재가치	
	5%	10%	5%	10%
1년	0.95238	0.90909	0.95238	0.90909
5년	0.78353	0.62092	4.32948	3.79079
10년	0.61391	0.38554	7.72173	6.14457
15년	0.48102	0.23939	10.83777	7.60608
20년	0.37689	0.14864	12.46221	8.51356
25년	0.29530	0.09230	14.09394	9.07704

앞선 자료를 바탕으로 아시아나항공이 2016년에 인식해야 할 사용권자산의 감가상각비는 얼마인가?

샤넬코리아 유한회사

학습내용

비상장기업의 감사보고서 자료를 바탕으로 하여 회계투명성 및 외감법인기준, 수익성분석, 경쟁기업 비교분석, 주석에 보고된 내용 분석, 저가법, 토지 재평가와 관련된 내용을 학습한다.

"무엇과도 바꿀 수 없는 존재가 되려면 늘 달라야 한다." 세계적 명품 패션브랜드 '샤넬(Chanel)'의 설립자 코코 샤넬(Gabrielle Bonheur "Coco" Chanel)이 했던 말이다. 오늘 날 샤넬은 그녀의 말처럼 끊임없는 혁신을 통해 무엇과도 바꿀 수 없는 존재가 되었다. 포브스(Frobes)의 2021년 세계 최고 가치 브랜드(The World's Most Valuable Brands 2021)[1]에 따르면 샤넬의 브랜드 가치는 128억 달러(약 14조원)로 전체 순위 52위, 명품산업(Luxury industry) 순위 4위를 기록했다.

명품산업은 브랜드 가치를 바탕으로 대체품이 적거나 없는 고급 상품(사치품) 등을 생산 및 판매하는 산업이다. 글로벌 Big4 회계법인 중 하나인 딜로이트(Deloitte)에 따르면 2019년 세계 명품 브랜드 TOP100기업들의 매출이 2,810억 달러(약 318조원)일 정도로 산업의 규모가 매우 크다.[2] 또한 명품산업은 소수 기업에 의해 지배되는 독점 및 과점 시장과 비슷한 모습을 띠고 있으며 원가 대비 수익성이 높은 것으로 알려져 있다. 그리고 산업 특성상 브랜드 가치를 매우 중요시한다. 때로는 손해를 보더라도 브랜드 가치를 우선시하는 모습을 보여 논란이 되기도 한다.[3),4)] 최근에는 아시아 지역의 명품 수요 증가로 큰 성장을 이루기도 했지만 코로

---

1) Forbes, "THE WORLD'S MOST VALUABLE BRANDS," https://www.forbes.com/powerful-brands/list/#tab:rank_header:position_industry:Luxury

2) Deloitte, "Global powers of Luxury Goods 2020," https://www2.deloitte.com/global/en/pages/consumer-business/articles/gx-cb-global-powers-of-luxury-goods.html

3) 홍수민, "싼값에 파느니 태워버려" 버버리, 422억 어치 재고 소각 중앙일보, 2018.07.20, https://news.joins.com/article/22820896

4) 황태호, "루이비통, 한국 시내면세점 철수한다," 동아닷컴, 2021.06.04, https://www.donga.com/news/article/all/20210604/107263259/1

나19의 여파로 위축된 모습을 보이고 있다.[5)]

그렇다면 샤넬의 상황은 어떨까? 샤넬이 공개한 Chanel Limited Financial Results for the Year Ended 31 December 2020을 정리한 내용은 다음과 같다.[6)] (샤넬은 상장되어 있지 않는 기업이기 때문에 그동안 실적을 공개하지 않다가 108년 만에 2018년부터 처음으로 공식 홈페이지를 통해 재무 실적을 부분적으로 공개하고 있다).[7)]

	2020	2019	% change
Revenue	$10,108m	$12,273m	−17.6%
Operating profit	$2,049m	$3,496m	−41.4%
Profit after tax	$1,388m	$2,410m	−42.4%

샤넬의 2020년 매출은 101억 800만 달러(11조 4,000억원)로 전기에 비해 17.6% 감소했다. 영업이익, 세후이익도 전기에 비해 각각 41.4%, 42.4% 감소했다. 코로나19의 영향이 컸던 것으로 보인다.

Revenue by region			
Europe	$2,885m	$4,534m	−36.4%
Asia Pacific	$5,257m	$5,426m	−3.1%
Americas	$1,966m	$2,313m	−15.0%

지역별 매출은 유럽이 28억 8,500만 달러(3조 2,600억원), 아시아가 52억 5,700만 달러(5조 9,500억원), 그리고 아메리카는 19억 6,600만 달러(2조 1,900억원)이다. 유럽과 아메리카는 전기에 비해 매출이 각각 36.4%, 15.0%가 감소했지만 아시아는 코로나19의 영향에도 불구하고 비교적 적은 3.1% 감소했다. 또한 아시아 지역의 매출은 전체 매출의 약 52%를 차지하고 있어 아시아 지역은 명품 수요가 매우 큰 시

---

5) McKinsey & Company, "The State of Fashion 2021," https://www.mckinsey.com/industries/retail/our-insights/state-of-fashion

6) Chanel, "CHANEL LIMITED FINANCIAL RESULTS FOR THE YEAR ENDED 31 DECEMBER 2020," https://www.chanel.com/us/financial-results/

7) 장병창, "108년 만에 실적 공개한 '샤넬' … 새 강자 부상," 어패럴뉴스, 2018.07.03, http://www.apparelnews.co.kr/news/news_view/?idx=171787&cat=CAT160

장이라는 것을 파악할 수 있다.

다음은 샤넬의 국내 상황을 확인해보자. 국내에서 샤넬을 운영하고 있는 샤넬코리아 유한회사(이하 '샤넬')의 2020 감사보고서는 2021년 2분기에 공시됐다. 또한 2021년 2분기에는 샤넬과 함께 3대 명품 브랜드로 불리는 에르메스코리아 유한회사(이하 '에르메스'), 루이비통코리아 유한회사(이하 '루이비통')의 감사보고서도 공시됐다. 특이한 것은 에르메스와 샤넬은 설립 후 처음으로, 루이비통은 2012년 이후 9년 만에 감사보고서가 공시됐다는 점이다. 3대 명품 '에·루·샤'는 명성과는 달리 그동안 유한회사라는 이유로 외부감사와 의무공시 대상에 포함되지 않았다.[8] 하지만 대우조선해양 회계부정사건 이후 회계투명성을 높이고자 개정된 '주식회사 등의 외부감사에 관한 법률(외부감사법)'이 시행되면서 외부감사 규율 대상에 포함되어 재무제표를 공시하게 되었다. 국내 샤넬은 1991년 9월 25일 대한민국의 외국인투자촉진법에 따라 설립되었다. 2016년 1월 1일에 샤넬 듀티프리 유한회사를 흡수합병하고, 사명을 현재의 샤넬코리아 유한회사로 변경했다. 주 사업목적은 패션제품, 화장품 및 향수 등의 판매이다. 의류 및 핸드백, 액세서리를 판매하는 점포('패션 부티크')의 수가 '에·루·샤' 중 가장 적은 것이 특징이다. 이로 인해 인기 상품인 핸드백 및 지갑 등의 재고가 구하기 힘들어 오픈 런(open run)[9]이란 단어가 생기기도 했다. 샤넬의 요약 재무제표는 다음과 같다.

---

8) 윤정선, "공시의무 없는 유한회사 전환… 해외고가브랜드 '깜깜이 경영'", 문화일보, 2015.12.04, http://www.munhwa.com/news/view.html?no=2015120401071621305001

9) 코로나 와중에도 샤넬백 대란?…샤넬이 뭐길래, 매일경제, 2021.05.13 내용 참고.

재무상태표

제 30 기 2020년 12월 31일 현재

제 29 기 2019년 12월 31일 현재

샤넬코리아 유한회사 (단위: 원)

과 목	제 30(당) 기말		제 29(전) 기말	
자 산				
Ⅰ. 유동자산		277,856,619,125		255,162,077,438
(1) 당좌자산		156,625,316,471		146,828,520,006
1. 현금및현금성자산	760,707,194		593,978,338	
2. 매출채권	72,644,201,539		85,918,741,214	
(대손충당금)	(759,021,471)		(898,663,940)	
3. 미수금	6,503,000,019		406,873,692	
4. 선급금	12,030,146,544		8,029,844,374	
5. 선급비용	1,291,460,427		1,009,815,464	
6. 기타자산	64,154,822,219		51,767,930,864	
(2) 재고자산		121,231,302,654		108,333,557,432
1. 상 품	221,695,524,627		173,019,974,140	
상품평가충당금	(112,295,885,670)		(70,260,889,084)	
2. 미착품	11,831,663,697		5,574,472,376	
Ⅱ. 비유동자산		172,357,296,813		177,914,795,675
(1) 투자자산		5,851,196,586		4,661,216,487
(2) 유형자산		160,199,154,870		166,260,223,677
1. 토 지	83,072,206,067		83,072,206,067	
2. 건 물	45,088,443,885		44,864,085,467	
감가상각누계액	(2,755,404,850)		(1,246,224,579)	
3. 차량운반구	170,916,250		233,945,378	
감가상각누계액	(144,133,115)		(172,978,396)	
4. 기타유형자산	34,767,126,633		39,509,189,740	
(3) 무형자산		1,799,044,527		2,389,534,911
(4) 기타비유동자산		4,507,900,830		4,603,820,600
자산 총계		450,213,915,938		433,076,873,113

과 목	제 30(당) 기말		제 29(전) 기말	
부 채				
Ⅰ. 유동부채		176,906,970,138		193,089,060,625
1. 매입채무	126,666,911,518		139,812,686,798	
2. 미지급금	1,306,026,522		1,584,617,164	
3. 미지급비용	14,625,739,649		16,522,728,745	
4. 당기법인세부채	29,812,897,772		19,990,379,408	
5. 부가세예수금	4,102,195,651		8,256,680,883	
6. 예수금	393,199,026		421,967,627	
7. 유동성장기차입금	-		6,500,000,000	
Ⅱ. 비유동부채		44,162,736,135		117,694,660,905
(1) 장기차입금	-		77,735,716,642	
(2) 기타비유동부채	44,162,736,135		39,958,944,263	
부채 총계		221,069,706,273		310,783,721,530
자 본				
Ⅰ. 자본금		200,900,000		200,900,000
Ⅱ. 자본잉여금		2,387,947,843		2,387,947,843
Ⅲ. 이익잉여금		226,555,361,822		119,704,303,740
자본 총계		229,144,209,665		122,293,151,583
부채 및 자본 총계		450,213,915,938		433,076,873,113

손익계산서

제 30 기 2020년 12월 31일 현재
제 29 기 2019년 12월 31일 현재

샤넬코리아 유한회사 (단위: 원)

과 목	제 30(당) 기		제 29(전) 기	
Ⅰ. 매출액		929,574,708,713		1,063,885,713,549
Ⅱ. 매출원가		468,302,609,664		632,913,701,816
1. 기초상품재고액	108,333,557,432		91,073,676,608	
2. 당기상품매입액	481,200,354,886		650,173,582,640	
3. 기말상품재고액	(121,231,302,654)		(108,333,557,432)	

과 목	제 30(당) 기	제 29(전) 기
Ⅲ. 매출총이익	461,272,099,049	430,972,011,733
Ⅳ. 판매비와관리비	312,159,484,326	320,054,663,638
Ⅴ. 영업이익	149,112,614,723	110,917,348,095
Ⅵ. 영업외수익	11,465,275,629	9,929,631,696
Ⅶ. 영업외비용	18,181,584,683	14,020,559,640
Ⅷ. 법인세비용차감전순이익	142,396,305,669	106,826,420,151
Ⅸ. 법인세비용	35,545,247,587	25,735,342,603
Ⅹ. 당기순이익	106,851,058,082	81,091,077,548

샤넬코리아는 2020년 약 9,000억원의 매출을 기록했다. 매출총이익은 약 4,600억원이며, 판매관리비를 차감한 영업이익은 약 1,490억원이다. 당기순이익은 약 1,060억원이다. 계상되어 있던 유동성장기부채와 장기차입금을 전액(840억원) 상환했다는 점도 눈에 띈다. 샤넬의 한 가지 특이한 점은 당기의 매출은 감소했지만 오히려 수익성은 증가한 것이다. 샤넬의 당기 매출액은 929,574,708,713원으로 전기에 비해 약 13% 감소했다. 하지만 매출총이익과 당기순이익은 전기에 비해 약 7%, 31%씩 증가했다. 이는 매출원가 감소의 영향이 컸던 것으로 보인다. 매출액 대비 매출원가 비율인 매출원가율은 영업활동의 능률성을 평가하는 지표 중 하나로서 이 비율이 낮은 기업일수록 수익성이 높은 경우가 많다.

에르메스, 루이비통, 샤넬 실적 (단위: 억원)

	에르메스		루이비통		샤넬	
	2019	2020	2019	2020	2019	2020
매출액	3,618	4,190	7,846	10,467	10,638	9,295
매출원가	1,624	1,905	5,609	7,115	6,329	4,683
매출총이익	1,994	2,285	2,236	3,352	4,309	4,612
매출원가율	44.89%	45.47%	71.49%	67.98%	59.49%	50.38%

실제로 '에·루·샤'의 전기와 당기의 실적을 비교해보면, 샤넬의 매출원가율이 9% 이상 감소한 것을 확인할 수 있다. 샤넬의 매출원가가 감소하게 된 배경에는

재고자산의 저가법 적용이 있다. 저가법이란 보수주의에 의한 회계처리로, 보고기간 종료일에 재고자산을 취득원가와 시가 중 낮은 금액으로 측정하는 방법이다. 시가가 취득원가보다 떨어질 경우, 재고자산평가손실이 매출원가에 합산되며 재무상태표의 재고자산평가충당금으로 기재된다. 일반기업회계기준에 의하면 재고자산의 시가가 취득원가보다 낮아지는 경우는 다음과 같다.

> **일반기업회계기준 제7장 재고자산 7.16**
>
> 다음과 같은 사유가 발생하면 재고자산 시가가 원가 이하로 하락할 수 있다.
>
> (1) 손상을 입은 경우
>
> (2) 보고기간 말부터 1년 또는 정상영업주기 내에 판매되지 않았거나 생산에 투입할 수 없어 장기체화된 경우
>
> (3) 진부화하여 정상적인 판매시장이 사라지거나 기술 및 시장 여건 등의 변화에 의해서 판매가치가 하락한 경우
>
> (4) 완성하거나 판매하는 데 필요한 원가가 상승한 경우

샤넬의 주석에는 재고자산에 대한 저가법 평가내역만 기재되어 있을 뿐, 시가가 취득원가보다 낮아진 이유는 기재되어 있지 않다. 주석은 핵심 내용을 포함해야 한다는 작성기준이 존재하지만, 그 외에는 자율성이 부여되기 때문에 샤넬의 실무자나 감사인이 아니라면 정확한 이유를 파악하기엔 어려움이 있다. 모종의 이유로 샤넬은 당기에 재고자산평가손실이 발생했고 매출원가에 영향을 미쳐 결과적으로 영업활동의 능률성이 좋아 보이게 되었다. 하지만 이는 평가손실이 발생했던 상황이 해결되면 최초의 장부가액을 초과하지 않는 범위에서 평가손실이 환입돼 매출원가에 다시 영향을 미치게 된다.

우리는 샤넬의 글로벌 재무제표와 국내 재무제표를 통해 샤넬과 명품산업에 대한 이해를 높일 수 있었다. 불과 몇 년 전만 해도 샤넬의 특성상 재무제표를 확인할 수 없어 불가능했을 일이다. 금융위기를 비롯한 다양한 경제위기를 겪으면서 전 세계적으로 회계투명성에 대한 목소리가 커졌고, 그로 인해 우리는 오늘날 샤넬의 재무제표를 확인할 수 있게 되었다. 이는 샤넬뿐만 아니라 다른 기업들도 마찬가지다. 또한 아직 국내에서는 미비하지만, 코로나19 이후로 세계적 글로벌 기업들은 회계투명성을 더욱 높이려 하고 있다. 재무제표에 재무적 정보뿐만 아니라 비재무적 정

보인 E·S·G(환경, 사회, 기업지배구조)에 대한 내용을 함께 담아내려 노력하고 있다. 시간이 된다면 한 번 확인해보도록 하자. 글로벌 시대에서의 회계투명성을 이해하고 이를 확장할 수 있다면, 기업가치의 증가에 긍정적인 영향을 끼칠 수 있을 것이다.

[토론사항 1] 주식회사와 유한회사의 외부 감사대상 여부 판단기준을 설명하시오.

(외부 감사대상 여부 판단기준은 다음의 링크 혹은 QR코드로 확인할 수 있다.)

링크

https://www.law.go.kr/LSW/lsSideInfoP.do?lsiSeq=229413&joBrNo=00&urlMode=lsScJoRltInfoR&docCls=jo&joNo=0005

QR코드

[토론사항 2] 샤넬의 재무상태표와 손익계산서를 바탕으로 아래 표에 제시되어 있는 재무비율(2020년도)을 구하고 에르메스, 루이비통과 비교 분석하시오.

	에르메스	루이비통	샤넬
매출액증가율	15.82%	33.42%	
총자산증가율	12.63%	43.30%	
순이익증가율	15.82%	284.65%	
매출총이익률	110.06%	44.06%	
영업이익률	31.83%	14.51%	
총자산순이익률(ROA)	54.26%	17.24%	
자기자본이익률(ROE)	43.01%	41.55%	
부채비율	25.83%	140.97%	
유동비율	231.78%	133.93%	
매출채권회전율	15.59회	18.86회	
재고자산회전율	6.75회	10.46회	

* 매출채권회전율과 재고자산회전율은 매출액 및 매출채권과 재고자산의 2년 치 평균으로 계산했다.

[토론사항 3]

① 재고자산의 저가법을 설명하시오.

② 샤넬의 재고자산과 관련된 주석을 확인하여 표를 완성하고, 에르메스, 루이비통과 비교 분석하시오(관련 내용은 금융감독원 전자공시시스템(dart.fss.or.kr)의 샤넬코리아 감사보고서(2020.12)에서 확인할 수 있다).

③ 샤넬코리아의 재고자산평가손실을 분석하시오.

(단위: 천원)

	에르메스	루이비통	샤넬
당기 상품취득원가	86,184,218	121,088,247	
당기 상품저가법평가액	61,258,704	87,066,906	
당기 상품평가손실	316,681	30,952,593	
당기 상품평가손실/매출원가	0.001	0.043	

[토론사항 4] 일반기업회계기준을 바탕으로 자신이 생각하는 샤넬의 재고자산평가손실이 발생한 이유를 말해보시오.

[토론사항 5] 다음은 에르메스, 루이비통, 샤넬이 소유한 토지에 대한 정보를 정리한 표이다.

	에르메스	루이비통	샤넬
토지장부가격	62억원	46억원	830억원
토지공시지가	340억원	280억원	260억원
면 적	1143.9	938.1	817.7
평 수	346평	284평	247평
취득연도	1999년	1998년	2013년
주 소	강남구 신사동	강남구 청담동	강남구 청담동

표를 확인해보면 에르메스, 루이비통, 샤넬의 재무제표에 있는 토지장부가격은 취득 시의 가격(historical cost)이 기재되어 있어 공시지가와는 다소 차이가 있다. 우리나라가 적용하고 있는 K-IFRS에서는 자산의 실질가치 반영을 위해 토지의 재평가를 허용하고 있다. 그럼에도 불구하고 에르메스, 루이비통, 샤넬이 자산재평가를 실시하지 않

는 이유를 토지를 재평가할 때의 장점 및 단점과 연결하여 토론하시오.

[토론사항 6] 샤넬의 E·S·G활동에 대해서 토론하시오(Chanel Limited Financial Results for the Year Ended 31 December 2020를 확인해보면 샤넬의 E·S·G에 대한 정보를 얻을 수 있다).

A전기와 B전자의 일시적 손익

학습내용

회계에서는 기업의 경제적 거래를 집약하여 이익이라고 하는 단일의 지표를 산출하고 있지만 이러한 이익의 지표는 그 구성요소에 따라 서로 다른 수준의 지속성을 나타낼 수 있음을 이해해 본다.

최근 회계와 재무 수업에서 L은 기업의 이익이 산출되는 과정을 학습하였다. L은 기업의 이익이 기업의 수익성과 지속가능성을 평가하는 데 중요한 지표가 된다는 것을 이해하였으나, 여러 가지 서로 다른 성격을 갖는 거래의 결과가 집약된 이익이라는 지표가 기업의 수익성을 나타낼 수 있는 완전한 지표인지 여부에 대해서는 의문을 갖게 되었다.

L은 기업의 이익이 장기적인 수익성을 나타내는 지표가 되기 위해서는 현재의 이익 수준을 기반으로 기업의 미래 수익성을 판단할 수 있어야 된다고 생각하고 기업의 이익 지표 중 어떠한 부분이 이번 한 회계연도에만 나타나는 일시적인 이익이며 어떠한 부분은 향후에도 지속가능한 성격을 가지고 있는지 판단해 보기로 하였다.

L은 정보통신 기술의 발전과 함께 다시 크게 성장하고 있는 전기, 전자 산업에 속한 기업 중 실제 두 개의 기업을 선택하여 분석하기로 하였다. L은 나름대로 다음과 같은 기준을 마련하여 분석대상 기업을 정하기로 하였다.

1. 전기, 전자 산업에 속한 기업
2. 자산규모 1조원 이상 기업
3. 최근 3년간 양(+)의 당기순이익이 발생한 기업

위 기준에 따라 L은 A전기와 B전자 두 기업을 분석대상으로 선정하였다.

두 기업의 손익계산서와 요약 재무상태표는 다음과 같다. 법인세율은 15%라 가정하고 법인세 비용은 법인세비용차감전 손익에 15%를 적용하여 계산하였다.

〈표 1〉 A전기의 손익계산서와 요약 재무상태표

(단위: 원)

연 도	2016	2017	2018	2019	2020
매출액	6,033,040,464	6,838,474,133	7,893,023,253	8,040,817,646	8,208,738,308
매출원가	5,006,276,574	5,230,059,519	5,805,531,038	5,989,994,609	6,268,998,200
매출총이익	**1,026,763,890**	**1,608,414,614**	**2,087,492,215**	**2,050,823,037**	**1,939,740,108**
판매비와관리비	1,002,364,373	1,102,211,186	1,369,439,415	1,316,854,194	1,110,609,429
영업이익	**24,399,517**	**506,203,428**	**718,052,800**	**733,968,843**	**829,130,679**
영업외수익	**351,024,250**	**234,780,807**	**307,246,640**	**205,642,929**	**270,849,334**
이자수익	17,945,894	11,007,953	12,776,639	21,702,505	10,278,966
배당금수익	2,844,082	3,037,963	10,226,638	505,533	368,931
수입수수료	618,571	1,099,505	229,808	52,024	74,578
외환차익	208,101,534	136,915,277	216,222,377	140,170,804	201,701,396
외화환산이익	21,257,577	32,280,695	11,894,942	9,378,404	35,213,506
투자자산평가이익	0	0	0	0	416,558
투자자산처분이익	0	0	0	11,667	0
유형,리스자산처분이익	15,973,893	4,432,850	2,690,694	5,060,116	1,646,364
무형자산처분이익	32,248,856	58,251	4,858	1,169,352	28,855
기타자산처분이익	983,948	15,325,061	0	23,232	343,794
기타영업외수익	51,049,895	30,623,252	53,200,684	27,569,292	20,776,386
영업외비용	**342,059,307**	**287,464,504**	**390,813,472**	**377,303,514**	**314,663,380**
이자비용	49,000,338	66,063,752	90,121,880	78,270,093	47,789,450
기타대손상각비	1,672,100	83,395	4,330,060	920,518	173,027
투자자산평가손실	0	0	0	170,741	110,083
외환차손	197,627,972	141,096,979	223,164,308	245,778,035	209,908,880
외화환산손실	24,848,346	25,323,348	20,725,819	20,617,264	32,450,165
유형,리스자산처분손실	12,878,469	8,097,467	11,315,227	14,907,050	10,382,696
유형자산손상차손	19,522,600	21,983,869	20,500,013	239,047	0
무형자산처분손실	558,499	1,167,551	1,464,657	620,307	1,021,027
기타영업외비용	35,950,983	23,648,143	19,191,508	15,780,459	12,828,052
법인세비용차감전 손익	**33,364,460**	**453,519,731**	**634,485,968**	**562,308,258**	**785,316,633**
법인세비용	5,004,669	68,027,960	95,172,895	84,346,239	117,797,495
당기순이익	**28,359,791**	**385,491,771**	**539,313,073**	**477,962,019**	**667,519,138**

연 도	2016	2017	2018	2019	2020
자 산	**7,662,629,260**	**7,767,403,543**	**8,644,914,206**	**8,674,248,230**	**9,225,498,476**
유동자산	**2,812,408,879**	**2,478,798,088**	**3,525,293,146**	**3,507,524,565**	**4,150,302,651**
당좌자산	1,985,250,098	1,559,904,735	2,409,727,269	2,236,250,934	2,812,386,930
재고자산	827,158,781	918,893,353	1,115,565,877	1,271,273,631	1,337,915,721
비유동자산	4,850,220,381	5,288,605,455	5,119,621,060	5,166,723,665	5,075,195,825
부 채	**3,325,043,962**	**3,435,912,157**	**3,698,416,650**	**3,244,151,344**	**3,315,102,537**
유동부채	2,043,155,150	2,454,109,697	2,509,584,013	1,850,405,466	1,914,879,974
비유동부채	1,281,888,812	981,802,460	1,188,832,637	1,393,745,878	1,400,222,563
자 본	**4,337,585,298**	**4,331,491,386**	**4,946,497,556**	**5,430,096,886**	**5,910,395,939**

〈표 2〉 B전자의 손익계산서와 요약 재무상태표

(단위: 원)

연 도	2016	2017	2018	2019	2020
매출액	55,367,033,000	61,396,284,000	61,341,664,000	62,306,175,000	63,262,046,000
매출원가	41,630,293,000	46,737,563,000	46,260,620,000	46,970,606,000	46,945,103,000
매출총이익	**13,736,740,000**	**14,658,721,000**	**15,081,044,000**	**15,335,569,000**	**16,316,943,000**
판매비와관리비	12,398,977,000	12,190,172,000	12,377,753,000	12,899,430,000	13,121,956,000
영업이익	**1,337,763,000**	**2,468,549,000**	**2,703,291,000**	**2,436,139,000**	**3,194,987,000**
영업외수익	**2,361,364,000**	**1,810,403,000**	**1,665,337,000**	**1,761,492,000**	**3,156,947,000**
이자수익	94,704,000	95,260,000	115,837,000	143,484,000	96,010,000
배당금수익	286,000	248,000	452,000	693,000	4,752,000
수입수수료	0	0	0	0	0
외환차익	1,797,247,000	1,184,456,000	1,085,340,000	1,109,654,000	1,797,274,000
외화환산이익	0	0	0	0	0
투자자산평가이익	0	0	305,000	128,000	511,000
투자자산처분이익	7,903,000	0	0	0	0
유형,리스자산처분이익	20,115,000	79,798,000	29,760,000	65,579,000	33,504,000
무형자산처분이익	2,000	35,000	56,000	991,000	616,000
기타자산처분이익	368,000	13,013,000	25,184,000	20,120,000	4,725,000
기타영업외수익	440,739,000	437,593,000	408,403,000	420,843,000	1,219,555,000
영업외비용	**2,173,157,000**	**2,331,497,000**	**2,210,918,000**	**2,111,729,000**	**3,441,241,000**
이자비용	418,312,000	367,273,000	414,524,000	407,199,000	367,170,000

연 도	2016	2017	2018	2019	2020
기타대손상각비	0	0	0	0	0
투자자산평가손실	0	0	2,587,000	8,000	327,000
외환차손	0	0	0	0	0
외화환산손실	0	0	0	0	0
유형,리스자산처분손실	33,241,000	52,078,000	39,115,000	74,944,000	57,660,000
유형자산손상차손	75,115,000	79,497,000	57,865,000	112,349,000	262,347,000
무형자산처분손실	11,503,000	38,018,000	35,078,000	30,453,000	55,345,000
기타영업외비용	1,634,986,000	1,794,631,000	1,661,749,000	1,486,776,000	2,698,392,000
법인세비용차감전 손익	**1,525,970,000**	**1,947,455,000**	**2,157,710,000**	**2,085,902,000**	**2,910,693,000**
법인세비용	228,895,500	292,118,250	323,656,500	312,885,300	436,603,950
당기순이익	**1,297,074,500**	**1,655,336,750**	**1,834,053,500**	**1,773,016,700**	**2,474,089,050**

연 도	2016	2017	2018	2019	2020
자 산	**24,855,269,000**	**28,220,959,000**	**31,328,443,000**	**31,859,875,000**	**35,204,227,000**
유동자산	**13,990,563,000**	**16,194,969,000**	**16,362,854,000**	**16,753,485,000**	**20,239,420,000**
당좌자산	8,819,548,000	10,286,532,000	10,341,498,000	10,890,067,000	12,792,263,000
재고자산	5,171,015,000	5,908,437,000	6,021,356,000	5,863,418,000	7,447,157,000
비유동자산	10,864,706,000	12,025,990,000	14,965,589,000	15,106,390,000	14,964,807,000
부 채	**11,498,527,000**	**13,547,275,000**	**15,021,536,000**	**15,434,737,000**	**17,662,102,000**
유동부채	5,744,364,000	7,536,470,000	7,135,029,000	7,657,916,000	10,207,492,000
비유동부채	5,754,163,000	6,010,805,000	7,886,507,000	7,776,821,000	7,454,610,000
자 본	**13,356,742,000**	**14,673,684,000**	**16,306,907,000**	**16,425,138,000**	**17,542,125,000**

먼저, L은 가장 간단한 수익성 지표인 ROA와 ROE를 A전기와 B전자에 대해 작성하였다. ROA와 ROE를 작성할 때의 분모는 기초와 기말 잔액의 평균으로 적용하였다.

[토론사항 1] A전기와 B전자의 2017년도부터 2020년도의 ROA와 ROE를 구해 보자. 어떤 기업의 수익성 지표가 보다 양호하다고 이야기할 수 있는가? 만일 두 기업 중 하나의 기업을 투자대상으로 고려하고 있다면 어떤 기업을 선택할 것인가?

L은 A전기와 B전자의 수익성이 미래에도 최근과 유사한 수준으로 유지될 것으로 예상되는지는 검토해 보기로 하였다. 이에, L은 A전기와 B전자의 당기순이익 중 일시적인 성질을 가진 부분과 연속적인 성질을 가진 부분으로 구분하고 연속적인 성질을 가지고 있는 이익만을 이용하여 다시 한 번 수익성 분석을 진행하여 보고자 한다.

[토론사항 2] A전기와 B전자의 손익계산서에서 일시적인 성격을 가지고 있는 당기순이익의 구성요소들을 찾아보자. 만일 여러분이 L이라면, 어떠한 구성요소를 일시적인 이익으로 판단할 것인가?

[토론사항 3] [토론사항 2]에서 판단한 일시적 구성요소를 제외한 후 A전기와 B전자의 ROA와 ROE를 구해 보자(법인세율은 15%이다). 일시적 구성요소를 제거하였을 때, 어떤 기업의 ROA 혹은 ROE가 더 높은가? [토론사항 1]에서의 판단과 달라지는가?

[토론사항 4] 이익의 지속성에 대해 이야기해 보자. 일반적으로 이익이 시간의 흐름에 따라 어떠한 모습을 보이는지에 대해 알아보고 이익 지속성의 결정요인과 관련한 연구자료를 찾아보자.

부채의 장부가치와 시장가치

학습내용 재무상태표 상의 부채의 장부가치와 시장가치가 다를 수 있음을 사례를 통해 학습하고 보험부채의 시가평가를 주요 골자로 하고 있는 IFRS17의 도입이 보험회사의 부채규모에 미치게 될 영향을 예상해 본다.

A디스플레이는 OLED의 제조 및 공급을 주요 사업으로 하고 있다. 2009년 현재, A디스플레이에 근무하고 있는 K는 스마트폰과 테블릿 컴퓨터의 출현을 목도하고 이들 신제품으로 인해 향후 OLED의 수요가 크게 증가할 것으로 예상하였다. K는 2009년 현재의 생산능력으로는 향후 증가하는 OLED 수요에 대응할 수 없을 것이라 판단하고 생산설비 증설의 필요성을 경영진에 보고하였다. 경영진은 K의 분석자료를 검토하고 OLED의 생산설비 확대의 필요성이 인정된다고 판단하여 추가적인 설비투자를 계획하고 있다. 경영진의 설비투자 확대 결정에 따른 설비투자 필요자금은 40억원이다.

A디스플레이의 재무담당부서는 내부 협의를 통해, 필요 자금 40억원 중 30억원은 내부의 유보자금을 통하여, 그리고 나머지 10억원은 사채를 발행하여 조달하기로 결정하였다. 또한 OLED의 장기적이고 안정적인 투자를 위해서는 자금조달의 안정성 역시 중요하다고 판단하여 10억원 상당의 30년 만기의 장기 이표채를 발행하기로 결정하였다.

이에 따라 A디스플레이는 2010년 1월 1일, 액면가 10억원, 연말에 이자를 1회 지급하는 액면이자율 연 10%의 이표채 "가"를 성공적으로 발행하였다. 2010년 1월 1일 현재의 시장이자율 역시 10%이다. 30년 기간의 현가요소는 다음과 같다.

- 1원의 현가요소: 0.0221 (시장이자율 10%, 30년)
- 연금현가요소: 9.7791 (시장이자율 10%, 30년)

[토론사항 1] 2010년 발행된 이표채 "가"는 할인(혹은 할증) 발행되는가? 아니면 액면 발행되는가?

[토론사항 2] 2010년 1월 1일 기준, 이표채 "가"의 미래 현금흐름의 현재가치를 구하여 보자.

10년이 지난 2019년 현재, OLED의 수요는 A디스플레이의 예상을 웃도는 성장세를 나타내고 있다. 또한 2019년 신종 전염병의 발생으로 야외 활동이 감소하자, 고급 TV제품의 수요가 증가하였으며 이는 다시 디스플레이 제품의 수요 증대로 이어지는 상황이다. A디스플레이는 이러한 추세가 향후에도 당분간 지속될 것으로 판단하고 있으며, 경영진은 밀려드는 주문을 소화하기 위해 추가적인 설비의 증설을 계획하고 있다.

이에 A디스플레이는 10년 전과 같이 또다시 추가적인 설비투자를 위한 자금조달계획을 수립하였다. 추가적인 설비투자 규모는 약 100억원이며, 90억원은 회사의 내부 자금으로, 그리고 나머지 10억원은 사채를 발행하여 조달할 계획이다. 역시 자금조달의 안정성을 위하여 10년 전과 같이 장기 사채를 발행하고자 하나, 만기는 이전보다 짧은 20년으로 설정하였다.

그에 따라 A디스플레이는 액면가 10억원, 연말에 이자를 1회 지급하는 액면이자율 연 10%의 이표채 "나"를 2020년 1월 1일 발행하였다. 2020년 1월 1일 기준, 신종 전염병 대응에 따른 양적 완화조치로 인해 시장이자율은 2010년 10%에 비해 2%p 낮아진 8% 수준이다. 20년 기간의 현가요소는 다음과 같다.

- 1원의 현가요소: 0.2145 (시장이자율 8%, 20년)
- 연금현가요소: 9.8181 (시장이자율 8%, 20년)

[토론사항 3] 2020년 발행된 이표채 "나"는 할인(혹은 할증) 발행되는가? 아니면 액면 발행되는가?

[토론사항 4] 2020년 1월 1일 기준, 두 이표채의 미래 현금흐름의 현재가치를 구하여 비교해 보자. 두 사채의 미래 현금흐름의 현재가치의 크기는 차이가 있는가?

[토론사항 5] 두 이표채의 2020년 1월 1일 기준의 장부가치를 구해 보자. 미래 현금흐름의 현재가치와 장부 상의 부채가치가 다른 것은 둘 중 어느 것인가? 2020년 1월 1

일 기준으로 둘 중 어떠한 사채의 부채 장부가치가 과대(혹은 과소)평가되어 있다고 판단되는가? 그리고 그러한 현상이 나타나는 이유는 무엇이라 판단되는가?

[토론사항 6] 만일 2020년 1월 1일 시장이자율이 12%라 할 경우, [토론사항 5]의 결론은 어떻게 변화하는가?

[토론사항 7] [토론사항 1]~[토론사항 6]까지의 내용에 기반하여 사채의 발행시점의 금리와 현재시점의 금리가 다를 경우 부채의 장부가치와 실제 시장가치의 차이가 발생하는 이유를 이야기해 보자.

다음은 2016년 12월 한국은행의 금융안정보고서에 수록된 내용 중 일부이다.[1)]

> 보험부채 시가(market value) 평가를 주요 내용으로 하는 보험부문 국제회계기준(IFRS17)이 도입될 예정이다. 현재 보험회사의 경우 자산은 시가로 평가되는 반면 부채는 원가(historical cost)로 평가되고 있어 자산-부채 간 평가방식이 상이하다. 부채 시가평가제가 도입되면 부채를 매 결산 시점의 시장금리가 반영된 할인율로 재평가함으로써 자산 · 부채관리(asset liability management)를 강화하는 긍정적인 효과를 가져올 수 있다.
> 국내 보험회사의 경우 보험상품 만기가 대부분 장기(20년 이상 67%)이고 과거 고금리 시기에 판매한 금리확정형(3% 이상 68%) 상품의 비중이 높다.

[토론사항 8] [토론사항 1]~[토론사항 7]의 결론에 비추어 위 내용을 판단하여 보자. IFRS17의 도입으로 보험부채가 시가평가될 경우, 보험회사의 부채규모는 어떻게 변화할 것으로 판단되는가? 그리고 그 이유는 무엇인가?

[토론사항 9] 만일 향후 시장금리의 인상이 예정될 경우, 보험회사의 부채규모는 증가할(혹은 감소할) 것으로 예상되는가? 그 이유는 무엇인가?

---

1) 한국은행, 금융안정보고서, 2016년 12월. p. 59 내용 참조.

CHAPTER 2

재무제표분석과 가치평가

- 서밋가구 - 운전자본관리
- 산업별 재무비율분석
- LG화학의 ROA와 ROE
- 리스회계 적용: 수익, 비용 구조, 재무비율분석 - 해운업계
- Tottenham Hotspur plc
- (주)마니커 - 재무제표분석
- (주)와이엔텍 - Trash or Treasure
- 사내유보금에 대한 미신
- 회계정보를 이용한 투자의사결정 - 초과이익할인모형

재무제표분석이 경영 의사결정의 Key이다

재무제표와 주석사항은 정보이용자들이 다양한 의사결정을 하는데 있어서 유용한 정보를 전달한다. 본 장에서는 재무제표와 주석사항이 제공하는 재무정보를 이해하고 구체적으로 분석하는 실제와 가상의 케이스들을 제공한다. 기업이 재무제표에 보고한 재무정보를 활용하여 기업의 재무상태, 경영성과 및 현금흐름을 파악한다. 수익성, 유동성, 성장성, 효율성 등의 비율분석을 통해 기업의 재무상황을 여러 기간에 걸친 기간간 추세분석을 하며, 경쟁업체나 산업평균과의 기업 간 비교분석을 한다. 재무제표분석은 단순히 과거와 현재의 재무상태와 경영성과를 파악하게 하는 것뿐만 아니라 향후 기업의 성장 가능성을 예측하는 기반이 된다. 기업이 재무제표에 보고한 내용과 더불어 시장환경 및 경쟁기업의 상황 등에 대한 정보를 더해서 미래 이익을 예측하며 나아가 기업의 가치를 평가한다.

서밋가구 - 운전자본관리

학습내용

본 케이스를 통해 손익계산서 상의 이익과 현금흐름의 차이에 대해 이해하고 운전자본관리와 현금전환주기에 대해 학습한다.

서밋가구(Summit Furniture)의 대표 최성란 씨는 서밋가구의 경영활동이 순조롭고 재무성과가 성장세를 보이고 있다는 것에 매우 기뻐하였다. 2018년도의 매출은 전년도 대비 8.38%의 성장률을 보였으며 영업이익률도 2015년도의 7.27%에서 꾸준히 상승하여 2018년도에는 영업이익률이 9.84%를 기록했다. 2018년도의 당기순이익률도 2015년도의 4.69%에서 1.64%포인트 상승한 6.33%를 보였다.

서밋가구는 개성을 중요시하는 요즘 트랜드에 맞게 고객의 취향이나 목적에 맞는 사무용, 가정용 가구를 주문, 생산하는 형태의 가구회사이다. 기존 대부분의 가구회사가 마치 수많은 사람이 입는 디자인의 기성복처럼 똑같은 디자인의 가구를 대량으로 생산하여 판매하는 것과는 차별적으로, 서밋가구는 개성이 강한 독특한 디자인의 가구를 비교적 소량만 생산하여 가구 편집숍에 판매하거나, 특별 개별주문을 받아서 생산하는 가구회사이다. 따라서, 서밋가구는 소비자의 다양한 요구를 충족하기 위하여 가구의 종류가 다른 가구회사에 비하여 많은 편이다. 다양한 종류의 가구 재고를 가지고 있기 때문에 재고자산 수준이 높은 편으로서 2018년 기준으로 재고자산은 총자산의 54.3%이다. 개별주문을 받은 경우에는 주문 금액의 일부를 계약금으로 받고, 가구가 완성될 때 나머지 금액을 소비자로부터 받는 경우가 대부분이다. 서밋가구는 트렌디한 디자인의 가구를 생산하여, 직영 전시장에 가구들을 전시하여 고객에게 직접 판매하기도 한다. 그러나, 다양한 브랜드의 트렌디한 비교적 고가의 가구를 취급하는 대형 백화점과 국내외의 가구 편집숍들에 납품하는 것이 매출의 대부분을 차지한다. 그 외에, 직접 디자인을 의논하여 진행하는 호텔 등의 기업 및 개인 고객과도 거래를 한다. 개인고객의 경우에는 한두 가지의 가구의 주문이 아닌 침대, 테이블, 소파, 의자뿐만 아니라 조명, 소품까지 모두 제작하는 주문으로서 매출의 규모가 큰 주문제작만을 취급한다.

정부 고용정책으로 인하여 근로자, 특히 가구공장에서 근무하는 비정규직 직원의 급여가 가파르게 상승하고 있다는 경영상의 위험요소가 있지만, 인테리어에 대한 관심이 점점 커지는 만큼 내수 시장이 활성화되어 있어 가구 및 인테리어 소품에 대한 수요는 뚜렷한 증가 추세이다. 또한, 개인맞춤형 가구나 독특하고 시대를 앞선 디자인의 가구를 한정적으로 제작하여 시장에 유통되고 있는 동일한 가구의 숫자를 비교적 제한적으로 가져가는 한정판 개념의 가구에 대한 선호도가 꾸준히 상승하고 있어서, 2018년 이후에도 수요가 상승할 것이라는 긍정적인 시장상황이 예상된다.

남들과는 다른 가구를 소유하기를 선호하는 소비자들을 타겟으로 하는 회사의 영업전략이 성공하여 최근 수년간 회사의 매출이 지속적으로 성장하고 있다. 더불어 판매관리비를 효율적으로 관리하여 영업이익률, 총자산순이익률 등의 경영지표들도 수년간에 걸쳐 긍정적인 결과를 보여주고 있다. 다만, 서밋가구의 본부장인 최성진 씨는 회사의 현금보유량이 감소하고 있는 점을 주목하고 있다. 그는 회사의 현금보유량이 총자산의 10%를 유지하여야 한다고 생각하고 있었으나, 최근 현금보유량은 그에 한참 못 미쳤다. 2018년도의 총자산 대비 현금보유액은 2.22%에 불과했다. 그럼에도 불구하고 서밋가구의 대표인 최성란 씨는 운전자본관리와 재고자산관리의 필요성을 느끼지 못하고 있으며, 은행으로부터 대출을 받기를 꺼려하고 있다. 더욱이, 가구 제작에 필요한 원재료나 자제를 구입 시에, 공급회사로부터 거래대금에 대한 할인을 받기 위하여 대금 지불을 일찍 하는 정책을 선호하였다. 서밋가구는 매입할 경우 매입대금을 30일 이내에 결제하되, 거래일로부터 10일 이내에 판매대금을 지불하는 경우에는 2%의 할인(2/10, n/30; 2% discount if paid within 10 days otherwise net amount due within 30 days)을 적용받도록 하는 대금결제 약정(credit terms)을 맺고 있다. 자금이 필요해서 은행에서 대출을 받을 경우에는 연 7%의 이자비용이 발생하므로 서밋가구는 차입을 가능한 하지 않고 회사를 운영하는 정책이 옳다고 믿고 있다.

최성진 본부장은 유동성 위험이 있을 수 있다고 생각하고 현금순환주기 또는 현금전환주기(Cash Conversion Cycle)[1)]를 분석할 필요가 있다고 최성란 대표에게 강

1) 혹은 1회전 운전기간이라고도 부른다.

하게 주장했다. 최성진 본부장은 최근 부실기업들이 매출채권을 회수하는 기간보다 매입채무를 지급하는 기간이 짧아 회사의 현금이 운전자본에 잠겨 있다는 것에 주목했다. 기업 내에 자금이 묶이는 자금구속에는 원재료 매입으로 인한 자금구속과 재고를 보유함으로써 발생하는 자금구속이 있다. 그리고 외상 매출 후 현금 회수까지 매출채권 회수에 소요되는 시간 동안에도 자금은 묶여 있게 된다. 원재료를 구매할 때 매입채무가 발생하고 재고자산이 증가한다. 제품을 판매하면 매출채권이 발생하고, 추후에 고객으로부터 현금을 회수하게 된다. 현금전환주기는 기업이 현금을 투입하여 원재료를 구입하고, 제품을 생산, 판매하여 현금이 회수될 때까지 소요되는 시간이다. 즉, 현금을 투자해서 회수되는 데 소요되는 시간을 "일" 단위로 나타내는 것이다. 따라서, 현금전환주기는 재고가 판매되는 데 걸리는 기간인 재고자산회전기간(Days Inventory Outstanding; Days Sales of Inventory)에 매출채권이 현금으로 회수되는 매출채권회전기간(Days Sales Outstanding)을 더한 값에서 원재료 및 상품의 대금을 지불하는 데 소요되는 시간인 매입채무회전기간(Days Payables Outstanding)을 차감하여 계산한다. 현금전환주기가 짧을수록 유동성이 향상되고, 외부 자금조달의 필요성이 감소한다. 이에 최 본부장은 현금전환주기만큼 운전자금을 준비해야 한다는 것에 주목하였다. 서밋가구의 경우 현재의 매출채권, 재고자산, 그리고 매입채무 정책을 바꾸지 못한다면 엄청난 금액의 운전자본을 필요로 하며, 따라서 외부에서 자금을 조달하지 않으면 유동성위험에 처한다. 최성진 본부장은 주식회사 일룸의 활동성 재무비율의 일부를 아래 표에 요약하여 회사의 경영진에게 제시하였다. 일룸의 경우 순영업이익률이 2017년도에 1.54%, 2018년도에 4.26%로 서밋가구보다 낮지만 주식회사 일룸의 활동성비율은 벤치마크가 필요하다고 판단하였다.

비 율	계산식	2017	2018
매출채권회수기간	매출채권/매출×365일	9.31	10.97
재고자산회전기간	재고자산/매출원가×365일	16.0	20.6
매입채무회전기간	매입채무/총구매액×365일	44.9	40.1

최성진 본부장은 〈표 1〉에서 보여주듯 서밋가구의 매출이 성장하고 〈표 3〉에서 보고된 바와 같이 각종 이익률이 상승하고 있지만, 현재의 매출채권 회수구조를 개선하고 매입채무 지급정책을 제고하고 재고자산을 엄격하게 관리하여 원활한 현금흐름을 확보하지 않으면 유동성 위험에 처할 것이라고 회사의 경영진에게 조언했다.

[토론사항 1] 현재 서밋가구의 재무성과(수익성, 안정성, 성장성 등)에 대해서 논하시오.

[토론사항 2] 서밋가구의 2015년~2018년도의 운전자본을 구하고, 서밋가구의 현금전환주기(Cash Conversion Cycle)를 구하고 산업 중위값과 비교 분석하시오.

[토론사항 3] 서밋가구의 매입채무 정책에 대해 논하시오. 매입대금을 일찍 지불하여 2%의 할인을 받고 있는 현재의 정책은 회사에 유리한 것인지 구체적으로 논하시오.

[토론사항 4] 기업의 현금보유 수준(현금 유동성)에 대해서 분석하시오.

[토론사항 5] 서밋가구의 2019년도 재무정보를 아래 ① ~ ⑬의 정보를 활용하여 2019년도의 요약 손익계산서와 요약 재무상태표를 예측하시오.

① 2019년도의 매출은 2018년도에 비해서 10% 상승한다.
② 감가상각비의 2019년도 추정액은 180,000,000원이다.
③ 매출원가는 2018년도 매출 대비 매출원가율을 활용한다.
④ 판관비는 2018년도 매출 대비 판관비율을 활용한다.
⑤ 법인세비용은 영업이익의 35%를 적용한다.
⑥ 2019년도 유형자산(net)은 2018년도 유형자산(net)−당기감가상각비+당기 CAPEX로 계산한다.
⑦ 2019년도의 순재산액은 2017년도와 2018년도의 순재산액 증가율의 평균만큼 증가한다고 가정한다.
⑧ 2019년도의 현금은 위 ⑦번을 구하여 역으로(plug-in) 계산한다.
⑨ 2019년에도 2018년과 동일하게 매출채권회수기간을 가정한다.

⑩ 2019년에도 2018년과 동일하게 재고자산회전기간을 가정한다.

⑪ 2019년에도 2018년과 동일하게 매입채무회전기간을 가정한다.

⑫ 기타유동자산은 2018년와 동일한 매출 대비 비율을 가정한다.

⑬ 총비유동부채의 2019년 금액은 11,500,000원이다.

⑭ CAPEX의 2019년도 추정액은 400,000,000원이다.

⑮ 구매총액은 2018년도의 매출원가 대비 구매액 비율을 활용한다.

〈표 1〉 **서밋가구 요약 손익계산서**

(단위: 백만원)

	2015	2016	2017	2018
매 출	3,521	3,720	4,021	4,358
매출원가	1,789	1,897	2,005	2,118
매출총이익	1,732	1,823	2,016	2,240
판관비	1,325	1,385	1,472	1,643
감가상각비	151	153	162	168
영업이익	256	285	382	429
법인세	91	102	134	153
당기순이익	165	183	248	276

〈표 2〉 **서밋가구 요약 재무상태표**

(단위: 백만원)

	2015	2016	2017	2018
현 금	540.6	489.6	326.1	123.1
매출채권	415.6	456.2	548.3	671.7
재고자산	2,148	2,329.6	2,401.4	3,013.7
기타유동자산	95.9	88.5	103.6	95.8
총유동자산	3,200.1	3,363.9	3,379.4	3,904.3
유형자산(net)	1523.7	1,545.30	1,788.80	1,641.80
총자산	4,723.8	4,909.2	5,168.2	5,546.1
매입채무	17.2	17.3	20.1	19.9
미지급급여	96.2	103.2	99.9	113.4

	2015	2016	2017	2018
기타유동채무	49.8	72.3	75.0	83.2
총유동부채	163.2	192.8	195.0	216.5
총비유동부채	10.0	11.2	11.3	11.1
총부채	173.2	204.0	206.3	227.6
순자산액(net worth)*	4,538.5	4,697.7	4,961.7	5,315.2
* 순자산액(net worth)=총자산에서 총부채를 차감한 금액				
CAPEX	100.6	174.6	405.5	21.0
구매총액	626.5	629.5	706.9	727.6
(구매총액은 2% 할인액을 적용한 금액이다.)				

〈표 3〉 2015~2018 서밋가구 재무비율

비 율	계산식	2015	2016	2017	2018	산업 중위값
매출액성장률	매출변화액/전기매출액	2.76%	5.65%	8.09%	8.38%	0.50%
매출총이익률	매출총이익/매출	49.19%	49.01%	50.14%	51.40%	48.52%
영업이익률	영업이익/매출	7.27%	7.66%	9.50%	9.84%	8.12%
당기순이익률	당기순이익/매출	4.69%	4.92%	6.17%	6.33%	2.32%
총자산순이익률	당기순이익/총자산	3.49%	3.73%	4.80%	4.98%	3.15%
자기자본이익률	당기순이익/총자본	3.64%	3.90%	5.00%	5.19%	3.64%
매출채권회전기간	매출채권/매출×365일	43.08	44.76	49.77	56.26	22.5
재고자산회전기간	재고자산/매출원가 ×365일	438.2	448.2	437.2	519.4	250.3
매입채무회전기간	매입채무/총구매액 ×365일	17.1	14.4	10.5	11.6	29.6
유형자산회전율	매출/유형자산(net)	2.3	2.4	2.2	2.7	2.6

* 본 사례에서는 비율 계산 시에 총자산이나 총자본 등의 평균값을 사용하는 대신에 당기의 총자산, 총자본을 사용한다. 산업 중위값은 실제 자료가 아닌 학습목적으로 임의로 정한 값이다.

산업별 재무비율분석

학습내용

본 사례를 통해 재무상태표 및 손익계산서가 산업별로 어떻게 다른지 구분할 수 있고, 같은 산업 내 회사들의 재무제표가 제시되었을 때 각 회사의 영업, 투자 및 재무 활동을 비교할 수 있는 분석력을 갖추는 것을 목표로 한다.

김대박 씨는 투자업계에서는 입지전적 인물이다. 대학 졸업 직후 28세에 투자회사에 입사하여 40대에는 업계 최고의 수익률을 거두는 펀드매니저로 성장하였고, 50세에 대한투자은행을 설립함과 동시에 막대한 투자금을 유치하는 데 성공하였다. 현재 대한투자은행은 직원 1,000명의 회사로 성장하였는데, 직원 채용 및 교육에 대한 투자를 아끼지 않아 관련 업계에서 투자 관련 사관학교로 불리고 있다. 실적 면에서도 최근 발생한 주식시장의 여러 위기를 잘 극복하고 기회를 놓치지 않아 현재 관련 업계에서 가장 큰 성장세를 보이고 있다.

김대박 씨는 과거 30년 동안 IMF와 금융위기 등 굵직한 사건을 겪으면서도 해당 업계에서 성공적인 성과를 거둔 것은 여러 유혹이 있었지만 투자의 기본을 지켜 왔으며, 소문이나 경영진의 말에 의존하지 않고 재무자료를 항상 꼼꼼하게 살펴보고 투자한 덕이라고 굳게 믿고 있다. 최근 회기신문사와의 인터뷰에서 투자의 성공 비결을 묻는 질문에 김대박 씨는 기업의 재무제표를 통해 알 수 있는 재무정보의 중요성은 아무리 강조해도 부족하지 않으며, 특히 재무상태표, 손익계산서 각각의 단독 정보보다는 모든 재무자료를 사용하여 종합적인 분석을 수행하는 것이 기업에 대한 여러 시사점을 제공해 준다고 언급하였다. 이달 말 김대박 씨는 회사의 규모를 확장하기 위하여 대규모 신입사원 채용을 앞두고 있다. 김대박 씨는 기본적으로 재무정보를 활용하여 기업정보를 유추해 낼 수 있는 통찰력을 갖춘 직원을 뽑고자 한다. 이를 위하여 면접시험에서 여러 재무정보를 제시하고 기업의 상황을 어느 정도 유추할 수 있는 능력을 평가할 예정이다.

예상 질문

김대박 씨는 다음 두 가지 질문을 통해 재무분석 능력을 판별하고자 한다. 우선 첫째, 주요 재무비율을 통해 해당 기업이 속한 산업 특성을 구분할 수 있는지에 대한 질문을 제시하기로 하였다. 예를 들면, 어떤 산업은 유형자산에 많은 투자가 필요하지만 다른 산업은 전혀 필요하지 않을 수도 있다. 어떤 산업은 연구개발이 중요하지만 다른 산업은 전혀 그렇지 않을 수도 있고, 어떤 산업은 매출원가비율보다는 판매관리비 비중이 높을 수도 있다. 또한 매출채권회전율이나 재고자산회전율이 산업마다 크게 다를 수도 있다. 대상 기간에 해당 산업이 세계적으로 활황이거나 불황인 경우도 재무정보에 반영될 것이다.

둘째, 면접대상자가 재무제표 정보를 통해 기업의 특정 상황 및 경영진의 철학이나 정책을 유추할 수 있는지를 평가하고자 한다. 어떤 기업은 보수적으로 큰 차입 없이 현 사업을 유지하는 정책을 가지고 있는 반면 다른 기업은 사채나 차입금을 통해 공격적으로 자금을 조달하여 투자를 넓혀나가는 정책을 수행하고 있을 수 있다. 어떤 기업은 경쟁사보다 싼 가격으로 대량의 제품을 판매하는 데 집중하는 반면 다른 기업은 연구개발을 통해 보다 비싼 가격으로 프리미엄 제품을 판매하는 제품전략을 세우고 있을 수 있다. 또한 어떤 기업은 기존 사업에 집중하고 있는 반면 다른 기업은 금융투자나 합병 등을 통한 미래 사업 투자에 초점을 맞추고 있을 수도 있다. 이러한 종합적인 정보에 대한 통찰력이 해당 기업의 미래 성장성에 대한 힌트를 제공해 줄 것이다.

재무제표분석

당신은 올해 대학 졸업을 앞두고 있는 학생이다. 평소 경제 상황, 기업분석 및 투자에 관심이 많았던 터라 금융 업종에서 일하고 싶어 경제, 회계 등 관련 수업도 많이 수강하고 꾸준히 공부를 해 왔다. 그러던 중 투자업계에서 가장 성장세가 크고 배울 수 있는 기회가 많은 대한투자은행에서 대규모 채용을 시행한다는 공고를 보고 바로 지원하였다. 다행히 서류 전형에서 통과하여 공지된 날 면접장으로 향하였다.

[토론사항 1] 재무비율로 해당 산업 추정

면접 당일, 면접관은 다음과 같은 재무정보를 주고 각 기업이 속한 산업을 유추하고 그 이유를 설명해 보도록 하였다. 분석할 수 있도록 주어진 시간은 15분이고, 발표는 3분 내외로 한다.

1. 재무상태표-총자산을 100%로 하고 각 계정의 비율 제시

	A기업	B기업	C기업	D기업	E기업	F기업	G기업
자 산	100%	100%	100%	100%	100%	100%	100%
현금및현금성자산	14%	4%	3%	10%	2%	12%	1%
장단기매출채권	19%	7%	3%	0%	5%	0%	3%
재고자산	7%	6%	3%	9%	0%	0%	3%
유형자산	19%	34%	76%	3%	27%	2%	5%
무형자산	27%	1%	1%	0%	11%	0%	0%
투자부동산	0%	8%	0%	3%	0%	2%	0%
금융자산	2%	11%	3%	8%	1%	61%	10%
관계기업 등 지분 투자자산	8%	23%	4%	12%	34%	7%	64%
기타자산	3%	6%	7%	55%	20%	15%	13%
부 채	22%	23%	89%	51%	44%	87%	15%
매입채무	1%	9%	1%	8%	0%	0%	4%
사 채	0%	0%	8%	10%	19%	4%	0%
차입금	8%	3%	10%	1%	0%	44%	0%
리스부채	0%	0%	32%	1%	2%	0%	0%
기타부채	13%	11%	38%	31%	22%	38%	10%
자 본	78%	77%	11%	49%	56%	13%	85%

2. 손익계산서-매출액을 100%로 하고 각 계정의 비율 제시

	A기업	B기업	C기업	D기업	E기업	F기업	G기업
매출액	100%	100%	100%	100%	100%		100%
매출원가	42%	74%	87%	91%	0%		27%
매출총이익	58%	26%	13%	9%	100%	100%	73%

	A기업	B기업	C기업	D기업	E기업	F기업	G기업
판매비와 관리비	21%	23%	10%	5%	92%	75%	58%
영업손익	37%	3%	2%	4%	8%	25%	15%
법인세비용	8%	1%	−1%	1%	2%	8%	4%
당기순이익	29%	3%	−5%	3%	9%	22%	6%
총포괄손익	29%	2%	−5%	3%	8%	25%	5%
상각비 및 손상차손	15%	4%	16%	1%	23%	9%	1%
연구개발비	31%	0%	0%	2%	3%	0%	0%
종업원 급여비용	17%	17%	17%	8%	7%	41%	7%
광고 및 판매촉진비	0%	3%	0%	0%	1%	3%	31%
임차료 및 리스료	0%	0%	0%	0%	2%	1%	0%

* 매출액, 매출원가가 없는 경우 영업수익을 매출총이익에 표시함.

3. 재무비율

	A기업	B기업	C기업	D기업	E기업	F기업	G기업
매출채권회전율	1.42	11.63	18.35		7.21		23.75
매출채권회수기간	256.59	31.38	19.89		50.64		15.37
재고자산회전율(회)	1.53	9.47	15.37	9.15	0.00		4.84
재고자산회전기간	238.91	38.56	23.75	39.89			75.46
매입채무회전율	10.11	6.23	56.30	10.37			3.86
매입채무 결제기간	36.10	58.61	6.48	35.21			94.55
영업이익률	37%	3%	2%	4%	8%		15%
- 생산효율성	58%	26%	13%	9%	100%		73%
- 관리효율성	63%	10%	19%	42%	8%	25%	20%
부채비율(%)	28%	30%	814%	102%	77%	649%	17%
총자산증가율 (전년 동기)(%)	9.97	4.77	4.53	0.95	5.29	1.49	−2.29
유형자산증가율 (전년 동기)(%)	4.78	4.36	6.03	−1.17	15.08	19.36	13.59
매출액증가율 (전년 동기)(%)	14.91	4.81	−2.52	3.27	5.15	−7.08	116.85

	A기업	B기업	C기업	D기업	E기업	F기업	G기업
영업이익증가율 (전년 동기)(%)	11.62	−11.00	−61.64	2.34	−7.64	−37.11	15.44
순이익증가율 (전년 동기)(%)	17.51	−15.70	적지	7.10	−72.48	−33.23	−48.40
EPS증가율 (전년 동기)(%)	13.28	−15.77	적지	6.77	−71.55	−32.75	−48.40
ROA(%)	8.02	2.74	−2.36	3.16	1.98	0.49	3.40
매출원가율(%)	44.17	69.37	87.83	90.01			56.45
영업이익률(%)	33.50	3.36	2.03	4.98	6.26	20.87	5.88
순이익률(%)	26.40	3.03	−4.91	3.32	4.86	19.68	3.89

각 기업이 속한 산업은 다음과 같다.

- 증권업
- 식료품제조업
- 통신업
- 건설업
- 홈쇼핑
- 제약회사
- 항공운송업

[토론사항 2] 특정 산업 내 두 기업 비교

다음 문제로 면접관은 국내 가구제조 및 판매업에 속한 A기업과 B기업 두 기업의 재무자료를 아래와 같이 제시하였다. 주어진 재무자료를 검토한 후 같은 산업에 속한 두 기업의 영업, 투자 및 재무전략의 차이를 설명해 보라. 분석을 위해 주어진 시간은 15분이고, 발표 시간은 3분이다.

[재무상태표] 자산을 100%로 하고 모든 계정을 비율로 표시

	A기업	B기업
자　산	**100%**	**100%**
현금및현금성자산	3%	12%
장단기매출채권	4%	2%
재고자산	5%	6%

	A기업	B기업
유형자산	67%	20%
무형자산	0%	1%
투자부동산	0%	5%
금융자산	18%	51%
관계기업 등 지분 관련 투자자산	0%	0%
기타자산	2%	3%
부 채	**10%**	**8%**
매입채무	1%	5%
사 채	0%	0%
차입금	0%	0%
리스부채	0%	0%
기타부채	8%	2%
자 본	**90%**	**92%**

[손익계산서] 매출액을 100%로 하고 모든 계정을 비율로 표시

	A기업	B기업
매출액	100%	100%
매출원가	39%	73%
매출총이익	61%	27%
판매비와 관리비	43%	19%
영업손익	18%	8%
법인세비용	5%	4%
당기순이익	16%	11%
총포괄손익	16%	11%
- 감가상각비, 기타상각비, 손상차손	3%	2%
- 연구개발비	1%	1%
- 종업원 급여비용	11%	5%
- 광고 및 판매촉진비	11%	2%

[현금흐름표] 당기순이익을 100%로 하고 모든 계정을 비율로 표시

영업활동으로 인한 현금흐름	104%	70%
투자활동으로 인한 현금흐름	−104%	4%
재무활동으로 인한 현금흐름	−9%	−30%

[재무비율]

매출채권회전율	13.10	26.50
매출채권회수기간	27.87	13.77
재고자산회전율(회)	3.91	8.32
재고자산회전기간	93.44	43.86
매입채무회전율	17.75	8.48
매입채무 결제기간	20.56	43.04
영업이익률	18%	8%
- 생산효율성	61%	27%
- 관리효율성	29%	31%
부채비율(%)	11%	9%
총자산증가율(전년 동기)(%)		
유형자산증가율(전년 동기)(%)	12.41	−1.34
매출액증가율(전년 동기)(%)	13.24	−3.46
영업이익증가율(전년 동기)(%)	23.98	−9.37
순이익증가율(전년 동기)(%)	45.88	−25.36
EPS증가율(전년 동기)(%)	45.88	−25.36
ROA(%)	8.87	7.03
매출원가율(제)(%)	38.61	73.19
영업이익률(%)	17.99	8.24
순이익률(%)	15.94	11.14
유동비율(유동자산/유동부채)	2.20	7.41

LG화학의 ROA와 ROE

학습내용

LG화학의 실제 재무제표를 이용하여 재무비율분석에 대해 학습한다. 구체적으로, 듀폰 분석을 이용하여 ROA를 구성 요소별로 나누어 분석하고 ROA와 ROE의 관계에 대해 생각해본다.

김이안 씨는 이삿짐을 싸느라 분주한 한 주를 보내고 있다. 몸은 힘들지만 5년 만에 그리운 고국으로 돌아갈 생각에 한껏 들떠 있다. 이번 6월 미국 코넬대학교에서 화학 박사 학위를 받은 그는 LG화학에서 직장생활을 시작하기로 결정했다. 세계 유수의 화학 기업들로부터 좋은 조건의 제안을 받았지만, LG화학 글로벌인재 채용행사를 참가한 후 귀국으로 마음이 급선회했다. R&D 인재들이 자신의 꿈을 마음껏 실행하며 성장할 수 있는 기회를 제공할 것이라는 LG화학 CEO의 얘기도 솔깃했지만, 가족 가까이서 친구들과 시간을 보내며 우리나라 기업을 위해 일해야겠다고 결심한 것이다. 그렇지만 마음 한편으론 알 수 없는 불안감이 드는 것도 사실이었다. 서른한 살이 된 지금까지 학교에서 공부만 했던 백면서생이 직장생활을 잘해 나갈 수 있을 것인지 걱정이다. LG화학이 김이안 씨의 세부전공인 전자소재 분야에서 세계 선두를 달리고 있다는 것을 잘 알고 있지만, 경영학에 문외한인 그는 LG화학이라는 기업의 경영에 대해서는 잘 알고 있지 못하기 때문이다. LG화학의 재무상태에 대해 미리 공부하고 싶다는 생각이 들었지만 어떻게 시작해야 될지 감이 오지 않았다. 한참을 고민하던 김이안 씨는 평소 친하게 지내던 공택영 씨에게 전화를 했다. 공택영 씨는 이번에 MBA 과정을 마치고 모건 스탠리(Morgan Stanley) 본사에 입사를 앞두고 있다. 한인 학생회에서 만난 두 사람은 쉽게 가까워졌으며, 김이안 씨는 두 살 많은 그를 형이라 부르며 잘 따랐다. 공택영 씨도 곧 뉴욕으로 이사를 앞두고 있어, 둘은 컬리지 타운에서 급하게 만남을 가졌다.

공택영: 이안아! LG화학 입사 축하해! 드디어 한국으로 돌아가는구나.

김이안: 형님이 대단하시죠. 세계 최고 투자은행으로 가시잖아요

공택영: LG화학 재무상태가 어떤지 궁금하다고? 그래서 LG화학 재무상태표와 손익계산서를 출력해왔어.

김이안: 형! 사실은 나 회계를 잘 모르는데… 형이 재무비율분석? 이런 거 설명 좀 해주세요.

공택영: 음… 그러면 간단하게 ROA, 총자산이익률에 대해서 얘기해보자. ROA는 당기순이익을 총자산으로 나눈 값이야.

$$\mathbf{ROA = \frac{Net\ Income}{Total\ Assets}}$$

김이안: 그러면… 기업이 보유한 총자산에 대해 얼마나 당기순이익을 냈는지를 보여주는 비율이겠네.

공택영: 맞아! 그런데 듀폰 분석(DuPont Analysis)을 통해서 ROA를 살펴보면 보다 많은 정보를 알 수 있어.

듀폰 분석은 1920년대에 미국의 화학 기업인 듀폰에 근무하던 전기공학자 도널드슨 브라운이 개발한 재무분석기법이다. 듀폰 분석은 ROA를 구성 요소별로 나누어 분석하여 기업이 어떤 방식으로 이익을 발생시키는지 심층 분석하는 기법이다.

$$\text{ROA} = \frac{\text{Net Income}}{\text{Sales}} \times \frac{\text{Sales}}{\text{Total Assets}}$$

$$\mathbf{ROA = Profit\ Margin \times Asset\ Turnover}$$

$$\text{Profit Margin} = \frac{\text{Net Income}}{\text{Sales}}$$

$$\text{Asset Turnover} = \frac{\text{Sales}}{\text{Total Assets}}$$

ROA는 매출액순이익률(profit margin)과 총자산회전율(asset turnover)로 분해하여 분석할 수 있다. 매출액순이익률(profit margin)은 매출액 대비 당기순이익의 비율을 나타낸다. 즉, 기업의 활동성을 나타내는 매출액에서 모든 비용을 제하여 최종적으로 남는 당기순이익의 비율이 얼마나 되는가를 나타내는 수치이다. 총자산회전율(asset turnover)은 기업이 가진 총자산에 비해서 매출액을 몇 배나 창출하는지 보여주는 지표이다. 즉, 기업이 소유하고 있는 자산을 얼마나 효과적으로 이용하고 있는가를 측정하는 활동성비율이다.

공택영: 공학 박사이니 방정식을 쉽게 이해하지? 여기서 질문 하나 던져볼까? ROA가 일정 수준을 유지한다고 가정할 때, 매출액순이익률과 총자산회전율은 어떤 관계를 가질까?

김이안: 음… ROA가 일정하다면, 매출액순이익률이 증가할 때 총자산회전율은 감소하겠네요. 반대로 총자산회전율이 증가하면 매출액순이익률은 감소하구요.

공택영: 맞아! 매출액순이익률과 총자산회전율 사이에는 상충관계가 존재해.

[그림 1]은 23개 산업군별로 매출액순이익률과 총자산회전율의 중간값을 보여준다.

[그림 1] 23개 산업군의 매출액순이익률과 총자산회전율

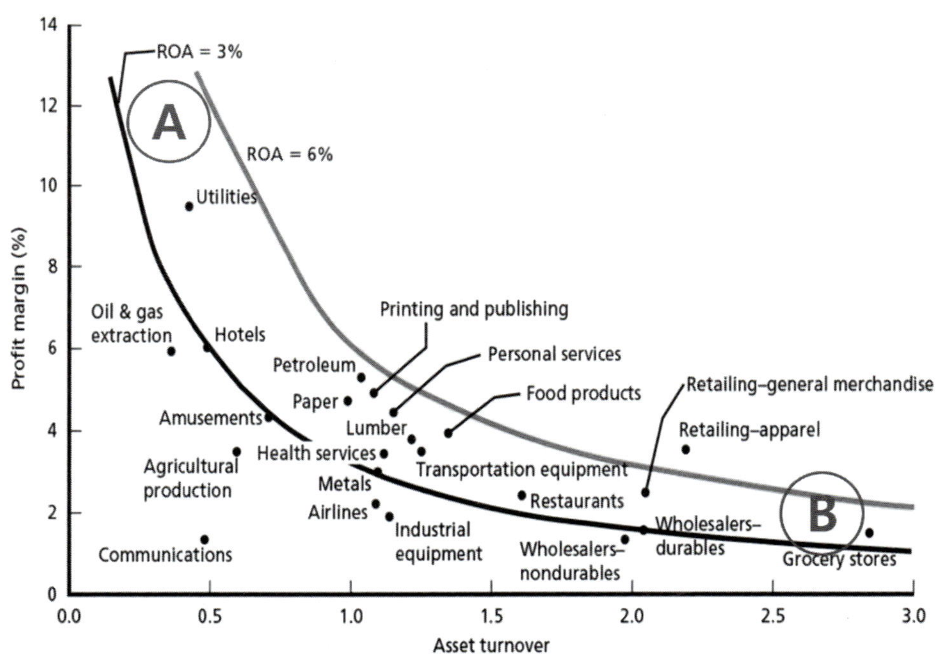

[토론사항 1] [그림 1]에서 A에 속한 기업들(자산회전율은 낮은 반면 매출액총이익률이 높은 기업)과 B에 속한 기업들(자산회전율은 높은 반면 매출액총이익률이 낮은기업)의 특성을 비교분석하라.

공택영 씨는 LG화학의 재무상태표와 손익계산서를 꺼냈다. 그리고 이름 모를 다른 기업의 재무상태표와 손익계산서도 함께 김이안 씨에게 건냈다. 이제 본격적으로 재무분석을 시작하는 것이다.

[토론사항 2] LG화학의 재무상태표(《표 1》)와 손익계산서(《표 2》)를 이용하여 ROA를 구하라. 듀폰 분석을 통해 LG화학의 ROA를 매출액순이익률과 총자산회전율로 분해하라. LG화학의 매출액순이익률과 총자산회전율을 [그림 1]에 표시하라.

〈표 1〉 **주식회사 LG화학 재무상태표**

연결재무상태표

주식회사 LG화학 (단위: 백만원)

	2020년 12월 31일	2019년 12월 31일	2018년 12월 31일	2017년 12월 31일
자산총계	41,388,894	34,024,426	28,944,137	25,041,221
부채총계	22,598,454	16,640,637	11,622,009	8,702,644
자본총계	18,790,440	17,383,789	17,322,128	16,338,577

〈표 2〉 **주식회사 LG화학 손익계산서**

연결손익계산서

주식회사 LG화학 (단위: 백만원)

	2020년	2019년	2018년	2017년
매 출	30,076,510	27,353,078	27,007,182	25,698,014
매출원가	23,764,286	22,667,434	21,701,650	20,134,488
매출총이익	6,312,224	4,685,644	5,305,532	5,563,526
판매비와 관리비	4,514,065	3,860,229	3,016,776	2,635,069
영업이익(손실)	1,798,159	825,415	2,288,756	2,928,457

	2020년	2019년	2018년	2017년
금융수익	417,468	286,178	207,378	240,434
금융비용	1,109,585	421,274	347,635	319,835
지분법손익	9,343	22,211	5,085	6,620
기타영업외수익	1,155,244	519,121	340,543	478,262
기타영업외비용	1,326,937	657,208	492,909	770,043
법인세차감전순이익	943,692	574,443	2,001,218	2,563,895
법인세비용	367,839	169,181	435,606	541,922
계속영업손익	575,853	405,262	1,565,612	541,922
중단영업손익	106,555	(29,158)	(46,300)	0
당기순이익	682,408	376,104	1,519,312	2,021,973

[토론사항 3] ××기업의 재무상태표(〈표 3〉)와 손익계산서(〈표 4〉)를 이용하여 ROA를 구하라. 듀폰 분석을 통해 ××기업의 ROA를 매출액순이익률과 총자산회전율로 분해하라. ××기업의 매출액순이익률과 총자산회전율을 [그림 1]에 표시하고, ××기업은 어떤 사업을 영위하는 기업인지 추측하라.

〈표 3〉 **주식회사 ×× 재무상태표**

연결재무상태표

주식회사 ×× (단위: 백만원)

	2020년 12월 31일	2019년 12월 31일	2018년 12월 31일	2017년 12월 31일
자산총계	7,177,767	7,049,658	5,098,880	5,092,274
부채총계	4,510,589	4,482,563	2,640,532	2,698,930
자본총계	2,667,179	2,567,096	2,458,349	2,393,344

〈표 4〉 **주식회사 ×× 손익계산서**

연결손익계산서

주식회사 ×× (단위: 백만원)

	2020년	2019년	2018년	2017년
매 출	8,862,319	9,006,929	8,691,612	8,266,567
당기순이익	154,522	143,624	132,336	115,102

김이안: 형이 그래프를 보여준 이유, 그리고 LG화학과 ××기업을 비교해 보게 한 이유도 알 것 같아요. 산업마다 기업의 원가구조와 자산운영 효율성이 다른데, LG화학의 매출액순이익률과 총자산회전율이 어느 정도에 위치하는지 파악하라는 거죠?

공택영: 그래! ROA를 결정하는 요소들을 분석해 봤으니, 이제 ROE를 분석해 볼까?

김이안: ROE라면··· Return on Equity인가요?

공택영: 응. 한국말로는 자기자본이익률이라고 부르지. 기업이 자본을 이용하여 얼마만큼의 당기순이익을 냈는지 보여주는 지표야. ROE 또한 듀폰 분석을 통해 여러 가지 구성요소로 분해해서 분석할 수 있어.

$$\text{ROA} = \frac{\text{Net Income}}{\text{Equity}}$$

$$\text{ROA} = \frac{\text{Net Income}}{\text{Sales}} \times \frac{\text{Sales}}{\text{Total Assets}} \times \frac{\text{Total Assets}}{\text{Equity}}$$

ROE = Profit Margin × Asset Turnover × Equity Multiplier

듀폰 분석에서는 ROE를 매출액순이익률, 총자산회전율 및 자본승수로 분해한다. 즉, 기업의 ROE는 이들 세 가지 재무비율에 의해서 결정된다고 해석할 수 있다. 그리고, ROE는 앞서 보았던 ROA에 자본승수를 곱한 값이라는 것도 알 수 있다.

ROE = ROA × Equity Multiplier

자기자본승수는 기업이 자기자본의 몇 배를 총자산으로 보유하고 있는가를 보여준다. 재무 레버리지를 나타내는 자기자본승수는 '1+부채비율'로 표현될 수 있다.

[토론사항 4] LG화학의 재무상태표(〈표 1〉)와 손익계산서(〈표 2〉)를 이용하여 ROE를 구하라. 듀폰 분석을 통해 LG화학의 ROE를 매출액순이익률, 총자산회전율, 자기자본승수로 분해하라. 부채가 증가하면 매출액순이익률, 총자산회전율, 자기자본승수는 각각 어떻게 변화하는가?

김이안: 매출액순이익률은 매출액에서 차감되는 비용이 낮을수록 이 비율은 높아지겠네요. 그러면, 기업의 매출액순이익률은 성격이 다른 여러 가지 비용을 모두 반영하는 거죠?

공택영: 좋은 질문이야. 손익계산서를 살펴보면 성격이 다른 여러 가지 비용이 존재해.

손익계산서

매출액(Sales)	×
매출원가	(×)
매출총이익	×
영업비용	(×)
영업이익	×
영업외수익/비용	×
이자및세전이익(EBIT)	×
이자비용	(×)
세전이익(EBT)	×
법인세비용	(×)
당기순이익(Net Income)	×

김이안: 네~ 그렇네요! 매출액순이익률은 손익계산서 가장 상단에 등장하는 매출액과 가장 하단의 당기순이익을 비교하는 거네요.

공택영: 맞아! 그래서 매출액순이익률이 어떻게 결정되었는지 살펴보려면 이걸 다시 분해해 보는 게 좋아.

$$\text{Profit Margin} = \frac{\text{Net Income}}{\text{Sales}}$$

$$\textbf{Profit Margin} = \frac{\textbf{Net Income}}{\textbf{EBT}} \times \frac{\textbf{EBT}}{\textbf{EBIT}} \times \frac{\textbf{EBT}}{\textbf{Sales}}$$

$$\text{ROE} = \text{Profit Margin} \times \text{Asset Turnover} \times \text{Equity Multiplier}$$

$$\textbf{ROE} = \left\{\frac{\textbf{Net Income}}{\textbf{EBT}} \times \frac{\textbf{EBT}}{\textbf{EBIT}} \times \frac{\textbf{EBT}}{\textbf{Sales}}\right\} \times \textbf{Asset Turnover} \times \textbf{Equity Multiplier}$$

[토론사항 5] $\frac{\text{Net Income}}{\text{EBT}}$가 의미하는 바는 무엇인가? $\frac{\text{EBT}}{\text{EBIT}}$가 의미하는 바는 무엇인가? $\frac{\text{EBIT}}{\text{Sales}}$가 의미하는 바는 무엇인가?

공택영: LG 화학의 글로벌 경쟁사는 어떤 기업들이야?

김이안: 제가 알기로는 삼성SDI, Nitto Denko, Sumitomo Chemical, BASF 등이에요.

공택영: 그러면 내가 숙제를 내 줄게. 경쟁사들의 재무제표를 찾아서, 듀폰 분석을 해보는 거야.

[토론사항 6] 다섯 개 기업 가운데 자산을 가장 생산적으로 사용하는 기업은 어떤 기업인가? 다섯 개 기업 가운데 부채를 가장 공격적으로 사용하는 기업은 어떤 기업인가? 투자자에게 가장 매력적인 기업은 어떤 기업이며, 해당 기업의 수익성 원천은 무엇인가? 3개년 동안 ROE가 가장 많이 향상된 기업은 어디이며, 해당 기업의 수익성 원천은 어떻게 변화했는가? 3개년 동안 ROE가 가장 많이 악화된 기업은 어디이며, 해당 기업의 수익성 원천은 어떻게 변화했는가?

기 업	회계 연도	NI/EBT	EBT/ EBIT	EBIT/ Sales	Profit Margin	Asset Turnover	ROA	Leve- rage	ROE
LG화학	2020년	72.31%	45.96%	6.83%	2.27%	0.80	1.81%	108.47%	3.77%
	2019년	65.47%	57.69%	3.64%	1.37%	0.87	1.19%	81.43%	2.17%
	2018년	75.92%	85.20%	8.70%	5.63%	1.00	5.63%	60.38%	9.03%
삼성SDI	2020년	78.54%	57.58%	12.35%	5.59%	0.55	3.05%	59.06%	4.85%
	2019년	71.26%	59.54%	9.39%	3.98%	0.52	2.05%	57.53%	3.23%
	2018년	71.90%	75.37%	15.01%	8.14%	0.52	4.25%	48.21%	6.29%
Nitto Denko	2020년	75.34%	98.86%	12.40%	9.24%	0.81	7.45%	34.18%	9.99%
	2019년	68.43%	97.71%	9.53%	6.37%	0.81	5.15%	31.91%	6.79%
	2018년	72.48%	97.96%	11.63%	8.26%	0.87	7.20%	32.69%	9.55%
Sumitomo Chemical	2020년	TBU	TBU	TBU	TBU	TBU	TBU	TBU	TBU
	2019년	41.69%	86.59%	6.77%	2.44%	0.65	1.59%	148.91%	3.97%
	2018년	80.94%	94.38%	8.61%	6.58%	0.74	4.89%	139.63%	11.71%
BASF	2020년	119.03%	83.63%	19.90%	19.81%	0.36	7.13%	195.00%	21.04%
	2019년	97.18%	97.19%	18.61%	17.57%	0.42	7.40%	195.61%	21.88%
	2018년	93.39%	75.86%	17.84%	12.64%	0.47	5.99%	188.27%	17.27%

리스회계 적용: 수익, 비용 구조, 재무비율분석 – 해운업계

학습내용

본 사례는 해운업을 중심으로 기업 재무비율을 분석하고, 수익과 비용 구조를 이해하는 것에 그 목적을 둔다. 또한, 2019년 1월 1일부터 적용되는 한국채택국제회계기준 제1116호 '리스' 회계기준 변경으로 운용리스에 대한 자산/부채 항목의 영향이 예상되고 있다. 이에 따라 운용리스 비중이 높은 해운업계를 중심으로 관련 제도 변화가 재무제표에 미치는 영향을 학습하는 것에 목적이 있다.

해운업은 대규모 선박을 모체로 영업활동을 하는 자본집약적인 장치산업이며, 화물 운송과 관련된 수요와 공급 예측에 대한 불확실성이 경기순환에 민감한 산업에 속한다. 우리나라는 수출 중심의 국가로 수출입 화물의 90% 이상이 해상운송으로 이루어지고 있다. 2019년 기준 e-나라지표에 공시되는 서비스 수지-운수수지-해운수지 증감 지표[1]를 살펴보면, 해운산업이 한 해 동안 벌어들인 수입은 191.4억 달러로 운수부문에서 해운이 차지하는 비율이 높은 것을 알 수 있다. 지난 2008년 세계금융위기 이후 선복량 증가율이 물동량 증가율보다 높은 공급과잉 상태가 지속되고 수급 불균형으로 인해 컨테이너와 벌크시장의 운임의 하락추세로 해운산업은 장기침체기를 맞이했다. 또한, 2017년 2월 한진해운 파산과 현대상선의 산업은행 편입 등으로 안정적 수출입 물류 인프라를 구축하지 못하고 있다.[2] 해운산업은 해상물동량 수요변화에 민감하지만 공급측면에서 선복량은 보통 2-3년으로 장기간이 소요되어 급변하는 경기변동에 따른 수요변화에 비탄력적인 공급구조를 가지고 있다.[3] 또한 운송서비스 차별성이 낮아 선사간 운임료 과다 경쟁, 국내외 금리 차이로 인한 원가 경쟁력 약화 등이 해운산업의 유동성 악화요인으로 작용하고 있다. 특히

1) http://www.index.go.kr/potal/main/EachDtlPageDetail.do?idx_cd=1261
2) KMI 동향분석, 빅데이터 분석은 해운에서 어떻게 활용되는가?
3) 고병욱 외, 컨테이너 해운산업 구조개선을 통한 경쟁력 제고 방안 연구, 2017.12. 한국해양수산개발원.

컨테이너의 경우 1.33만TEU[4]급 이상 대형 컨테이너를 확보하지 못하여 국내 선사는 규모의 경제 측면에서 경쟁력 열위에 있으며, 60% 이상 높은 용선 비중으로 고가 용선료가 경쟁악화 요인으로 영향을 미치고 있다.[5] 대형 벌크선사의 경우도 장기운송계약을 통해 안정적으로 화물을 확보하고 대부분 사선으로 용선료 비용지출을 감소시켜 운영한다는 점에서는 긍정적 요인으로 평가되나, 일반 벌크화물의 경우 취약한 자본력과 벌크화물의 컨테이너화로 과다 경쟁이 발생하여 영업위험을 높이는 결과를 초래한다.[6] 이에 지난 10년간 국내 해운산업은 지속적인 경기불황으로 실적부진이 계속되고 있다.

하지만 최근 해운업계는 사업부문별 희비가 엇갈리고 있다.[7] 언텍트 시대에 글로벌 물동량의 감소를 예상했던 H해운[8]은 주력 사업인 컨테이너를 실을 선박 내 공간을 줄였지만, 2020년 후반기에 예상외로 수출 물동량이 증가하고 2020년 1분기 국제유가 하락으로 인한 연료비 절감으로 전년 대비 2020년 3분기 누적 매출액 4조 4,067억과 영업이익 4,137억원을 달성하였다. 또한, 2019년 기준으로 전체 매출에 컨테이너 운송이 86.48%를 차지하고, 벌크화물 운송이 9.89%의 매출 비중을 보이고 있다. 이와 같이 컨테이너선사의 실적 비중이 높은 H해운은 2019년 컨테이너사업은 매출 4조 7,680억원, 벌크사업은 5,450억원을 기록했다. 이는 스폿(spot)계약보다 현대글로비스, Hebei Steel 등과 체결한 장기계약화물의 물량이 지속적으로 증가하였기 때문인 것으로 파악된다. H해운은 추가적인 신규 터미널 인수로 터미널사업을 확장하고, 2만 4,000TEU급 12척 대규모 컨테이너선에 대한 사업경쟁력을 갖춘다는 의지를 내비쳤다.

주력 사업이 벌크선사인 P해운[9]은 국내 상위권 대형 해운선사로 사업부문별 매

---

4) 1 TEU = 20피트 컨테이너 1개

5) 해운산업 경쟁력 강화 방안. 2016.10.31. 제6차 산업경쟁력 강화 관계장관회의.

6) 제6차 산업경쟁력 강화 관계장관회의, 해운산업 경쟁력 강화 방안. 2016.10.31.

7) 해상운송에 대표적으로 이용되는 선박은 컨테이너선과 벌크선으로 구분된다. 컨테이너선은 운송물품을 컨테이너에 적재해 운송하는 화물선을 말하며, 벌크선은 철광석, 석탄, 곡물 등을 포장하고 않고 그대로 배에 싣고 수송하는 화물선을 말한다(일요신문, 2016.05.03, 해운업 불황에도 벌크선사 순항하는 까닭)

8) 금융감독원 전자공시시스템. HMM 2018-2020년 사업보고서 사업 내용 참고

9) 금융감독원 전자공시시스템, 팬오션 2018-2020년 사업보고서 사업 내용 참고.

출 중 벌크사업 부문의 비중은 지난 3년간 68%~70%를 유지하고 있으며 컨테이너는 전체 사업부문 중 약 8%~9%의 매출 비중을 보이고 있다. 2019년 기준으로 철광석, 석탄, 곡물 등 해상화물을 운송하는 벌크사업 부문은 전년 대비 다소 감소한 1조 8,356억원을 기록했으며, 컨테이너사업 부문은 2,190억원을 기록했다. P해운사는 2019년 현재 85척의 선박을 연불매입 및 자가매입의 형태로 보유하고 있으며 안정적인 수입 확보를 위해 사선을 기반으로 한 CVC계약을 확대하고 선박의 용대선 능력을 바탕으로 시장상황에 신속하게 대응하고 있다. 또한 최근에는 LNG운송시장에 새롭게 진출하여 벌크선 시장이 악화했을 때도 안정적인 수익을 창출하려는 노력을 기울이고 있다.

K해운[10)]은 1969년 설립되어 최초로 석유화학제품 운송서비스를 시작하였으며, 2016년 가스(LPG, NH_3, VCM 등 GAS 화물운송) 운반을 시작으로 석유화학제품(MEG, BZ, CUMENE 등 CHEMICAL 화물운송)의 해상운송서비스 사업을 영위하는 기업이다. K해운의 주요 제품은 2019년 기준 가스선 매출 비중이 84%, 케미칼선 매출 비중이 15.9%로 구성된다. 구체적으로 2019년 기준 가스선과 케미칼선의 매출액은 각각 1,942억원, 367억원이며, 영업이익은 612억원과 25억원으로 실적 호조를 보이고 있다. 최근 환경 규제에 따른 친환경 에너지 시장 변화로 LPG수요량 증가와 타이트한 선복 관리로 2018년 대비 운임료가 60% 상승한 $58/MT로 안정된 영업성과를 보이고 있다. K해운은 대형 가스선에 대한 장기대선계약(T/C) 전략을 바탕으로 향후에도 초대형 가스선을 추가로 인수할 계획에 있으며, 최근 친환경 정책에 관심이 고조되고 있는 가운데 기존 선박에 탈황장치(scrubber)를 설치하는 등 국제해사기구(IMO)의 온실가스 규제에 대응하기 위한 노력을 기울이고 있다.

10) 금융감독원 전자공시시스템. KSS해운 2018-2020년 사업보고서 사업 내용 참고.

[그림 1] 국제유가 변동 내역(WTI, West Texas Intermediate)[11)]

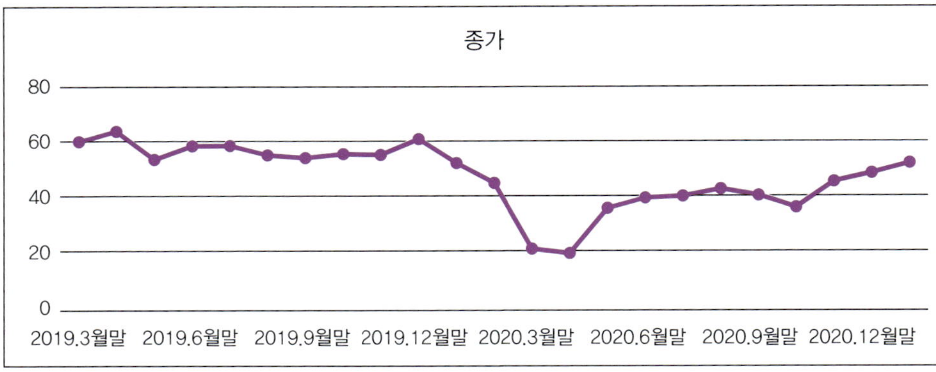

[그림 2] 3개 해운사 사업부문별 매출실적

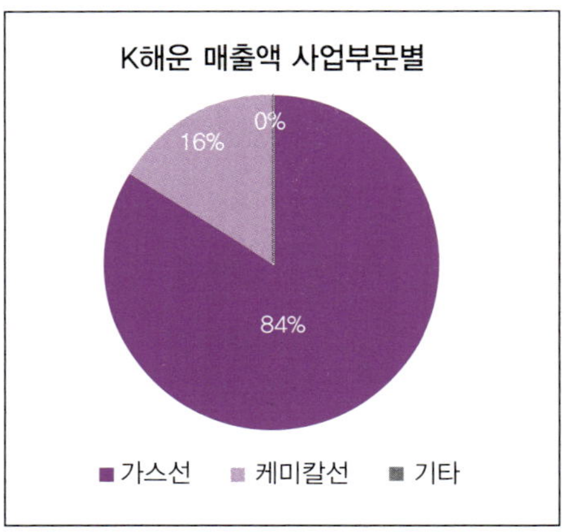

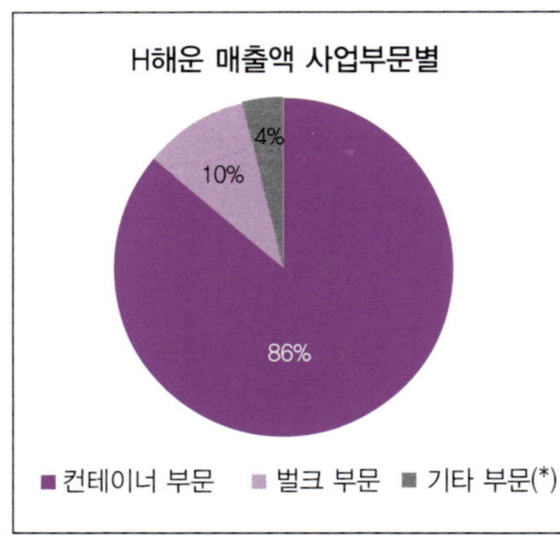

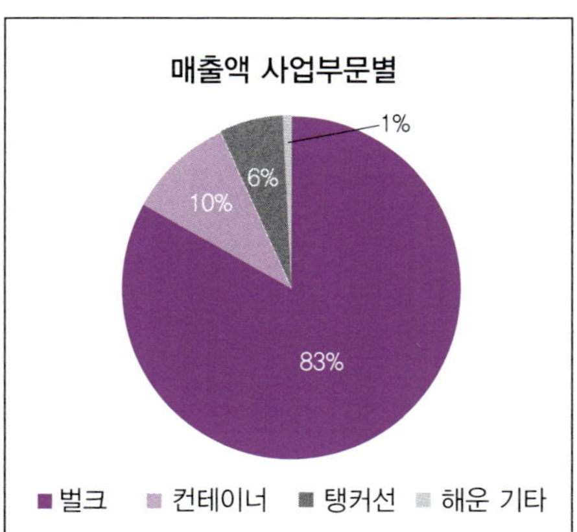

주) 각 해운사 2019년 사업보고서 매출실적 확인

11) WTI(서부텍사스유): 네이버 금융 (naver.com)

[그림 3] 3개 해운사 비용구조

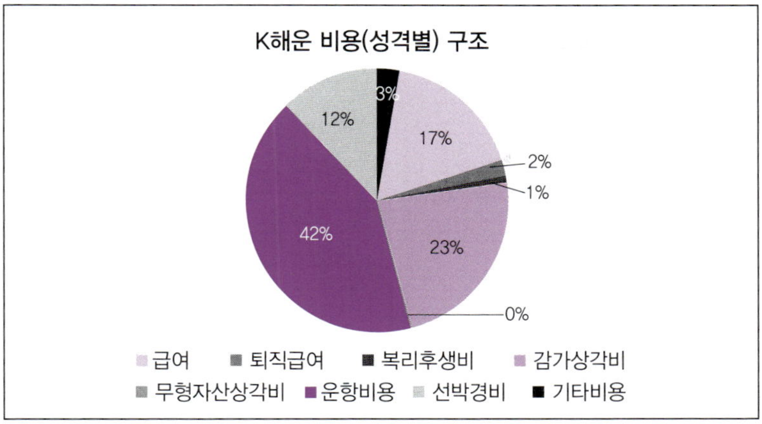

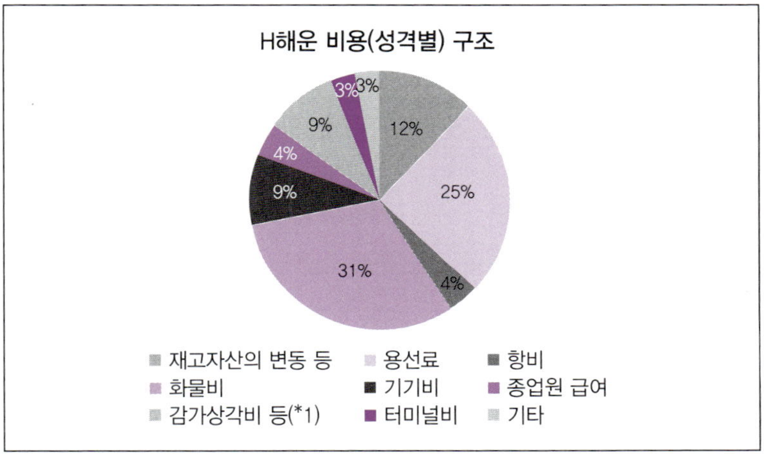

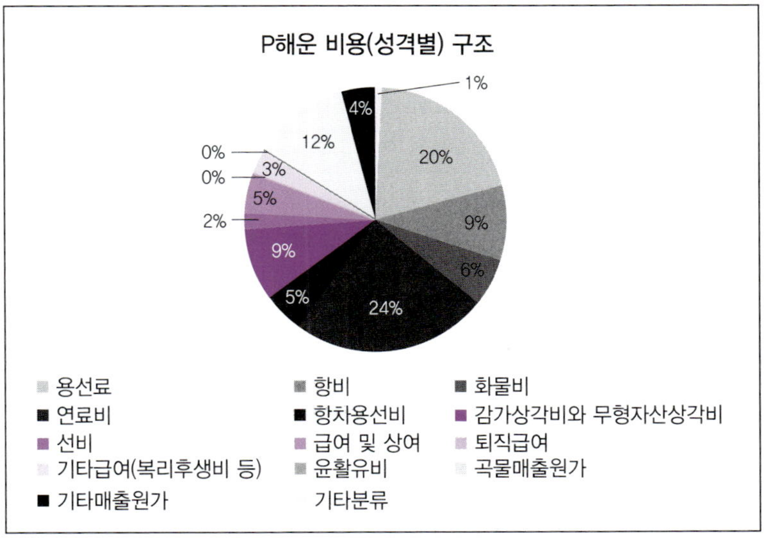

주) 각 해운사 2019년 사업보고서 비용(성격별) 내역 확인

[그림 2]와 [그림 3]은 각 해운사의 주력 사업 매출 비중과 비용(성격별) 구조에 대한 정보를 도식화한 것으로 각 해운사별 수익구조와 비용구조가 차별적임을 알 수 있다. 이와 같이 해운업의 사업부문별 수익, 비용 구조 차별점 등의 재무제표분석을 통해 최근 해운업계가 흑자전환으로 전환할 수 있었던 이유와 배경에 대해 생각할 수 있는 기회를 제공한다.

또한 2019년 1월 1일부터 한국채택국제회계기준 제1116호 '리스'[12] 회계가 적용되었다. 관련 규정은 리스이용자들에게 모든 리스에 대해 리스 개시일 시점에 사용권자산과 리스부채를 인식하도록 요구한 것으로 재무상태표와 손익계산서 등 재무제표 상 금액에 영향을 미칠 것으로 예상된다.[13] 이를 요약하면 아래와 같다.

〈표 1〉 **리스이용자의 회계처리**[14]

재무제표	계정과목
재무상태표	사용권자산, 리스부채 인식
포괄손익계산서	감가상각비, 이자비용
현금흐름표	리스부채에 포함되지 않는 비용: 영업활동 원금 지급액: 재무활동 이자지급액: 영업 · 재무활동

이에 앞선 내용을 바탕으로 해운업계의 수익창출 요인, 재무비율분석을 통한 기업가치평가를 수행해 본다. 또한, 해운사들의 리스회계 이슈가 기업의 재무정보에 미치는 영향을 논한다. 마지막으로 최근 ESG 경영의 일환으로 해운사들도 친환경 사업을 추진하고 있다. 이에 친환경 사업에 대한 투자가 기업의 재무정보에 미치는 영향을 논할 수 있을 것이다.

---

12) 세부 내역은 한국회계기준원 한국채택국제회계기준 제1116호 '리스' 참고.

13) 고병욱, KMI 동향분석, K-IFRS 제1116호 '리스' 적용과 대응 방향. 한국해양수산개발원, 2019.

14) 한국회계기준원 K-IFRS 제정·개정 교육–IFRS 16 Leases– 2018.06.20에서 리스이용자의 회계처리–개요 일부 내용을 발췌.

[토론사항 1] 주력 사업이 다른 해운사들은 언텍트 시대로 인해 물동량 감소로 인한 적자를 예상했지만, 2019년 기준으로 흑자를 기록하고 있다. 해운사가 전년 대비 수익을 창출할 수 있었던 이유는 무엇인가? 리스회계기준의 변경으로 수익과 비용에 어떠한 영향을 미치는가?

[토론사항 2] 2021년 재무분석가들은 각 해운사의 기업가치가 상승할 것이라고 주장한다. 각 해운사들의 재무비율 비교를 통해 각 해운사들의 성과를 비교/분석 하시오.

[토론사항 3] 각 해운사들은 최근 해운업 호황으로 다방면에서 사업 확장을 논하고 있다. 특히 몇몇 해운사들은 친환경경영에 힘입어 친환경 LPG 추진 VLGC신조 발주를 계획하는 등 친환경 관점에서 기업의 사회적/윤리적 가치에도 관심을 가지고 있다. 각 해운사들이 새로운 사업 확장에 투자하는 것에 동의하는가? 그 이유는 무엇인가?

Tottenham Hotspur plc.

학습내용

유럽 풋볼클럽(football club)이 운동선수 등록권(registration right)을 무형자산으로 인식하는 회계처리방법을 학습한다. 또한 국내 프로축구 구단들의 이적료에 대한 회계처리를 해외의 경우와 비교 분석한다. 유럽 풋볼클럽의 매출채권과 매입채무의 세부 내용을 확인하고, 유형자산과 무형자산의 회계처리 및 부채비율과 이자비용에 대한 분석을 한다.

운동선수의 가치와 회계처리

유럽의 유명한 축구선수들의 이적료(transfer fee)는 수백억에서부터 천억 이상으로 금액이 매우 높다. 주요 클럽들은 스타 선수들을 영입(player acquisition)하기 위하여 큰 금액을 지불하며 지속적인 투자를 하고 있다. 클럽은 계약에 정해진 기간 동안 영입한 선수들을 이용할 권리(rights to use)가 있고, 선수들은 클럽의 미래의 효익을 창출하는 중요한 자산(revenue generating assets)이 된다. 따라서, 운동선수들의 독점적 권리를 갖게 되는 구단이 지불한 이적료 등은 당기의 비용이 아니라, 자산화하여 IAS38에 근거하여 무형자산(intangible assets)으로 간주되며 선수의 계약기간(useful lives) 동안에 정액법(straight-line method)으로 상각(amortization)하게 된다. 선수의 이적 시에는 IAS38에 따른 제거규정을 적용한다.

주요 운동선수들의 연봉, 보너스 및 광고, 스폰서십(sponsorship)을 통한 연간 수입은 상당히 큰 금액이며, 그들의 상품가치 또한 매우 높다. 포브스(Forbes)지는 이러한 운동선수들의 연간 수입과 가치를 계산하여 보고하였다. 포브스(Forbes)의 2019년도에 보고된 "Top Ten Most Valuable Athletes"에서는 스포츠선수의 브랜드 가치에 따라서 아래와 같이 순위를 매겼다.

순 위	선수/ 종목	브랜드 가치(단위: million dollar)
1	Roger Federer/ 테니스	$32.7
2	LeBron James/ 농구	33.4
3	Usain Bolt/ 육상	27
4	Cristiano Ronaldo/ 축구	21.5

순 위	선수/ 종목	브랜드 가치(단위: million dollar)
5	Phil Mickelson/ 골프	19.6
6	Tiger Woods/ 골프	16.6
7	Virat Kohli/ 크리켓	14.5
8	Rory Mcllroy/ 골프	13.6
9	Lionel Messi/ 축구	13.5
10	Stephen Curry/ 농구	13.4

2020년 포브스는 "The World's 100 Highest-Paid Athletes 2020"에서 전 세계 스포츠 스타들의 연간 총수입의 순위를 보고하였다. 포브스는 2019년 6월 1일부터 2020년 6월 1일까지의 선수들의 연봉, 상금 수익, 보너스 이외에도 초상권, 광고, 스폰서십을 통한 수입(Endorsement) 등을 모두 포함하여 총수입을 계산하였다.

순위	선수/ 종목	Salary, prize money, bonus	Endorsement	총수입(Total earnings) (단위: million dollar)
1	Roger Federer/ 테니스	$100	$6.3	$106.3
2	Cristiano Ronaldo/ 축구	60	45	105
3	Lionel Messi/ 축구	72	32	104
4	Neymar Jr. / 축구	70.5	25	95.5
5	LeBron James/ 농구	28.2	60	88.2
6	Stephen Curry/ 농구	30.4	44	74.4
7	Kevin Durant/ 농구	28.9	35	63.9
8	Tiger Woods/ 골프	2.3	60	62.3
9	kirk Cousins/ 야구	58	2.5	60.5
10	Carson Wentz/ 풋볼	55.1	4	59.1

이렇듯 운동선수들의 자산가치는 매우 높으며, 소속구단은 선수들에 대한 지속적인 관리와 투자를 통해서 자산가치를 높이고 미래 수익창출 증대를 위해 노력한다.

토트넘 홋스퍼(Tottenham Hotspur FC)에 대한 정보

1882년에 창단한 영국 프로축구 1부 리그인 프리미어리그(Premier League)에 소속된 프로풋볼클럽이다. 첫 클럽명은 홋스퍼(Hotspur) FC였고, 지금의 토트넘 홋스퍼(Tottenham Hotspur FC)라는 이름은 1884년부터 사용하고 있다. 북런던에 위치한 풋볼클럽으로서 1970~1980년대에 다수의 트로피를 들어 올리며 전성기를 보낸 후, 1990년대 이후 꾸준히 리그 상위권을 유지하고 있지만 우승컵과는 인연이 없는 팀이다. 현재의 토트넘 홋스퍼의 예전 이름인 홋스퍼(Hotspur)라는 클럽 이름이 윌리엄 세익스피어(William Shakespeare)의 작품 "헨리 4세"의 극중 인물인 해리 홋스퍼(Harry Hotspur)에서 유래되었고, 클럽을 상징하는 문양인 수탉 엠블럼 또한 해리 홋스퍼가 수탉 발목에 박차를 달았던 것에서 시작되었다고 한다. 1899년에 개장한 36,500명의 팬을 수용하는 화이트 하트 레인(White Hart Lane)을 사용하다가, 2008년도에 새로운 스테디움 건설을 발표한 후 2015년부터 공사를 시작하였다. 건설 비용은 £850 million ($1.08 billion)이며, 2019년 4월부터 62,850명을 수용할 수 있는 토트넘 홋스퍼 스테디움(Tottenham Hotspur Stadium)을 사용하고 있다.

아래의 표[1)]를 보면 토트넘 홋스퍼는 영국의 EPL(English Premier League)의 다른 상위 풋볼클럽에 비하여 선수영입을 위해 상대적으로 낮은 이적료를 지급하였다. 구단은 선수영입 시 지불한 모든 관련 비용을 등록권(registration rights)으로 표시하여 무형자산으로 처리한다. 비용에는 이적료, 에이전트 수수료, 리그에 지급하는 추가 부담금(Premier League levy fees) 등이 포함한다. 선수에 대한 가치를 재평가하여 선수의 가치가 회복할 수 없다고 판단될 때(if the carrying amount of the player may not be recoverable), 손상차손(impairment loss)을 인식한다.

Tottenham vs competitors (2010–2019)			
Club	Transfer fee received	Transfer fee paid	Net transfer fee received(paid)
Manchester City	£368,263,000	£1,474,755,000	−£1,106,492,000
Manchester United	£266,532,000	£1,186,533,000	−£920,001,000
Chelsea	£630,783,000	£1,378,880,000	−£748,097,000
Liverpool	£509,558,000	£1,037,410,000	−£527,852,000

1) Alabi, Mobolaji, "Analysis of Tottenham Hotspur's 2020 Financial Statement," Dec. 19, 2020, Holistic Football, https://holisticfootball.substack.com/p/spurs2020.

Club	Transfer fee received	Transfer fee paid	Net transfer fee received(paid)
Arsenal	£363,662,000	£769,578,000	−£405,916,000
Everton	£324,501,000	£622,583,000	−£298,082,000
Leicester	£195,576,000	£412,399,000	−£216,823,000
Tottenham	£458,241,000	£550,121,000	−£91,880,000

2020년도에는 선수의 이적으로 지급한 총이적료가 £100m를 초과하였고, 선수를 이적시켜서 클럽이 받은 이적료에 비하여 월등히 높았다.

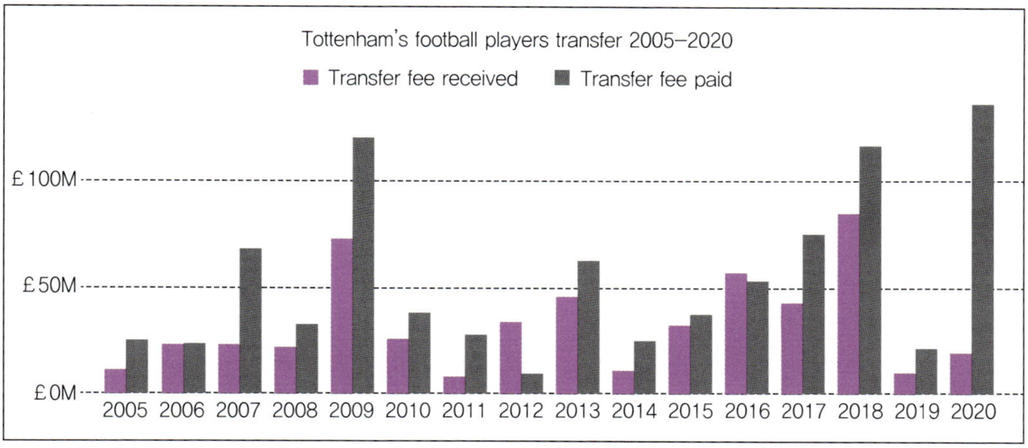

토트넘 호스퍼는 6월 말 결산인 유한책임회사(Public Limited Company)로서 1983년도에 London Stock Exchange에 상장하였다. 〈표 1〉에는 2016년도부터 2020년도까지의 클럽의 요약 재무정보를 제공한다.

[토론사항 1] 〈표 1〉을 참조하여 토트넘 홋스퍼의 수익구조를 분석하라.

[토론사항 2] 〈표 1〉을 참조하여 토트넘 홋스퍼의 유형자산과 무형자산의 비중을 분석하라.

[토론사항 3] 〈표 1〉과 클럽의 홈페이지 IR(Investor Relations) 사이트에서 2020년도의 사업보고서(annual report)와 관련한 주석사항(notes to financial statements)을 참조하여 토트넘 홋스퍼의 Trade and other receivable(매출채권 및 기타채권)과 Trade

payables(매입채무)의 내용을 설명하라. 재무제표는 다음의 링크에서 다운받을 수 있다. 어떤 거래에 의해서 매출채권과 매입채무가 발생하였는가?
토트넘 홋스퍼 IR link: https://www.tottenhamhotspur.com/the-club/investor-relations/annual-reports/

[토론사항 4] 〈표 1〉에 보면 토트넘 홋스퍼의 유형자산(Property, plant and equipment)은 2019년에 크게 증가하였다. 증가한 이유를 2019년도 사업보고서(annual reports)의 주석사항(notes to financial statements)을 분석하여 설명하라.

[토론사항 5] 〈표 1〉에 보면 토트넘 홋스퍼는 2020년도에 당기순손실(Net loss)을 보고하였다. 주요 원인으로는 Depreciation and Exceptional Items와 Net interest payable의 큰 폭의 증가를 들 수 있다. 이 두 항목에 대해서 2020년도의 재무제표와 관련한 주석사항을 분석하여 설명하라.

[토론사항 6] 토트넘 홋스퍼의 부채비율, 수익구조, 팀의 프리미어리그 match성적 등을 분석하여 클럽의 재무상태에 대에서 논하라.

국내의 경우를 보면 연예메니지먼트 회사에 소속된 연예인의 전속계약권(exclusive contract)은 무형자산이지만 운동선수의 등록권은 무형자산이 아니고 당기의 비용으로 회계처리하고 있다. 기업회계기준서 제1038호에 따르면 무형자산으로 인정되기 위해서는 식별 가능성, 자원에 대한 통제, 미래 경제적 효익의 조건을 충족해야 한다. 프로 운동선수들의 경우에 자산이 "분리 가능"하고 "자산이 계약상 권리 또는 기타 법적 권리로부터 발생"하므로 식별 가능하다고 할 수 있다. 자산의 "미래 경제적 효익을 확보하기 위하여 그 효익에 대한 제3자의 접근을 제한할 수 있다"면 통제가 가능하다고 본다. 무형자산으로부터 "매출, 용역수익, 원가절감 또는 자산의 사용에 따른 기타 효익"이 발생한다면 미래 경제적 효익이 있다고 볼 수 있다. 따라서, 프로 운동선수들을 무형자산으로 처리할 수 있지만, 국내에서는 무형자산으로 판단할 때 선수를 매각하거나 임대할 수 있으므로 자원에 대한 통제가 명확하지 않고 또한 선수들의 부상 위험, 향후 성적의 불확실성 등으로 인해 미래 경제적 효익 부분에서 자산의 가치가 명확하지 않다고 본다.

[토론사항 7] 코스닥 상장이 되어 있는 인천유나이티드FC의 재무제표에서 무형자산의 세부 항목을 확인하고 자산 대비 무형자산의 비율을 분석하라. 만약에, 선수들을 무형자산으로 표기한다면 회사의 재무제표에 어떤 영향이 있겠는가? 인천유나이티드의 재무제표는 전자공시시스템(http://dart.fss.or.kr/)에서 확인할 수 있다.

[토론사항 8] 국내 축구선수가 무형자산의 조건을 만족한다면(해당 클럽과 선수의 상호계약 없이 선수가 해당 클럽을 떠날 수 없고, 구단은 선수들에 대한 통제 가능하고, 선수들이 구단의 현금흐름을 가져온다는 것에 대한 확신이 있다면) 재무제표에 어떻게 반영해야 하는가?

[토론사항 9] 만약, 해당 클럽이 무형자산으로 인식했던 선수를 다른 클럽으로 이적시키면서 그에 대한 대가로 이적료를 수령하였다면 어떻게 회계처리하는가?

〈표 1〉 토트넘 홋스퍼의 5년 동안의 요약 재무정보

(단위: € 000)

	2016	2017	2018	2019	2020
Revenue					
Match receipts	40,782	45,336	70,951	81,675	94,526
Broadcasting revenue	110,354	188,179	200,695	243,861	146,359
Commercial	58,634	76,159	109,051	135,159	161,501
Total revenue	209,770	309,674	380,697	460,695	402,386
Profit from operations excluding football trading and before exceptional items and depreciation	63,303	120,916	162,547	172,732	115,284
Depreciation and exceptional items	(15,976)	(39,510)	(10,568)	(24,859)	(81,499)
Operating profit before football trading	47,327	81,406	151,979	147,873	33,785
Amortization and impairment of registrations and other football-related income and expenditures	(31,785)	(48,436)	(67,960)	(46,217)	(73,675)
Profit on disposal of intangible assets	27,109	39,964	73,058	10,885	15,397
(Loss)/profit before interest and taxation	42,651	72,934	157,077	112,541	(24,493)
Net interest payment	(4,201)	(21,247)	(18,168)	(25,185)	(43,231)
(Loss)/profit on ordinary activities before taxation	38,450	51,687	138,909	87,356	(67,724)
Taxation	(5,413)	(15,502)	(25,956)	(18,804)	3,808
Net (loss)/profit	33,037	36,185	112,953	68,552	(63,916)
Inventories	4179	4,503	5,358	6,251	6,190
Tax and social security				3	15,471
Trade and other receivable	61,174	40,395	63,670	26,013	34,281
cash and cash equivalents	172,560	200,054	100,636	123,484	226,176
Current assets	237,913	155,751	282,118	155,751	282,118
Property, plant and equipment	287,969	475,608	974,310	1,414,002	1,398,544
Intangible assets	98,476	118,894	151,342	124,747	180,689
Trade receivables due after one year	990	1,276	4,053	0	11,678
Non-current assets	387,435	1,538,749	1,590,911	1,538,749	1,590,911
Total assets	625,348	1,694,500	1,873,029	1,694,500	1,873,029

	2016	2017	2018	2019	2020
Trade and other payables	188,909	201,073	274,106	384,715	347,405
Current tax liabilities	4,085	7,920	1,410	944	175,670
Interest-bearing loans and borrowings	1,354	11,044	567	714	28,727
Provisions	4643	6,557	6,220	15,006	
Current liabilities	198,991	226,594	282,303	401,379	551,802
Interest-bearing loans and borrowings	122,526	169,404	460,116	657,047	655,111
Trade and other payables	68,585	197,112	187,379	183,928	268,684
Deferred grant income	1,852	88	2,199	5,044	5,022
Deferred tax liabilities	27,344	25,313	32,200	43,378	52,602
Non-current liabilities	220,307	391,917	681,894	889,397	981,419
Total liabilities	419,298	398,474	688,114	904,403	1,010,146
Share capital	10,646	10,644	10,644	10,644	10,644
Share premium	34,788	34,788	34,788	34,788	34,788
Capital redemption reserve	20,000	644	644	644	644
Retained earnings	642	176,143	289,096	357,648	293,732
Total Equity	139,974	222,219	335,172	403,724	339,808

(주)마니커 - 재무제표분석

학습내용

기업의 재무건전성을 분석하기 위해서 재무제표의 재무정보를 활용하여 현금보유량을 파악하고 잉여현금흐름에 대해 학습한다. 또한 다양한 비율분석을 통해 재무 수익성, 건정성 등을 파악한다. 생물자산의 정의 및 회계처리에 대해서 학습한다.

국내에는 수년 전부터 일명 '치맥' 열풍이 불었고 다양한 맥주의 생산 및 수입과 더불어 프라이드치킨(fried chicken)이 인기를 끌면서, 치킨프랜차이즈(chicken franchise) 업체들이 증가하였으며 업체들 간의 경쟁이 점차 치열해졌다. 2021년도 치킨전문점 시장규모는 7조 4,740억원대에 이를 것으로 예측되며 이는 2016년에 비하여 53% 성장한 규모이다.[1)] 소비자의 관심을 얻고 시장점유율을 높이기 위해서 업체들은 제품의 다양성과 차별성을 추구하며 앞다투어 신제품을 출시하고 있다. 편의점도 일명 가성비(가격 대비 성능) 높은 치킨 제품을 판매하며 치킨전쟁에 가세하고 있는 상황이다. 치킨전문점의 증가와 더불어서 근래에는 다이어트 열풍으로 인하여 다이어트 식품인 닭가슴살 제품에 대한 관심이 높다. 우리나라의 1인당 닭 소비량은 2010년 10.7kg에서 지속적으로 증가하여 2021년도에는 17kg을 넘을 것이라고 예상된다.[2)] 이러한 인기에 힘입어 닭가슴살 전문 온라인 쇼핑몰이 큰 폭으로 성장하고 있다. 온라인 쇼핑몰이 랭킹닭컴을 운영하고 있는 닭 유통업체인 (주)푸드나무의 연 매출은 2018년 530억, 2019년 648억, 2020년 1,172억으로 매년 엄청난 성장세를 이어가고 있다.

이렇듯 국내에서 닭고기에 대한 수요가 증가하고 있다는 사실에 관심을 가지고 관련 분야에 대해서 정보를 얻고 있던 중에 대학원에서 회계전공을 하는 김지영 학생은 신문에서 흥미 있는 기사 내용을 봤다. 컬투의 김태균 씨가 SNS에 올린 "내머리는 마니커, 닭고기는 마니x"라는 내용을 담고 있는 자작곡이 누리꾼들의 관심을 끌었고, 더 나아가서 닭고기 가공업체 (주)마니커가 김태균 씨를 광고모델 및 명예

1) 김보라, "교촌, BHC, BBQ, …신축년은 프라이드 전쟁," 뉴데일리경제, 2021년 1월 22일.

2) 김사무엘, "국내 1위 닭가슴살 플랫폼, 여름철 최대 수혜주," 머니투데이, 2019년 7월 17일.

홍보사원으로 발탁했다는 것이다.[3] 재미 삼아 올린 자작곡이 광고모델이라는 행운으로 연결되었다는 기사를 보고 문득 (주)마니커의 재무제표를 살펴보던 중에 (주)마니커가 지속적으로 당기순손실을 기록하는 것을 보고 (주)마니커의 재무상태가 건전한지 의문이 들었고 이에 재무제표를 구체적으로 분석하기로 하였다. (주)마니커의 2015년부터 2020년까지의 연결재무상태표, 연결포괄손익계산서, 연결현금흐름표는 〈표 1〉~〈표 3〉에 제시되었다. 〈표 4〉에서는 재무제표의 추가 정보를 정리하였다. 김지영 학생은 재무제표를 분석하기 전에, 먼저 (주)마니커에 대해서 좀 더 자세히 알아보기로 하였다.

(주)마니커는 계육 제품의 생산 및 판매를 목적으로 1985년 9월 27일 설립되었다. 이후, 2002년 10월 29일에 유가증권시장에 상장되었다. 매출은 모두 내수시장 판매로서 매출의 구성은 통닭이 약 48%, 부분육이 약 28%, 염장육이 약 18%, 그리고 기타가 약 6%를 이루고 있다. 주요 제품의 시장점유율을 보면 (주)하림이 시장점유율의 약 18%를 차지하여 업계를 리드하고 있으며 (주)마니커는 대략 7%의 시장점유율을 차지하고 있다. 2020년 현재 유통주식수는 198,472,594주로서 주당 액면가격은 500원이다. NICE신용평가주식회사로부터 받은 신용평가 등급은 2013년부터 2015년까지는 BB+를 유지하다가 2016년부터 BB로 하락하였다. 신용등급의 정의에 따르면 BB등급의 경우 "원리금 지급 확실성에 당면 문제는 없지만 장래의 안정성 면에서는 투기적 요소가 내포되어 있음"이라고 설명되어 있다.

김지영 학생은 재무상태표를 보면서 먼저 현금보유량에 주목했다. 현금이 2016년부터 감소하다가 2020년에 증가하였는데 그 원인을 찾아보고자 한다. 현금흐름표를 보니 영업활동 현금흐름이 2019년도와 2020년도에 마이너스라는 점에 주목했다. 그리고, 수업에서 학습하였던 '잉여현금흐름'은 기업이 영업활동을 하면서 자유롭게 사용이 가능한 현금흐름을 의미한다는 것을 기억하고 (주)마니커의 잉여현금흐름을 계산하여 회사가 추가 자금조달이 필요한지 분석하고자 한다. 추가적으로 재무제표 비율분석을 실시하고, 부도 예측모형을 활용하여 회사의 재무적 건전성을 살펴보고자 한다. 가장 시선을 끌었던 부분은 (주)마니커의 매출원가이다. 생각보다

3) 우진영, "내 머리는 마니커 자작곡으로 SNS 센세이션 일으켜," 데일리시큐, 2019년 7월 9일.

매우 높은 매출원가가 이 회사만의 문제인지, 경쟁업체의 상황과 비교 분석하고자 한다.

[토론사항 1] 2015년부터 2020년까지의 (주)마니커의 현금계정의 증가/감소를 분석하시오. 2020년도에 현금및현금성자산의 변화는 무엇 때문인지 그 원인을 전자공시시스템(http://dart.fss.or.kr/)에 보고된 사업보고서를 보고 분석하시오.

[토론사항 2] 2016년~2020년의 잉여현금흐름(FCF: free cash flow)을 다음의 방법을 이용하여 각각 계산하시오. 자본적지출(CAPEX: capital expenditure)과 운전자본(working capital)의 정의에 대해서 설명하시오. 잉여현금흐름이 음수라면 그 뜻은 무엇인지 설명하시오.

① 잉여현금흐름(FCF) = 영업활동 현금흐름(CFO) − 투자활동 현금흐름(CFI)

② 잉여현금흐름(FCF) = 영업활동 현금흐름(CFO) − 자본적지출(CAPEX)

③ 잉여현금흐름(FCF) = 당기순이익 + 비현금성지출(감가상각비) − 자본적지출(CAPEX) − 순운전자본의 증감(net change in working capital)

[토론사항 3] 재무상태표 상의 생물자산(biological asset)이란 무엇이며, 소비용생물자산과 생산용생물자산의 차이에 대해서 토론하시오. 또한 생산물의 정의는 무엇인지 토론하시오. 어떤 기준으로 생물자산이 유형자산 혹은 재고자산으로 분류되는지 토론하시오.

[토론사항 4] 생물자산은 어떻게 측정되는지 토론하시오. 또한 유형자산으로 분류된 생물자산의 감가상각방법에 대해서 토론하시오. (주)마니커의 소비용생물자산과 생산용생물자산은 어떻게 가치가 측정되는지 전자공시시스템(http://dart.fss.or.kr/)에 보고된 회사의 연결재무제표의 주석에서 확인하시오.

[토론사항 5] (주)마니커의 비율분석을 실시하고 그 의미에 대해서 토론하시오.

① 부채비율(leverage ratio)–총자산 대비 부채비율, 총자본 대비 부채비율, 총자산 대비 비유동부채비율, 총자본 대비 비유동부채비율

② 보상비율(coverage ratio)-현금보상비율(cash coverage ratio), 이자보상비율(interest coverage ratio)

③ 유동성비율(liquidity ratio, short-term solvency ratio)-유동비율(current ratio), 현금비율(cash ratio)

④ 수익성비율(profitability ratio)-매출총이익률(profit margin), 순자산이익률(ROA), 자기자본이익률(ROE)

⑤ 영업현금흐름비율(operating cash flow ratio)-CFO/평균총자본, CFO/평균총자산, CFO/매출액, CFO는 Cash Flow from Operating Activities의 약자로 현금흐름표에서 영업활동 현금흐름을 뜻한다.

⑥ 2020년도의 자본잠식률을 계산하시오.

[토론사항 6] 회사의 재무상태의 건전성을 판단하는 Altman Z-Score를 계산하고 분석하시오.

$$\text{Altman Z-Score} = 1.2A + 1.4B + 3.3C + 0.6D + 1.0E$$

A = working capital / total assets
B = retained earnings / total assets
C = earnings before interest and tax / total assets
D = market value of equity / total liabilities
E = sales / total assets

[토론사항 7] 위 [토론사항 5]에서 계산한 (주)마니커의 매출총이익률의 추세를 살펴보고 경쟁업체인 (주)하림과 비교 분석하시오. (주)하림의 재무자료는 전자공시시스템(http://dart.fss.or.kr/)에서 수집할 수 있다.

〈표 1〉 연결재무상태표

연결재무상태표

제 36 기 2020.12.31 현재
제 35 기 2019.12.31 현재
제 34 기 2018.12.31 현재
제 33 기 2017.12.31 현재
제 32 기 2016.12.31 현재
제 31 기 2015.12.31 현재

(주)마니커 (단위: 원)

	제 36 기	제 35 기	제 34 기	제 33 기	제 32 기	제 31 기
자 산						
유동자산	46,235,198,198	30,052,265,388	37,020,562,929	43,502,589,802	47,164,890,109	68,220,572,194
현금및현금성자산	12,888,551,137	1,798,855,601	2,350,377,028	2,593,957,653	3,296,625,416	17,860,056,468
매출채권및기타채권	13,557,015,878	14,997,411,053	18,627,781,413	23,700,988,502	30,978,822,631	28,240,235,247
단기기타금융자산	5,960,341,808	3,185,918,140	1,624,762,845	1,698,621,686	2,038,839,490	5,856,389,155
재고자산	4,819,380,084	2,800,739,050	4,478,073,871	4,243,269,610	3,799,452,194	5,634,080,021
소비용생물자산	8,734,548,794	6,879,548,380	9,515,906,693	9,372,366,511	5,745,309,292	7,782,012,479
당기법인세자산	29,834,770	68,991,330	20,943,022	57,610,174	19,310	359,771,351
기타유동자산	245,525,727	320,801,834	402,718,057	1,835,775,666	1,305,821,776	2,488,027,473
비유동자산	145,863,521,710	152,939,752,677	156,275,868,989	208,195,789,938	164,807,037,823	154,610,462,168
금융자산	9,651,563,681	6,475,012,193	7,146,804,455	7,013,182,962	6,885,532,063	11,095,813,042
관계기업투자주식	0	4,281,275,168	4,171,229,183	7,379,871,179	7,424,500,000	0
생산용생물자산	1,339,078,243	1,519,773,924		5,032,887,708	3,490,567,608	5,211,561,030
유형자산	110,949,787,789	116,695,511,722	120,283,277,573	175,009,083,541	132,414,935,661	133,756,459,237
무형자산	365,390,614	892,989,065	1,455,485,477	10,209,349,372	10,341,627,333	878,617,663
투자부동산	23,557,701,383	23,075,190,605	23,219,072,301	3,551,415,176	3,609,085,811	3,283,249,378
기타비유동자산					640,789,347	384,761,818
자산총계	192,098,719,908	182,992,018,065	193,296,431,918	251,698,379,740	211,971,927,932	222,831,034,362

	제 36 기	제 35 기	제 34 기	제 33 기	제 32 기	제 31 기
부 채						
유동부채	89,179,115,301	58,851,140,354	79,175,138,980	113,493,386,149	88,621,020,804	121,215,656,726
매입채무및기타채무	19,504,633,073	19,373,114,989	21,212,046,992	22,777,770,638	20,366,954,655	27,657,605,117
단기차입금	37,571,000,000	32,450,000,000	28,821,514,158	63,554,722,805	48,223,870,608	68,094,241,998
유동성장기차입채무	353,760,000	4,573,760,000	6,800,940,000	9,626,126,000	5,807,700,000	13,414,380,000
유동성사채	29,994,735,254		19,996,111,611	14,992,267,585	11,739,807,776	9,993,003,939
단기기타금융부채	1,378,968,614	1,841,105,590	1,629,355,282	1,839,327,282	1,715,013,282	1,075,013,282
기타유동부채	376,018,360	613,159,775	715,170,937	703,171,839	767,674,483	981,412,390
비유동부채	31,033,122,823	36,306,969,640	10,711,563,561	41,475,039,941	26,080,572,382	21,285,638,773
장기차입금	5,584,160,000	2,237,920,000	6,811,680,000	23,958,504,000	23,357,620,000	10,765,310,000
사 채	19,963,713,152	29,964,068,601		11,675,398,080		8,734,135,932
장기기타금융부채	286,587,850	80,293,927	10,000,000	46,000,000	76,000,000	46,230,850
확정급여부채	5,173,363,433	3,992,309,391	3,815,201,628	2,363,570,768	2,646,952,382	1,739,961,991
이연법인세부채			33,270,420	649,985,924		
기타비유동부채	25,298,388	32,377,721	41,411,513	2,781,581,169		
부채총계	120,212,238,124	95,158,109,994	89,886,702,541	154,968,426,090	114,701,593,186	142,501,295,499
자 본						
지배기업의 소유주에게 귀속되는 자본	71,689,400,869	87,541,408,638	102,906,869,277	86,600,623,758	87,671,577,429	71,023,707,436
자본금	99,236,297,000	79,236,297,000	79,236,297,000	58,362,738,500	58,362,738,500	41,687,738,500
보통주자본금	99,236,297,000	79,236,297,000	79,236,297,000	58,362,738,500	58,362,738,500	41,687,738,500
자본잉여금	55,084,342,452	54,139,927,708	53,656,725,285	47,006,131,980	43,523,583,438	43,996,867,820
기타자본구성요소	8,467,048,218	9,104,562,047	7,384,178,620	2,867,827,040	(2,547,841,291)	(2,547,841,291)
이익잉여금(결손금)	(91,098,286,801)	(54,939,378,117)	(37,370,331,628)	(21,636,073,762)	(11,666,903,218)	(12,113,057,593)
비지배지분	197,080,915	292,499,433	502,860,100	10,129,329,892	9,598,757,317	9,306,031,427
자본총계	71,886,481,784	87,833,908,071	103,409,729,377	96,729,953,650	97,270,334,746	80,329,738,863
자본과부채총계	192,098,719,908	182,992,018,065	193,296,431,918	251,698,379,740	211,971,927,932	222,831,034,362

〈표 2〉 연결포괄손익계산서

연결포괄손익계산서

제 36 기 2020.01.01 부터 2020.12.31 까지
제 35 기 2019.01.01 부터 2019.12.31 까지
제 34 기 2018.01.01 부터 2018.12.31 까지
제 33 기 2017.01.01 부터 2017.12.31 까지
제 32 기 2016.01.01 부터 2016.12.31 까지
제 31 기 2015.01.01 부터 2015.12.31 까지

(주)마니커 (단위: 원)

	제 36 기	제 35 기	제 34 기	제 33 기	제 32 기	제 31 기
매출액	214,794,626,683	241,679,712,946	269,057,962,654	254,619,689,793	229,830,938,213	274,546,428,118
매출원가	223,392,723,567	235,075,234,550	246,166,039,612	225,282,563,590	212,092,834,899	260,376,569,722
매출총이익	(8,598,096,884)	6,604,478,396	22,891,923,042	29,337,126,203	17,738,103,314	14,169,858,396
판매비와관리비	22,343,393,357	21,635,075,397	22,431,891,410	22,394,471,986	21,232,875,258	23,893,751,954
영업이익(손실)	(30,941,490,241)	(15,030,597,001)	460,031,632	6,942,654,217	(3,494,771,944)	(9,723,893,558)
기타수익	372,067,708	1,048,634,800	708,883,828	1,354,531,405	11,321,351,895	929,502,360
기타비용	426,014,217	659,558,508	10,083,776,352	10,991,798,024	1,556,233,327	281,110,662
금융수익	280,208,343	411,186,425	2,055,713,291	1,193,864,513	406,287,915	1,428,347,380
금융비용	4,068,168,773	3,423,218,421	5,016,713,603	7,256,817,422	5,627,411,290	7,284,106,346
종속.관계기업투자손익	(386,280,758)	110,045,985	(26,952,631)	(98,243,995)		
법인세비용차감전순이익(손실)	(35,169,677,938)	(17,543,506,720)	(11,902,813,835)	(8,855,809,306)	1,049,223,249	(14,931,260,826)
법인세비용		(33,270,420)	(676,420,301)	1,470,889,096	(98,065,305)	(1,020,212,076)
당기순이익(손실)	(35,169,677,938)	(17,510,236,300)	(11,226,393,534)	(10,326,698,402)	1,147,288,554	(13,911,048,750)
기타포괄손익	(1,722,163,093)	(209,933,135)	(2,321,387,651)	878,747,303	(408,408,289)	145,524,140
총포괄손익	(36,891,841,031)	(17,720,169,435)	(13,547,781,185)	(9,447,951,099)	738,880,265	(13,765,524,610)

〈표 3〉 **연결현금흐름표**

연결현금흐름표

제 36 기 2020.01.01 부터 2020.12.31 까지
제 35 기 2019.01.01 부터 2019.12.31 까지
제 34 기 2018.01.01 부터 2018.12.31 까지
제 33 기 2017.01.01 부터 2017.12.31 까지
제 32 기 2016.01.01 부터 2016.12.31 까지
제 31 기 2015.01.01 부터 2015.12.31 까지

(주)마니커 (단위: 원)

	제 36 기	제 35 기	제 34 기	제 33 기	제 32 기	제 31 기
영업활동 현금흐름	(25,642,309,450)	(3,370,110,824)	3,818,276,686	12,257,781,543	4,675,746,080	16,989,663,567
당기순이익(손실)	(35,169,677,938)	(17,510,236,300)	(11,226,393,534)	(10,326,698,402)	1,147,288,554	(13,911,048,750)
당기순이익조정을 위한 가감	14,335,759,687	13,903,553,517	19,019,255,753	26,454,876,904	6,148,009,255	16,081,599,214
영업활동으로인한자산·부채의변동	(742,292,564)	3,040,672,728	(213,219,656)	1,009,198,776	2,005,030,911	19,956,029,528
이자수취	238,841,955	508,731,885	185,759,841	769,141,029	950,202,607	1,357,317,292
이자지급	(4,344,097,150)	(3,264,784,346)	(3,983,658,526)	(5,250,928,346)	(5,860,766,384)	(6,778,256,568)
법인세납부	39,156,560	(48,048,308)	36,532,808	(397,808,418)	285,981,137	284,022,851
투자활동 현금흐름	(7,592,393,236)	(5,735,925,334)	8,575,144,049	(15,577,536,435)	799,647,118	(11,852,696,353)
단기기타금융자산 취득	(173,008,919,594)	(121,438,294,515)	(9,861,095,205)	(12,838,000,000)	(17,163,277,880)	(22,840,827,800)
장기기타금융자산 취득	(3,177,019,002)	(242,000,000)	(616,300,000)	(825,950,334)	(340,381,925)	(1,212,334,775)
생산용생물자산의 취득	(2,474,522,580)		(3,135,993,583)	(14,205,551,431)	(6,521,126,765)	(10,120,435,067)
금융자산의 취득	(913,000,000)	(500,000,000)	(42948873)	(907,086)		(297,500,000)
관계기업투자주식의 취득	0	0	(5,894,014,550)	(7,778,009,117)	(4,886,023,447)	(368,552,800)
유형자산의 취득	(2,860,860,707)	(4,563,012,898)	(15,208,286,916)	(3,527,061,673)	(1,969,079,246)	(14,668,180,913)
무형자산의 취득	0	(30,007,618)	0	(8,470,330)	(45,969,479)	(31,568,800)
투자부동산의 취득					(1,026,115)	
단기기타금융자산 처분	170,260,169,829	120,508,957,621	9,883,221,305	9,002,938,583	20,564,954,309	24,648,664,653
장기기타금융자산 처분	192,000,000	425,889,690	1,438,156,297	1,572,805,285	1,621,899,169	3,270,246,601

	제 36 기	제 35 기	제 34 기	제 33 기	제 32 기	제 31 기
생산용생물자산의 처분	83,304,825		3,662,108,770	12,663,231,331	8,242,120,187	9,489,829,680
관계기업투자주의 처분	3,894,994,410		7,164,642,500			
유형자산 처분	3,459,583	102,542,386	8,537,475,686	359,688,337	1,250,513,644	77,962,868
무형자산 처분	408,000,000	0	0	7,750,000	47,044,666	200,000,000
종속기업투자주식의 처분	0	0	12,285,297,202	0	0	0
투자부동산의 처분			362,881,416			
재무활동 현금흐름	44,324,398,222	8,554,514,731	(12,637,001,360)	2,617,087,129	(20,038,824,250)	9,889,171,621
단기차입금 증가	81,897,265,981	61,847,777,611	123,141,648,239	142,570,117,095	95,065,400,157	168,821,349,043
유동성사채 증가			19,979,710,000	14,969,720,000	2,991,000,000	
단기기타금융부채의 증가	140,000,000	210,000,000	392,028,000	440,000,000	395,000,000	170,000,000
장기차입금의 증가	3,700,000,000			4,366,000,000	15,000,000,000	3,800,000,000
장기기타금융부채 증가	13,000,000			2,571,015,540	30,000,000	
사채 증가	19,959,710,000	29,939,680,000		14,428,984,460		8,732,300,000
유상증자	20,944,414,744		13,880,746,872	148,708	19,765,147,990	11,972,700,815
자기주식의 처분		2,483,724,213				
단기차입금 감소	(76,776,265,981)	(58,219,291,769)	(149,374,856,886)	(139,609,264,898)	(129,295,771,547)	(167,032,008,237)
단기기타금융부채 감소	(974,966,522)	(906,435,324)	(602,000,000)			
유동성장기차입금 감소	(4,573,760,000)	(6,800,940,000)	(5,026,010,000)	(18,283,626,000)	(13,298,770,000)	(2,758,565,000)
유동성사채 감소		(20,000,000,000)	(14,992,267,585)	(15,239,807,776)	(10,000,000,000)	(12,500,000,000)
장기차입금의 상환				(2,919,200,000)	(215,600,000)	(750,005,000)
기타금융부채의 감소				(647,000,000)	(475,000,000)	(560,000,000)
장기기타금융부채 감소	(5,000,000)		(36,000,000)	(30,000,000)	(230,850)	(6,600,000)
현금및현금성자산의 순증가(감소)	11,089,695,536	(551,521,427)	(243,580,625)	(702,667,763)	(14,563,431,052)	15,026,138,835
기초현금및현금성자산	1,798,855,601	2,350,377,028	2,593,957,653	3,296,625,416	17,860,056,468	2,833,917,633
기말현금및현금성자산	12,888,551,137	1,798,855,601	2,350,377,028	2,593,957,653	3,296,625,416	17,860,056,468

〈표 4〉 기타 재무자료

	제 36 기	제 35 기	제 34 기	제 33 기	제 32 기	제 31 기
유통주식수	198,472,594	158,472,594	156,795,594	115,048,477	115,048,477	81,698,477
종 가	683	811	775	647	984	1,165

(단위: 천원)

	제 36 기	제 35 기	제 34 기	제 33 기	제 32 기	제 31 기
감가상각비	526,780	625,964	799,279	1,215,564	1,407,528	1,538,252
무형자산상각비	128,356	172,627	90,278	87,896	125,536	125,790

(단위: 천원)

	제 36 기	제 35 기	제 34 기	제 33 기	제 32 기	제 31 기
이자비용	4,054,182	3,379,607	5,016,714	5,753,119	5,623,487	6,749,731

(단위: 천원)

	제 36 기	제 35 기	제 34 기	제 33 기	제 32 기	제 31 기
감가상각비	10,335,860	9,208,908	8,576,974	9,696,647	8,137,757	10,276,697
무형자산상각비	128,356	172,627	90,278	87,896	125,536	126,098

(주)와이엔텍 – Trash or Treasure

학습내용

> 폐기물 산업의 특징을 이해하고, 기업의 재무제표를 분석한다. 구체적으로, 폐기물 산업의 수익구조, 매립지의 감가상각방법 및 관련 충당부채에 대해 학습한다.

"자립해야 진정한 독립입니다."라는 기사 내용이 백종규 학생의 눈길을 끌었다.[1] '발생지 처리 원칙'에 따라서 해당 지역에서 발생하는 쓰레기를 스스로 처리할 수 있는 능력이 있어야 독립적인 행정구역이 된다는 내용이다. 서울시와 인천시의 쓰레기 매립지 사용을 놓고 시작된 갈등은 인천 시장의 '쓰레기 독립'이라는 강경한 대응책으로까지 이어졌다.

우리는 매일 수많은 생활폐기물과 사업장폐기물을 배출한다. 이 기사를 접한 백종규 학생은 문득 폐기물들은 어떤 과정을 거쳐서 처리되는 것인지, 좀 더 알아보고 싶어졌다. 특히, 2018년도에는 필리핀으로 불법 수출된 한국의 쓰레기가 큰 비난거리였었다. 한 폐기물 처리업체는 무려 6,300톤의 쓰레기를 재활용할 수 있다고 속이고 필리핀에 수출하였으나 실제로는 배터리나 전자제품 등 재활용이 불가하여 소각해야 하는 쓰레기임이 밝혀졌고, 필리핀 당국은 한국 정부가 쓰레기를 다시 가져갈 것을 요구했다.

이에 한국 정부는 폐기물 중 일부인 1,200톤을 2019년 초에 필리핀으로부터 가지고 왔다. 한국으로 돌아오는 이 쓰레기 처리비용은 톤당 약 17만원으로서 총비용은 10억이 넘을 것으로 예상되며 해당 비용은 세금으로 처리하게 된다는 것이다. 쓰레기 처리의 심각성을 알게 된 백종규 학생은 이런 충격적인 상황이 다른 곳에서도 많이 발생하고 있다는 것을 알게 되었다. 플라스틱 재활용을 해왔던 중국이 2017년에 자국의 환경보호를 위해 수입 폐기물을 지속적으로 줄이기 시작했다.[2] 그

---

1) 이순민, "인천시 친환경 자원환경시설 건립 계획," 인천일보, 2020.11.17, http://www.incheonilbo.com/news/articleView.html?idxno=1067341

2) Jain, Aarushi, "Trash Trade Wars: Southeast Asia's Problem with the World's Wastes," Council on Foreign Relations, May 8, 2020.

이후로 전 세계의 쓰레기는 태국, 말레이시아, 베트남 등의 동남아시아 국가들에 집중되는 문제가 발생하기 시작했고, 이들 국가들은 결국 쓰레기를 돌려보내기 시작했다. 구체적인 예로, 영국에서 스리랑카로 보냈던 쓰레기 컨테이너 21개가 영국으로 돌아갔다는 것이나, 캄보디아에서는 미국과 캐나다에서 수출된 쓰레기를 반송하고 캄보디아 국무총리가 쓰레기 수입금지를 지시했다는 것, 인도네시아는 호주에서 온 오염된 폐기물을 돌려보냈다는 뉴스들은 쓰레기 처리가 얼마나 사회, 환경, 정치적인 이슈가 되고 있는지를 깨닫게 한다.[3),4)] 소위 지구의 'trash trade wars' 혹은 'trash crisis'가 시작되었다.

쓰레기 배출은 피할 수 없는 일상이 되었고, 쓰레기 처리는 모두에게 큰 고민거리가 되었다. 어떤 이의 위기는 다른 이의 기회인 것처럼, 쓰레기 대란으로 인한 '쓰레기 전쟁'이 심각해짐에 따라 폐기물 처리회사들의 이익은 증가하고 있다. 쓰레기 증가는 폐기물 업체의 폐기물의 소각 및 매립 단가를 높였고 이는 업체의 수익성을 크게 증가시켰으며, 주가 또한 급등했다. 미국에서도 골드만삭스가 폐기물 업체에 대한 투자를 하라는 뜻으로, 'garbage stock'을 매수하라는 의견을 주었다.[5)] 이렇듯 누군가의 쓰레기가 다른 누군가에게는 수익이 된다는 것을 깨달은 백종규 학생은 국내 폐기물 업체 중 한 곳인 (주)와이엔텍의 재무제표를 분석해 보기로 했다.

먼저, 폐기물(waste)이란 쓰레기·연소재·오니·폐유·폐산·폐알칼리·동물의 사체 등으로서 사람의 생활이나 사업활동에 필요하지 아니하게 된 물질을 일컫는다. 폐기물 처리산업은, 폐기물의 수집과 운반(waste collection and transportation), 재활용(recycle), 소각(incineration) 및 매립(landfill)을 하는 산업이다. 폐기물 산업은 공공복지를 위한 사회간접자본의 성격이 강하고, 환경보전을 위한 국내외 환경규제를 받는다. 2019년도 기준으로 대한민국 폐기물의 처리로는 재활용이 86.6%로 가장 높고, 소각은 5.2%이며 매립은 6.1%이다. 폐기물은 생활폐기물과 사업장폐기물

---

3) 강동균, "동남아 국가들, 선진국 폐기물수입 잇단 거부나서," 한국경제, 2019.09.02, https://www.hankyung.com/international/article/2019083086401

4) 장연주, "지구촌 위협하는 쓰레기, 네건 네가 처리해라....지구촌 폐플라스틱 몸살," 헤럴드경제, 2019.08.09, http://news.heraldcorp.com/view.php?ud=20190809000455

5) Root, Al, "Waste Haulers May Not Be Wall Street's Most Popular Stocks. But There's Gold in the Garbage," Barron's, April 9, 2021.

로 분류된다. 사업장폐기물은 다시 사업장일반폐기물, 건설폐기물, 그리고 폐유, 폐산 등 유해한 물질인 지정폐기물로 분류된다. 2020년도에 환경부에서 발표한 [전국 폐기물 발생 및 처리현황]에서 보고한 폐기물의 종류별 발생 추이는 다음과 같다.

구 분		2014	2015	2016	2017	2018	2019
총 계	발생량(톤/일)	401,658	418,214	429,128	429,531	446,102	497,238
	전년 대비 증감률%)	2.2	4.1	2.6	0.1	3.9	11.5
생활계 폐기물	발생량(톤/일)	49,915	51,247	53,772	53,490	56,035	57,961
	전년 대비 증감률%)	2.4	2.7	4.9	−0.5	4.8	3.4
사업장 폐기물	발생량(톤/일)	153,189	155,305	162,129	164,874	167,727	202,619
	전년 대비 증감률%)	3.2	1.4	4.4	1.7	1.7	20.8
건설 폐기물	발생량(톤/일)	185,382	198,260	199,444	196,262	206,951	221,102
	전년 대비 증감률	1	6.9	0.6	−1.6	5.4	6.8
지정 폐기물	발생량(톤/일)	13,172	13,402	13,783	14,905	15,389	15,556
	전년 대비 증감률%)	6.2	1.7	2.8	8.1	3.2	1.1

주석 1) 생활계폐기물은 생활폐기물, 사업장생활계폐기물, 공사장생활계폐기물을 모두 포함한 수치임.
2) 지정폐기물은 사업장지정폐기물과 의료폐기물을 포함한 수치임.

폐기물 처리산업의 특성을 보면 경기가 호황일 때 폐기물의 양이 증가하나, 불황에도 꾸준한 폐기물 배출이 이루어지므로 경기 변화에 따른 수요의 변동성이 낮은 편이고, 수익성이 우수하다. 엄격한 규제를 받고 있는 산업이며, 허가기준에 맞는 처리시설 등의 초기 투자비용이 크기 때문에 진입장벽도 높다. 폐기물 배출은 계속 늘어가고 있는 반면, 신규 사업자의 진출이 어려운 데다가 환경에 대한 각종 규제가 커지고, 처리시설은 제한적이기 때문에 소각 및 매각 단가는 상승하고 있어서 수익성이 좋다. World Bank의 보고에 의하면 폐기물 발생량과 소득수준과는 양의 관계가 존재하며, 경제가 성장할수록 폐기물의 배출도 증가한다. 전 세계적인 환경정책에도 불구하고 폐기물 발생량은 꾸준히 증가할 것이라는 예상도 폐기물 산업 규모를 키우는 데 기여한다.

2019년도 폐기물처리업체 현황 자료에 의하면 처리업체는 총 14,792개소이며, 수집·운반 업체가 7,731개소로 52.3%, 종합재활용업이 4,495개소로 30.4%이다. 그

외에, 중간처분업체가 217개소이며 최종처분업체는 56개소이다. 중간재활용업과 최종재활용업은 1,713개소이고 건설폐기물처리 업체의 수는 583개소이다. 폐기물 처리산업의 각 단계별 업체 수를 보면 수집·운반업체의 수가 가장 많고 따라서 경쟁이 치열하므로 수익성도 상대적으로 낮다. 최종처분업체의 경우 경쟁이 낮으므로 폐기물의 처리량이 증가할수록 처리 단가도 상승하며 수익성도 우수하다. 더욱이 단가 인상에 대한 저항도 낮다. 특히 소각시설과 매립장은 부족해지고 있으나 주민들이 소각장의 증설이나 신설을 반대하여 소각장과 매립장은 처리용량을 늘려야 하므로 처리 단가는 상승하여 최종처분업체의 수익성 또한 상승하고 있는 것이다. 폐기물처리 산업의 특징은 국내외 환경규제가 강화될수록 오히려 성장하는 특징이 있다. 국내 폐기물 업체들은 중간처리업과 최종처리업을 제외하고 다수의 영세기업으로 이루어졌으나, 점차 대규모 자본이 흘러 들어오면서 업체들에 대한 인수합병이 시작되어 대형화되어 가고 있다.

(주)와이엔텍(Y-ENTEC Co., Ltd.)은 1990년 8월 31일에 설립되었으며, 2005년 12월 23일에 코스닥에 상장하였다. 산업폐기물을 처리하는 사업을 영위하고 있으며, 폐기물 운반부터, 중간, 최종처리까지 하는 국내 최대 규모의 폐기물 처리기업 중 하나이다. 산업폐기물 처리와 더불어, 골프장 사업, 해상운송사업, 그리고 레미콘 제조 및 판매 사업을 한다. 2020년 6월에 제8매립 시설의 사용을 허가받았고 10월부터 가동을 시작했다. 늘어나는 쓰레기와 뛰는 단가로 인해 실적 향상에 대한 기대로 (주)와이엔텍의 주가는 상승하고 있다. 아래는 NAVER금융에서 참고한 3년간의 주식변동 그래프이다.

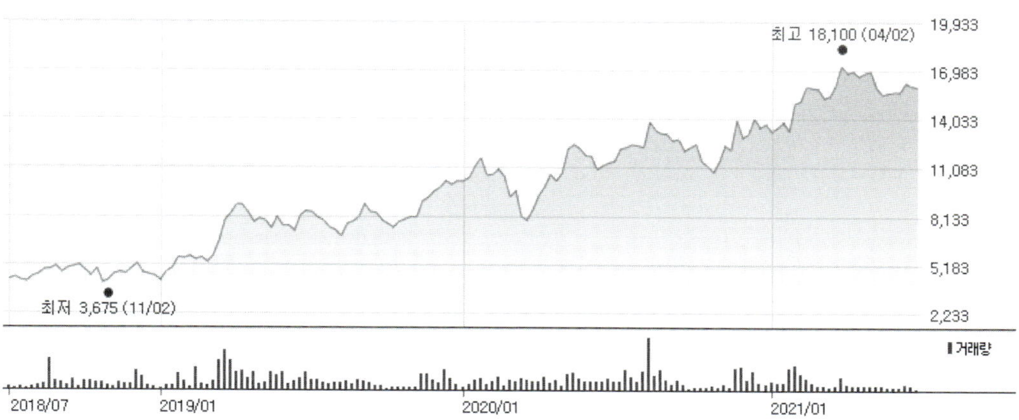

(주)와이엔텍의 2015~2020년의 재무상태표와 포괄손익계산서는 각각 〈표 1〉과 〈표 2〉에 제시되었다.

[토론사항 1] 현재 전 세계적으로 폐기물의 처리가 어렵다. 쓰레기 배출량은 증가하나, 매립할 곳은 부족해지고 있어서, 관련한 단가의 상승으로 이어지고 있다. (주)와이엔텍의 사업보고서에 보고된 회사의 개요, 사업내용과, 재무제표와 주석사항들을 확인하여 2015년~2020년 기간 동안 중간처리와 최종처리의 가격변동을 분석하고 토론하시오. (http://dart.fss.or.kr/ 에서 (주)와이엔텍(067900)의 사업보고서 참조.)

[토론사항 2] 2015년~2020년 기간 동안 (주)와이엔텍의 매출총이익률을 분석하시오. 매출총이익률이 증가/하락한 원인을 설명하시오.

[토론사항 3] 2015년~2020년 기간 동안 (주)와이엔텍의 매출채권과 매입채무에 대해서 분석하시오.

[토론사항 4] (주)와이엔텍의 유형자산의 하나인 매립장의 감가상각법은 무엇인지 토론하시오.

[토론사항 5] 매립지는 사용 이후에, 매립지 폐쇄 및 복구(landfill closure and post-closure care)를 해야 한다. (주)와이엔텍의 매립지와 관련된 충당부채는 무엇이며 어떻게 측정되는지 토론하시오.

[토론사항 6] 미국의 폐기물업체인 Waste Management의 매출총이익률, 매립장 감가상각법을 찾아보고 토론하시오. 매립지(landfill)과 관련된 부채 항목을 찾아보고 분석하시오. (2020년도 annual report/Form 10-k는 회사 홈페이지에서 투자정보를 제공하는 investor relation에서 확인할 수 있다.(https://investors.com/financial-information/annual-reports/)

〈표 1〉 (주)와이엔텍 2015~2020년 재무상태표

(단위: 원)

	2015년	2016년	2017년	2018년	2019년	2020년
자 산						
유동자산	14,954,871,395	18,794,888,883	17,694,788,876	22,122,490,957	33,118,989,958	38,403,999,115
현금및현금성자산	7,629,065,679	9,504,304,384	8,454,943,901	14,333,536,034	21,781,949,051	23,955,790,134
유동 당기손익-공정가치 의무 측정 금융자산	12,010,000	25,125,000	20,340,000	0	1,530,000,000	290,000,000
유동파생상품자산				109,704,219	109,371,343	0
매출채권 및 기타유동채권	6,597,390,941	8,159,401,862	8,624,934,519	7,026,042,873	8,865,238,959	9,000,610,229
기타유동금융자산	199,287,388	335,121,616	40,737,526	74,151,791	51,527,648	40,592,093
기타유동자산	408,981,065	657,596,252	472,678,635	482,401,027	669,172,846	427,038,736
재고자산	108,136,322	113,339,769	81,154,295	96,655,013	111,730,111	4,689,967,923
비유동자산	113,930,951,685	154,509,556,018	170,576,558,054	187,009,568,594	209,744,507,575	221,768,488,142
비유동 기타포괄손익-공정가치 측정 금융자산	276,472,700	278,896,100	281,375,600	289,369,000	293,030,200	15,157,940,230
비유동파생상품자산	74,025,000	58,415,000	58,310,000	0	91,133,024	0
유형자산	106,321,844,341	146,814,777,994	162,654,491,097	179,495,672,366	202,072,963,390	199,289,186,790
영업권	3,256,315,898	3,256,315,898	3,256,315,898	3,256,315,898	3,256,315,898	3,256,315,898
영업권 이외의 무형자산	160,723,292	160,723,292	160,723,292	160,723,292	160,723,292	160,723,292
기타비유동금융자산	3,841,570,454	3,940,427,734	4,165,342,167	3,807,488,038	3,870,341,771	3,904,321,932
자산총계	128,885,823,080	173,304,444,901	188,271,346,930	209,132,059,551	242,863,497,533	260,172,487,257
부 채						
유동부채	34,689,980,979	24,923,171,944	35,603,057,405	41,616,114,061	58,617,545,781	64,521,915,923
매입채무 및 기타유동채무	1,696,610,220	3,053,385,105	2,650,151,064	2,759,756,691	3,338,100,842	2,782,249,184

	2015년	2016년	2017년	2018년	2019년	2020년
기타유동금융부채	4,148,085,708	2,801,751,517	3,958,642,123	3,762,132,311	4,670,691,620	4,881,137,582
기타유동부채	2,315,608,656	2,568,890,089	2,548,607,026	2,531,125,837	3,685,006,161	6,039,810,832
단기차입금	10,608,117,833	8,160,300,000	17,160,300,000	19,000,000,000	23,500,000,000	30,500,000,000
당기법인세부채	668,326,070	1,090,282,003	2,480,836,460	1,568,832,138	3,959,250,130	3,710,786,325
유동성장기차입금	15,253,232,492	7,248,563,230	6,804,520,732	11,994,267,084	19,464,497,028	16,607,932,000
비유동부채	13,432,466,451	51,416,624,018	45,114,113,627	50,934,159,503	49,482,844,825	38,458,810,865
장기차입금	6,223,320,000	44,314,245,931	38,230,005,061	44,278,537,023	41,793,690,000	24,239,844,000
퇴직급여부채	1,158,059,058	1,157,927,295	967,382,109	691,359,701	649,700,322	378,314,196
비유동충당부채	3,563,175,597	3,885,974,735	3,814,014,916	3,622,372,907	4,247,722,614	10,118,390,627
이연법인세부채	2,394,911,796	2,048,476,057	2,054,042,644	2,131,266,546	2,489,061,893	2,656,369,161
비유동파생상품부채	93,000,000	10,000,000	10,000,000	200,623,326	0	0
기타비유동금융부채	0	0	38,668,897	10,000,000	302,669,996	1,065,892,881
부채총계	48,122,447,430	76,339,795,962	80,717,171,032	92,550,273,564	108,100,390,606	102,980,726,788
자 본						
자본금	7,030,786,000	8,921,401,500	8,921,401,500	9,099,829,500	9,099,829,500	9,099,829,500
자본잉여금	15,592,343,344	23,664,179,204	23,664,179,204	23,664,179,204	23,664,179,204	23,664,179,204
기타자본구성요소	−105,006,944	−103,116,692	−101,182,682	−100,483,490	−97,627,754	603,276,711
이익잉여금(결손금)	58,245,253,250	63,619,880,631	75,069,777,876	83,918,260,773	102,096,725,977	123,824,475,054
비지배지분	0	862,304,296	0	0	0	0
자본총계	80,763,375,650	96,964,648,939	107,554,175,898	116,581,785,987	134,763,106,927	157,191,760,469
자본과부채총계	128,885,823,080	173,304,444,901	188,271,346,930	209,132,059,551	242,863,497,533	260,172,487,257

〈표 2〉 (주)와이엔텍 2015~2020년 포괄손익계산서

(단위: 원)

	2015년	2016년	2017년	2018년	2019년	2020년
수익(매출액)	48,750,522,191	58,062,571,964	75,231,069,096	76,070,963,217	98,620,698,865	106,033,655,328
매출원가	38,349,557,680	45,353,944,046	58,745,035,433	58,456,978,919	69,315,809,804	70,902,254,027
매출총이익	10,400,964,511	12,708,627,918	16,486,033,663	17,613,984,298	29,304,889,061	35,131,401,301
판매비와관리비	2,785,757,612	3,354,677,457	3,960,890,287	2,679,668,024	3,147,193,848	3,434,528,120
영업이익(손실)	7,615,206,899	9,353,950,461	12,525,143,376	14,934,316,274	26,157,695,213	31,696,873,181
기타이익	484,013,153	1,039,743,807	5,157,476,244	548,537,758	659,209,426	2,389,901,889
기타손실	2,497,179,723	2,296,391,244	1,431,617,432	2,212,655,699	1,793,264,025	2,590,332,382
금융수익	123,700,815	227,199,473	190,346,968	275,887,709	1,154,153,815	306,326,180
금융원가	917,331,866	1,657,094,652	1,600,160,938	1,450,949,407	1,999,770,310	3,968,553,643
법인세비용차감전순이익(손실)	4,808,409,278	6,667,407,845	14,841,188,218	12,095,136,635	24,178,024,119	27,834,215,225
법인세비용	962,817,571	1,182,387,049	3,259,576,185	3,061,931,545	5,753,167,166	5,944,114,338
당기순이익(손실)	3,845,591,707	5,485,020,796	11,581,612,033	9,033,205,090	18,424,856,953	21,890,100,887
기타포괄손익	−4,330,540	−105,583,367	−53,152,870	81,469,871	−243,536,013	538,552,655
당기손익으로 재분류되지 않는 항목(세후)	322,218	1,890,252	1,934,010	81,469,871	−243,536,013	538,552,655
지분상품에 대한 투자자산의 세후기타포괄손익						
확정급여제도의 재측정손익(세후)	−4,652,758	−107,473,619	−55,086,880	699,192	2,855,736	700,904,465
재측정손익(세후기타포괄손익)						
총포괄손익	3,841,261,167	5,379,437,429	11,528,459,163	9,114,674,961	18,181,320,940	22,428,653,542
주당이익						
기본주당이익(손실)	274	380	645	496	1,012	1,203

사내유보금에 대한 미신

학습내용

사내유보금의 개념에 대해 논하고 사내유보금을 둘러싼 오해들을 회계적으로 분석한다. 회계적 분석을 통해 '사내유보금이 기업에 현금의 형태로 존재한다' 및 '사내유보금의 증가가 기업의 투자 감소로 귀결된다' 등의 주장이 개념적 오해에서 비롯된 것임을 학습한다.

"재벌 곳간에 막대한 사내유보금의 축적은 어떻게 가능했는가. (중략) 30대 재벌들의 사내유보금 754조원 중 아주 일부 174조 3,700억원만 있어도 시급한 5대 민생·공공 과제는 해결될 수 있다." – 경향신문, 2016년 5월 24일

"이제는 기업의 이익이 늘어도 국내 투자가 증가하지 않는다. 계속 쌓이는 사내유보금만 봐도 이 같은 현상을 확인할 수 있다. 기업이 국내 투자를 줄이니 기업이 번 돈이 가계에 닿지 못하는 것이다." – 주간동아, 2019년 4월 20일

"TF 위원 중 한 분이 대기업 사내유보금이 상당히 있는데, 기업과 정부와 일부 공공기관이 같이 출연해서 협력업체에 대한 각종 금융을 원활하게 해 달라는 주문을 했다." – 동아일보, 2020년 6월 12일

"시민단체들은 재벌이 쌓아둔 유보금을 환수해 서민들을 위해 써야 한다고 주장했습니다. 성장은 둔화되고 가계부채는 늘고 있는데 재벌은 돈을 쓰지 않고 모아두고만 있다는 겁니다." – TV조선, 2016년 4월 21일

"유보율은 기업이 영업활동 혹은 자본거래를 통해 벌어들인 자금을 얼마나 사내에 쌓아두고 있는지를 나타내는 지표다. 유보율이 지나치게 높다는 것은 투자 등 생산적인 부분으로 자금이 흘러가지 않고 있다는 뜻이다." – 주간경향, 2011년 4월 26일

"김 의원은 연합뉴스와의 통화에서 '사내유보금이 쌓인다는 것은 기업이 투자처

를 찾지 못하고 급격하게 변화하는 세계 시장에서 도태될 확률이 커진다는 이야기' 라고 말했다." – 연합뉴스, 2016년 7월 24일

"12월 결산법인 553개사의 유보율도 1,150%로 1년 전의 1,060%보다 높아졌다. 유보율이 높다는 것은 기업들이 이익을 배당이나 투자 등에 배분하기보다 현금으로 쌓아 놓고 있다는 것을 의미한다." – 문화일보, 2010년 5월 17일

위의 신문기사들은 대학교수, 전 한국은행 총재, 정치인, 시민단체 및 기자들의 사내유보금에 대한 생각을 보여준다. 이들의 의견은 다음과 같은 가정을 기반으로 하고 있다.

첫째, 사내유보금은 기업에 현금의 형태로 존재한다.
둘째, 사내유보금의 증가는 기업의 투자 감소로 귀결된다.
셋째, 기업의 유보율이 높은 것은 사회적으로 바람직하지 않다.

2010년대 이후 재계 및 정계의 관심을 끌고 있는 사내유보금에 대한 사회적인 오해가 깊다는 것을 보여준다. 사내유보금은 회계기준, 법률 및 회계교과서에서 공식적으로 사용하는 회계 용어가 아니다. 그렇지만 실무적으로 통용되는 사내유보금은 '재무상태표의 자본 항목 중 이익잉여금과 자본잉여금을 합한 것'으로 정의된다.

사내유보금과 함께 언급되는 유보율은 이익잉여금과 자본잉여금의 합을 자본금으로 나눈 값으로 정의된다. 즉, 유보율은 사내유보금을 자본금으로 나눈 값이다.

$$\text{사내유보금} = \text{이익잉여금} + \text{자본잉여금}$$

$$\text{유보율} = \frac{(\text{이익잉여금} + \text{자본잉여금})}{\text{자본금}}$$

[토론사항 1] 회계등식(자산=부채+자본)에 근거하여, 자본잉여금과 이익잉여금의 정의에 대해 논의하라.

[토론사항 2] 회계적으로 유보율이 의미하는 바를 논의하고 어떤 경우에 유보율이 변화하는지 논의하라.

사내유보금에 대한 개념적 오해를 불식하기 위해 다음과 같은 가상의 기업 사례를 생각해 보자. 김태풍 씨는 2021년 의류도매업을 영위하기 위해 (주)화풍정을 창업하였다.

- 2021년 1월 1일, 김태풍 씨는 ₩5,000,000를 투자하고 (주)화풍정의 주식 1,000주(액면가 ₩5,000)를 받았다.
- 2021년 1월 1일, (주)화풍정은 은행으로부터 ₩3,000,000을 대출받았다.
- 2021년 2월 8일, 의류 300벌(구매단가 ₩10,000)을 현금으로 구매하였다.
- 2021년 5월 17일, 의류 100벌을 개당 ₩20,000에 신용으로 판매하였다.
- 2021년 9월 21일, 5월 17일에 판매한 100벌에 대한 대금을 회수하였다.
- 2021년 11월 25일, 의류 150벌을 개당 ₩20,000에 신용으로 판매하였다.
- 2021년 12월 9일, 액면금액 ₩5,000인 주식 500주를 ₩8,000에 신주발행하였다.
- 2021년 동안 발생한 임대료, 수도광열비, 이자 등은 모두 현금으로 발생하였고 합계 금액은 ₩1,000,000이다.

[토론사항 3] 사내유보금에 대한 첫 번째 오해는 '사내유보금이 기업에 현금의 형태로 존재한다'는 것이다. (주)화풍정의 2021년 손익계산서와 2021년 말 재무상태표를 작성하고, 사내유보금이 기업에 현금의 형태로 존재하는지 논의하라.

다음은 (주)화풍정의 2022년 거래에 대한 내용이다.

- 2022년 1월 8일, 매출채권 ₩500,000을 현금으로 회수하였다.
- 2022년 3월 15일, 의류 400벌(구매단가 ₩10,000)을 현금으로 구매하였다.
- 2022년 5월 8일, 의류 200벌을 개당 ₩20,000에 신용으로 판매하였다.
- 2022년 7월 5일, 5월 8일에 판매한 200벌에 대한 대금을 회수하였다.

• 2022년 11월 21일, 의류 200벌을 개당 ₩20,000에 현금 판매하였다.
• 2022년 동안 발생한 임대료, 수도광열비, 이자 등은 모두 현금으로 발생하였고 합계 금액은 ₩1,500,000이다.
• 2022년 12월 31일, (주)화풍정은 2022년에 벌어들인 ₩2,500,000의 이익을 모두 차량운반구를 구매하는 데 투자하였다.

[토론사항 4] 사내유보금에 대한 두 번째 오해는 '사내유보금의 증가가 기업의 투자 감소로 귀결된다'는 것이다. (주)화풍정의 2022년 손익계산서와 2022년 말 재무상태표를 작성하고, 사내유보금의 증가가 기업의 투자 감소로 귀결되는지 논의하라.

[토론사항 5] 사내유보금에 대한 세 번째 오해는 '기업의 유보율이 높은 것은 사회적으로 바람직하지 않다'는 것이다. (주)화풍정의 2021년 말 유보율과 2022년 말 유보율을 계산하고, 기업의 높은 유보율이 사회적으로 바람직하지 않은지 논의하라.

회계정보를 이용한 투자의사결정 - 초과이익할인모형

학습내용

회계의 기업가치평가모형 중 하나인 초과이익할인모형(Residual Income Valuation Model: RIV)에 대해 알아보고 간단한 사례를 통해 실제 기업의 가치평가를 진행하여 본다. 또한 위 모형을 포함하여 가치평가모형이 가지고 있는 한계점에 대해 생각해 본다.

대학에서 회계학을 전공한 J는 대학 졸업 후 자산운용사에 입사하여 1년간의 수습 기간을 보내며 담당 책임자 L의 업무를 보조하였다. J의 성실성을 눈여겨본 담당 책임자 L은 1년의 수습 기간이 지나자 J에게 유망한 기업을 스스로 선택하여 실제 투자의사결정에 참여하여 볼 것을 권유하였다.

처음으로 실제 투자의사결정에 참여하게 된 J가 투자 대상을 설정하는 데 망설이자, L은 분석 대상 기업으로 A전자, B자동차 그리고 C에너지 셋을 추천하고 이 중 가장 바람직한 투자 대상이 어딘지 분석하여 보라 지시하였다. 지시를 받은 J는 대학 시절 배운 재무제표분석 과목을 응용하여 투자 유망 종목을 선정하여 볼 계획이다.

J는 결국 기업의 주가는 기업이 달성하고 있는 이익수준에 따라 결정된다고 판단하였다. 따라서 가장 중요한 정보는 기업의 수익성이라 판단하고 대학 시절에 배운 재무제표분석 중 수익성 분석을 중심으로 판단할 계획이다. J는 수익성 지표 중 자기자본이익률이 가장 높은 기업에 투자하는 것이 바람직하다고 판단하고 A전자, B자동차, C에너지의 요약 재무제표 자료를 수집하였다. 위 세 기업의 요약 재무제표 자료와 이를 이용하여 계산한 ROE는 다음과 같다(단, ROE는 당기순이익/전년도말 자본으로 계산하였다.).

참고 1 세 기업의 요약 재무자료

A전자의 요약 재무자료

연 도	2017	2018	2019	2020
자 산	$31,000	$35,500	$40,800	$44,800
부 채	6,000	7,500	8,300	8,800
자 본	25,000	28,000	32,500	36,000
당기순이익		2,400	2,600	3,000
ROE		9.60%	9.29%	9.23%

B자동차의 요약 재무자료

연 도	2017	2018	2019	2020
자 산	$150,000	$200,000	$230,000	$275,000
부 채	70,000	90,000	110,000	125,000
자 본	80,000	110,000	120,000	150,000
당기순이익		8,000	10,500	12,000
ROE		10.00%	9.55%	10.00%

C에너지의 요약 재무자료

연 도	2017	2018	2019	2020
자 산	$160,000	$160,000	$177,000	$185,000
부 채	90,000	85,000	97,000	100,000
자 본	70,000	75,000	80,000	85,000
당기순이익		9,000	9,500	10,000
ROE		12.86%	12.67%	12.50%

J는 위와 같은 정보를 기반으로 하여 자기자본이익률이 가장 높은 C에너지를 유망한 투자 종목으로 판단하고 최근 이 세 기업의 주가 움직임을 관찰하였다. J가 수집한 자료에 의하면 위 세 기업의 주가와 주가수익률은 다음 〈표 1〉과 같다.

〈표 1〉 최근 3년간의 주가와 주가수익률

	2018	2019	2020
A전자	\$45.50(5.0%)	\$48.23(6.0%)	\$50.64(5.0%)
B자동차	34.97(5.0%)	37.42(7.0%)	38.92(4.0%)
C에너지	37.37(7.0%)	40.36(8.0%)	43.18(7.0%)

위 자료에서 보듯, 최근의 주가상승률은 C에너지가 가장 높은 것을 알 수 있었다. J는 C에너지의 높은 수익성과 최근 가장 높은 주가상승률을 기반으로 하여 투자 유망한 주식으로 C에너지를 선정하여 담당 책임자에게 사전 보고하였다.

[토론사항 1] 당신이 J의 담당 책임자 L이라면, J의 분석에 대하여 어떠한 의견을 제시할 것인가?

담당 책임자 L은 C에너지의 실적이 좋고 최근의 주가상승률이 높은 경향이 있으나, 이 두 가지 기준에 의존한 J의 분석이 지나치게 단순한 측면도 있으니, 향후에도 C에너지의 주가 상승이 예상되는지 회사 리서치팀의 자료를 참고하여 보완하라 지시하였다.

J는 리서치팀의 자료에 기반하여 세 기업의 내재가치를 구하고 이를 현재 주가와 비교하는 방식으로 향후의 주가상승 가능성을 예측하고자 한다. 이와 같은 J의 계획을 들은 L은 유용한 분석의 도구로 다음과 같은 초과이익할인모형(Residual Income Valuation Model: RIV)을 활용해 보도록 조언하였다. RIV모형은 다음과 같다.

$$V^E = B_0 + \frac{NI_1-(\rho_E-1)B_0}{\rho_E} + \frac{NI_2-(\rho_E-1)B_1}{\rho_E} + \frac{NI_3-(\rho_E-1)B_2}{\rho_E} + \cdots\cdots$$

위 모형에서 V^E는 해당 주식의 내재가치를, B_t는 주당 자본의 장부가치, NI_t는 주당순이익을 의미한다. 그리고 ρ_E는 1 + 자기자본 비용을 의미한다.

[토론사항 2] 위 RIV모형의 분자의 의미를 해석해 보자. 분자의 의미는 무엇인가?

[토론사항 3] 위 RIV모형으로 기업의 내재가치를 도출한다면, 그 값은 현재의 주가와 같

을 것이라 예상하는가? J의 입장이라면, 이 차이를 투자의사결정에 어떻게 활용할 수 있을 것인가?

J는 담당 책임자 L을 통해 리서치팀의 자료를 입수하였다. 회사 내 리서치팀에서 분석한 자료에는 각 기업과 기업이 속한 산업에 대한 분석이 들어가 있으며, 그 구체적인 내용은 다음과 같다.

참고 2 회사 리서치팀의 각 기업과 산업에 대한 전망

(1) A전자에 대한 분석자료의 일부

- 2020년 말 기준 A전자의 총유통주식수는 1,000주이며 주가는 $50.64임. A전자의 실적은 향후 5년간 꾸준히 개선될 것으로 예상. 주당 $0.2의 배당금을 지급하는 정책은 향후에도 변화하지 않을 것으로 판단됨.
- 2020년 말 A전자의 자기자본비용은 7.0%임. 전자산업은 장기적으로 연간 5.0% 수준에서 꾸준히 성장할 것으로 전망됨.
- A전자의 향후 5년간 주당순이익(EPS) 예측치는 다음과 같음.

	2021	2022	2023	2024	2025
EPS	$3.10	3.50	3.80	4.50	4.70

(2) B자동차에 대한 분석자료의 일부

- 2020년 말 기준 B자동차의 총유통주식수는 4,000주이며 주가는 $38.92임. B자동차의 실적은 향후 5년간도 지속적으로 양호할 것으로 예상. 주당 $0.4의 배당금을 지속적으로 지급할 것으로 판단함.
- 2020년 말 B자동차의 자기자본비용은 7.5%임. 자동차 내수시장의 한계로 인해 자동차산업의 장기적인 성장률은 연간 3.0% 정도가 될 것으로 예상됨.
- B자동차의 향후 5년간 주당순이익(EPS) 예측치는 다음과 같음.

	2021	2022	2023	2024	2025
EPS	$3.00	3.20	3.60	3.70	4.00

(3) C에너지에 대한 분석자료의 일부

- 2020년 말 기준 C에너지의 총유통주식수는 2,500주이며 주가는 $43.18임. C에너지는 향후 5년간 지속적으로 호실적을 거둘 것으로 예상되며 주당 $0.1의 배당금을 계속 지급할 것으로 판단함.
- 2020년 말 C에너지의 자기자본비용은 9.0%임. 에너지산업의 장기적인 성장률은 연간 4.0%정도가 될 것으로 예상됨.
- C에너지의 향후 5년간 주당순이익(EPS) 예측치는 다음과 같음.

	2021	2022	2023	2024	2025
EPS	$3.50	3.80	3.70	4.20	4.70

[토론사항 4] 회사 리서치팀의 자료와 RIV모형을 이용하여 A전자, B자동차, C에너지에 대한 가치평가를 해보자(5년 이후의 초과이익성장률은 각 산업의 장기 성장률로 가정하자.).

[토론사항 5] [토론사항 4]에 기반한 가치평가를 근거로 할 때, 어떠한 기업에 투자하는 것이 바람직하다고 판단되는가? 만일 투자 대상 기업이 수익성 분석에 기반하였을 경우와 바뀌었다면, 그 이유는 무엇인가?

[토론사항 6] RIV모형에 의한 가치평가의 문제는 무엇이라 생각하는가?

CHAPTER 3

주요 회계이슈

- K-IFRS 적용에 있어서 판단이 필요한 회계이슈
  - 수익인식, 무형자산, 선불카드
- K-IFRS 적용에 있어서 판단이 필요한 회계이슈
  - 판매촉진, 리스, 세금
- K-IFRS 적용에 있어서 판단이 필요한 회계이슈
  - 펀드, 암호화폐, 비상장주식
- 연구개발비 회계처리 사례 - 제약회사를 중심으로
- 이익조작지수를 활용한 이익조작예측, big data 활용
- 사회기반시설 민간투자사업
- 기후변화와 탄소회계
- 남양유업의 대리인 문제와 지배구조
- 재무제표에 없는 3가지 정보, ESG 경영을 달성하고 있는가?
  - 이아름드리 코스메틱

회계는 살아있는 현실세계와 함께 움직인다

본 장은 사회적 이슈와 관련된 회계사례들을 살펴보는 것에 중점을 둔다. 인간이 경제활동을 하면서 필연적으로 생겨난 회계는 사회, 산업 및 자본시장의 변화를 반영하는 사회적 산물이다. 예를 들어, 자본시장에서 투자자의 관심이 높은 제약·바이오 산업은 대표적인 고위험·고수익 분야이다. 특히 연구개발비에 대한 회계처리에 따라 기업의 손익이 좌우되며 자본시장에 미치는 여파도 작지 않다. 이에 본 장에서는 사회적 이슈가 되고 있는 연구개발비 회계처리, 탄소회계, 이익조작 예측, 사회기반시설 민간투자사업 및 판단이 필요한 회계이슈들에 대해 살펴본다.

K-IFRS 적용에 있어서 판단이 필요한 회계이슈 – 수익인식, 무형자산, 선불카드

학습내용

본 사례는 학생들이 정해진 주제에 대해 설명하고 있는 회계 교과서를 벗어나서 명확한 기준이 제시되지 않은 현장의 실질 사례를 통해 관련된 회계기준을 직접 찾아보고 회계처리를 판단할 수 있는 힘을 기르는 것을 목표로 한다. 특히 회계기준에 제시되어 있지 않은 회계적 사건이 발생한 경우 개념체계에서 제시하고 있는 정의 및 경제적 실질을 고려하여 적절한 회계처리를 토론하고 고민해 봄으로써 회계적으로 발생할 수 있는 실제 이슈들에 대한 이해를 높이고자 한다. 본 사례는 특히 수익인식 및 판촉활동에서 발생할 수 있는 사안에 대한 회계처리를 다룬다.

* 공개된 금융감독원 및 회계기준원 질의회신 내용 및 금융감독원 감독지침을 일부 수정하여 작성되었음.

(주)아리오는 오락용 게임기 및 게임 소프트웨어 판매를 주요 사업으로 하는 회사이다. 전국의 주요 도시 5곳에 직영점을 두고 있으며, 그 외 전자기기 판매를 업종으로 하는 회사와 가맹점 계약을 체결하여 전국 가맹점 100곳에서 고객에게 직접 판매하고 있다. 게임기 및 주변기기는 고객이 체험하고 확인한 후 구매할 수 있도록 직영점 및 가맹점에서만 판매하고 있으며, 게임 소프트웨어는 오프라인 매장 외에도 회사 홈페이지에서 온라인으로도 판매한다. 회계팀장인 김한국 씨는 5년 전 회계팀장으로 입사하여 회계를 총괄하고 있다. 처음 입사할 당시에는 회사 규모가 크지 않아 결산 시 별다른 문제가 없었다.

그러나 3년 전 신규 게임을 출시한 이후 10대 청소년 사이에서 폭발적인 반응이 나타나 회사의 매출 규모가 커지고, 특히 내년도에 새로운 게임 출시를 앞두고 회사가 적극적으로 영업 및 투자정책을 펼치면서 여러 회계처리상 이슈가 발생하고 있다.

1월 5일 김한국 씨는 12월 말 기준 결산을 하고 있다. 그 과정에서 아래 사항들에 대한 회계처리를 어떻게 해야 할지 고민이다. 회사는 코스닥 상장을 목표로 하고 있어 한국채택국제회계기준을 적용하여 회계처리하고 있는데, 기준을 찾아보아

도 어떤 조항을 적용해야 할지 막막하여 전문가의 조언이 필요한 상황이다. 여러분이 회계전문가라고 생각하고 한국회계기준원에 제시되어 있는 한국채택국제회계기준 조항을 직접 찾아 함께 토론해 보자.

[사안 1] 선불카드 미사용충전액 회계처리

(주)아리오는 마케팅 활동의 일환으로 회사의 가맹점에서 사용할 수 있는 10만원권 선불카드를 1% 할인하여 판매하고 있다. 선불카드를 구매한 고객은 선불카드 금액을 한도로 가맹점에서 나누어 사용할 수 있다. 고객이 가맹점에서 선불카드를 사용하면 해당 가맹점에서는 (주)아리오에게 한 달 내 결제금액에 대한 지급 요청을 한다. (주)아리오는 가맹점에서 요청한 날로부터 10일 내 현금을 지급하는 것을 원칙으로 하고 있다.

[토론사항 1] 10월 1일 회사가 선불카드를 1억원어치 판매하였을 때 어떻게 회계처리해야 하는지 회계기준을 찾아서 제시해 보라.

[토론사항 2] 판매한 선불카드의 유효기간은 5년이다. 5년이 지나면 그 이후에는 상법상 소멸시효도 지나서 회사가 지급할 책임은 없다. 5년이 지난 후 미사용 잔액은 매년 5% 정도 발생하고 있다. 이 경우 해당 미사용 잔액은 어떻게 회계처리하여야 하는지 관련 회계기준을 찾아 제시해 보라.

[토론사항 3] 선불카드의 상법상 소멸시효는 5년이지만, 회사는 선불카드를 구매한 고객이 5년이 지나 가맹점에서 사용하더라도 가맹점에 사용대금을 지급하고 있다. 이 경우 다음 중 미사용충전금에 대한 회계처리는 다음 중 어떻게 하는 것이 적절한가?

- 대안 1. 상법상 소멸시효인 5년이 지난 경우 금융부채를 제거하고 이익으로 처리하고, 일부 고객이 해당 카드를 사용하여 회사가 지급해야 할 금액을 합리적으로 추정하여 충당부채로 계상함.
- 대안 2. 상법상 소멸시효가 완성되었더라도 회사는 지급할 의사가 있으므로 금융부채를 제거하지 않고 계상함.

* 관련 회계기준
  - K-IFRS 제1109호 금융상품, K-IFRS 제1032호 금융상품: 표시
  - K-IFRS 제1039호 금융상품: 인식과 측정
  - K-IFRS 제1037호 충당부채, 우발부채, 우발자산

[사안 2] 홈페이지 및 우편 카탈로그 제작비용 회계처리

(주)아리오는 회사 및 제품을 소개하는 회사 홈페이지와 소프트웨어 구매를 할 수 있는 온라인 쇼핑몰을 각각 별도로 운영 중이다. 현재 회사가 심혈을 기울여 개발 중인 새로운 게임 소프트웨어는 거의 완성단계에 있으며, 내년 초에 출시할 계획이다. 이에 제품 홍보 및 판매촉진을 위해 홈페이지와 온라인 쇼핑몰 모두 대대적으로 리뉴얼하기로 하였다.

올해 6월부터 제품개발부서와 IT, 마케팅, 기획팀 실무진이 모두 모여 홈페이지와 온라인 쇼핑몰의 디자인 및 기능을 어떻게 수정 및 보강할 것인지 여러 차례 협의해왔다. 그 결과 9월 1일 업무 범위 및 방향을 최종 결정하고 경영진 승인을 받았다. 제작 기간은 6개월 소요 예정이며, 비용은 홈페이지와 쇼핑몰 각각 1천 5백만원씩 총 3천만원을 예상하고 있다. 관련 비용은 계획단계에서 20%, 응용프로그램과 그래픽 디자인 및 콘텐츠 개발단계에서 70%, 마무리하는 단계에서 10%가 발생할 것으로 예상된다.

또한 기존 고객을 대상으로 새로운 게임을 홍보하기 위한 여러 마케팅 대안을 함께 검토하던 중, 우선 현재 온라인 쇼핑몰에 회원 가입이 되어 있거나 오프라인 가맹점에서 구매 이력이 있고 개인정보를 제공한 회원들을 대상으로 우편 카탈로그를 제작하여 출시일 직전에 송부하기로 하였다. 우편 카탈로그에는 현재 판매되고 있는 게임기 및 게임 소프트웨어의 소개가 포함되어 있으며, 우편으로 주문 시 사용할 수 있는 할인쿠폰도 동봉할 예정이다. 회사는 해당 카탈로그를 만들고 발송하는 데 1천만원이 소요될 것으로 예측하고 있다.

[토론사항 1] 김한국 씨는 홈페이지 및 온라인 쇼핑몰 개선 작업에 대한 원가를 어떻게 회계처리하여야 할지 고민 중이다. 관련 회계기준을 찾아 어떻게 회계처리하여야 할지 논의해 보자.

[토론사항 2] 김한국 씨는 우편 카탈로그 원가에 대한 회계처리방법을 논의하기 위해 회의를 소집하였다. 그런데 회계 담당 직원인 김 대리와 박 대리는 아래와 같이 서로 다른 의견을 제시하였다.

김 대리: "우편 주문 카탈로그는 광고 및 판매촉진을 위한 것이므로 비용으로 처리해야 합니다."

박 대리: "우편 주문 카탈로그는 회사 판매 유통망을 강화하기 위한 것으로 K-IFRS 1038에 의거하여 무형자산으로 처리해야 합니다."

누구의 의견대로 회계처리하는 것이 적절할지 해당 조문을 찾아 토론해 보자.

* 관련 회계기준

- K-IFRS 제1038호 무형자산
- K-IFRS 제2032호 웹사이트 원가

[사안 3] 무상수리 및 포인트 회계처리

회사는 고객이 게임기를 구매한 후 1년간은 고장 및 오류 발생시 무상으로 수리해주는 정책을 시행하고 판매 시 고지하도록 하고 있다. 또한 게임 프로그램 구매 시 최대 5%까지 포인트를 적립해주고, 해당 포인트는 1포인트당 1원으로 추후 게임 구매 시 사용할 수 있도록 하고 있다. 포인트의 유효기간은 1년이다.

[토론사항 1] 무상수리 및 포인트 관련하여 회계처리가 필요한지 논의해 보자.

[토론사항 2] 필요하다면, 어떻게 회계처리를 하는 것이 적합한지 토론해 보자.

* 관련 회계기준

- K-IFRS 제1115호 고객과의 계약에서 생기는 수익

K-IFRS 적용에 있어서 판단이 필요한 회계이슈 – 판매촉진, 리스, 세금

학습내용

본 사례는 판단이 필요한 회계이슈 두 번째 사례이다. 첫 번째 사례와 마찬가지로 학생들이 주어진 회계실무 상황에서 어떠한 회계기준을 적용해야 하는지 직접 찾아보고, 명확한 기준이 없는 경우 어떻게 회계처리하여야 할지 판단할 수 있는 능력을 키우는 것을 목표로 한다. 또한 최근 뉴스에서 접할 수 있는 회사의 주요 회계처리에 대한 다른 의견이 왜 발생하는지 이해할 수 있도록 한다. 본 사례는 특히 판매촉진, 리스 및 세금 회계처리를 다룬다.

* 공개된 금융감독원 및 회계기준원 질의회신 내용을 일부 수정하여 작성되었음.

한국약품(주)는 여러 질병에 대한 복제약의 제조 및 판매를 주 업종으로 하는 제약회사이다. 서울에 본사를 두고 있으며, 공장 및 연구소는 경기도 지역에 위치하고 있다. 전국 대형 병원 및 약국에서의 판매를 위하여 국내 주요 도시에 지사를 두고 있는데, 현재 전국에 총 12개(서울 북부, 서울 남부, 인천, 천안, 대전, 부산, 충주, 울산, 대구, 광주, 전주, 강릉)의 지사가 있다. 본사 건물은 30년 전 4층 건물을 구매하여 사용하고 있으며, 공장 및 연구소는 10년 전 서울 근교에 토지 구입 후 건물을 지어 사용하고 있다. 국내 각 주요 도시에 위치한 12개 지사는 산업의 동향이나 회사 상황 및 해당 지역 판매율에 따라 다른 지사와 합치기도 하고 추가로 더 생기거나 없어질 수도 있기 때문에, 건물이나 상가를 구매하지는 않고 2년 계약으로 임차하여 사용 중이다.

회사가 주요 제품으로 생산하고 있는 복제약 시장은 진입장벽이 낮아 판매 경쟁이 치열하다. 제품을 제조하기 위한 재료와 배합비율, 공정이 모두 공개되어 있어 제조과정이 크게 어렵지 않으므로, 회사의 이익을 증가시키기 위해서는 각 지역의 중대형 병원 고객을 확보하는 것이 가장 중요하다. CFO인 김갑수 씨는 현재 회계 및 자금, 세무를 총괄하고 있다. 경쟁이 치열한 업종 특성상 최근 회사가 적극적으로 영업 및 투자정책을 펼치면서 여러 회계 및 세무상 이슈가 발생하고 있어 걱정이 많다. 특히 작년에는 국세청으로부터 정기 세무조사를 받아 부가가치세 관련 추징금을 납부하였기 때문에, 추후 이러한 문제가 발생하지 않도록 주의하고 있다. 한국약품(주)는 12월 말 결산법인으로, 김갑수 씨는 12월 말 현재 연말 결산을 준비하면서 다음의 사안에 대한 회계처리를 고민 중이다.

[사안 1] 판매촉진을 위한 상품 구매비용의 회계처리

회사는 판매하고 있는 복제약의 판매를 촉진하기 위하여 여러 마케팅 활동을 진행하고 있다. 그 중 일환으로 올해는 대형 종합병원에 근무하는 의사들로 구성된 각 의료 분야별 학회를 주기적으로 후원하기로 하였다. 학회 관계자들과 회사 담당자가 모여 후원방법을 함께 논의한 결과, 학회에서 배부할 경품을 한국약품(주) 이름으로 제공하기로 하였다. 경품 항목은 노트북, 냉장고, 에어컨, 시계로 정하였다. 동 사항으로 한국약품(주)과 대형 종합병원 또는 개인 의사 사이에 별도로 체결한 계약은 없으며, 단순 후원형태이다. 한국약품(주)은 올해 11월 개최가 예정되어 있던 학회에 해당 경품을 제공하고자 10월에 해당 물품을 1억원어치 구입하였다. 그러나 여러 이유로 학회의 규모가 크게 축소되어, 구입한 물품 중 절반만 배부되었다. 이에 학회 관계자와 논의하여 남은 물량은 내년 1월에 열리는 서울 및 부산지역 타 학회에서 배부하기로 하였다. 남은 상품의 원가는 구매비용의 절반인 5천만원이다. 김갑수 씨는 보고기간 말 현재 남아있는 해당 상품을 어떻게 회계처리하여야 할지 고민이다. 회계 직원들은 회계처리 항목으로 재고자산, 비용, 무형자산 중 어떤 것으로 해야 할지 의견이 분분하다.

[토론사항 1] 직원들이 주장하는 근거를 생각해서 제시해 보자.

[토론사항 2] 여러분이 회계전문가라면 어떻게 회계처리하여야 할지 함께 토론해 보자.

* 관련 회계기준

- K-IFRS 1038 무형자산

[사안 2] 리스기간 산정

한국약품(주)은 본사 및 연구소, 공장 건물은 구매하여 사용하고 있으나, 전국 각 지역의 지사 건물은 해당 지역의 상가건물을 임차하여 사용하고 있다. 일방적인 계약 연장 파기를 최대한 피하기 위해 건물 소유주는 부동산임대업을 주 업종으로 하는 개인 또는 주식회사만을 대상으로 하고 있으며, 임대차 계약은 표준계약서를 따라 2년마다 갱신한다. 한국약품(주)은 해당 계약을 리스회계기준을 적용하여 회계처리하고 있다. 계약기간은 2년마다 갱신되고 계약 연장에 대한 확신이 없으므로, 리스기준에 따른 리스기간 연장선택권이 있는 것으로 보기 힘들다고 판단하여 리스기간은 계약기간인 2년으로 적용하고 있다. 그러던 중, 상가건물임대차보호법(이하 상가임대차법)이 발효되었다. 상가임대차법에 따르면 임차인은 전체 임대기간이 10년을 초과하지 않는 범위에서 계약갱신을 요구할 수 있다. 대신 계약갱신 시점에 임대인은 월세 및 보증금을 조정하여 청구할 수 있다. 단, 보증금이 상가임대차법에서 정한 환산보증금을 초과하지 않는 경우 5%를 초과하여 증액할 수 없으며, 보증금이 환산보증금을 초과하는 경우 증액 한도는 없다.

[토론사항 1] 상가임대차법에 따른 계약갱신요구권을 기업의 리스기간 연장선택권으로 보고 리스기간을 산정할 수 있을지 토론해 보자.

[토론사항 2] 김갑수 씨는 각 상가의 리스기간을 어떻게 산정하여 회계처리하여야 할지 토론해 보자.

* 관련 회계기준

- 기업회계기준서 1116호

[사안 3] 세무조사 후 추징액 회계처리

회사는 작년 국세청으로부터 정기 세무조사를 받았다. 조사과정에서 부가가치세 부분에서 문제가 있다고 지적을 받아 가산세 포함 3억원의 세금 추징을 통지받았다. 이에 올해 초 해당 세금 및 가산세를 일단 전액 납부한 후 소송을 위해 세무법인과 논의 중이다. 세무법인에서는 관련 법규 및 과거 판례를 고려할 때, 승소 가능성이 매우 높다는 의견을 제시하였고, 회사에서는 세무법인의 구체적인 의견서를 포함하여 확인 가능한 모든 사실을 검토해 볼 때 환급 가능성이 높다는 판단을 하고 있다.

[토론사항 1] 회사는 세금 및 가산세 환급예상액을 자산으로 인식하여야 하는가? 아래에 제시된 관련 회계기준을 찾아보고 어느 기준에 근거하여 판단을 내려야 할지 논의해 보자.

* 관련 회계기준

- K-IFRS 제1012호 법인세
- K-IFRS 제1037호 충당부채, 우발부채, 우발자산
- K-IFRS 1008 회계정책, 회계추정의 변경 및 오류
- 재무보고를 위한 개념체계

[토론사항 2] 위 사항과 관련하여 재무제표에 인식할 부채가 있을지 논의해 보자.

K-IFRS 적용에 있어서 판단이 필요한 회계이슈 – 펀드, 암호화폐, 비상장주식

학습내용

본 사례는 판단이 필요한 회계이슈 마지막 사례이다. 앞 사례와 마찬가지로 학생들이 회계실무 상황에서 회계기준에 명확한 조항이 없는 경우 회계기준서에 근거하여 적절한 회계처리를 제시할 수 있는 힘을 기르는 것을 목표로 한다. 본 사례는 특히 펀드, 암호화폐, 비상장주식에 대한 투자 회계처리를 다룬다.

* 공개된 금융감독원 및 회계기준원 질의회신 내용 및 금융감독원 감독지침을 일부 수정하여 작성되었음.

(주)박주부는 음식점 프랜차이즈 회사이다. 최근 (주)박주부의 프랜차이즈 음식점 중 하나인 "불마라떡구이"에서 판매하고 있는 메뉴들이 젊은 층에게 큰 인기를 끌면서, 해당 메뉴들을 다양하게 먹으면서 인스타 등 SNS 인증샷을 올리는 것이 유행처럼 번지고 있다. 적정한 가격에 특이한 플레이팅, 그리고 다양한 매운맛이 중독성이 있다는 평이 지배적이다. 특히 홍대, 강남역, 해운대 등 젊은 층이 많이 찾는 장소에서 "불마라떡구이" 매장 오픈에 대한 수요가 증가하면서 작년 대비 전국적으로 매장 수가 30% 증가하였다. 수익성도 좋아 현재 신규 매장을 제외한 대부분의 매장에서 이익이 발생되고 있다.

이 외에도 다른 프랜차이즈 매장도 정상적으로 무난히 영업이 이루어지고 있다. 이에 (주)박주부의 매출 및 현금유입은 올해 크게 증가한 상황이다. 그러나 아직 새로운 프랜차이즈 사업에 대한 계획은 없어, 사업통장에 예금형태로 예치해 둔 여유자금 규모가 상당히 크다. 이에 (주)박주부의 재무팀장인 정주영 씨는 6월경 여유자금을 운용할 투자처를 찾기 위해 회사 근처에 있는 여러 투자은행들과 지인들을 만나 논의하였다. 그 결과 최근 가격이 크게 오르고 있는 펀드와 암호화폐에 일부 자금을 투자하였다. 또한 성장성이 있다고 판단되는 산업에서 핵심 기술력을 가지고 있는 유망한 벤처기업에 대한 투자도 검토하고 있다.

결산일 회계처리

결산일 현재 정주영 씨는 투자한 펀드와 암호화폐의 가격이 취득가액 대비 크게 올라 성과평가를 잘 받을 수 있을 것 같아 기분이 좋다. 그러나 관련 회계처리를 회계기준에서 어떻게 찾아야 할지 몰라 고민 중이다. 또한 비상장주식은 평가를 어떻게 해야 할지 난감하다. 아래 각 사안에 대하여 여러분이 회계전문가라고 생각하고 한국회계기준원에 제시되어 있는 한국채택국제회계기준을 직접 찾아 함께 토론해 보자.

[사안 1] 펀드 투자액 회계처리

(주)박주부는 올해 6월 중국 주식시장이 저평가되어 있다고 판단하여 CSI300 ETF에 투자하였다. CSI300 지수는 상해거래소 종목 70%, 심천거래소 종목 300%로 구성되어 있는 지수이다. (주)박주부가 투자한 펀드는 중국 CSI300 지수를 구성하는 종목들로 구성되어 해당 지수의 수익률을 따르도록 설계되어 있으며, 한국거래소에 상장되어 있다.

해당 펀드의 종목이 거래되는 중국 상해 및 심천거래소 주식시장 마감시간은 4시이고, 한국 주식시장 마감시간은 3시 30분이다. 6월에 주당 8,990에 구매한 이후 결산일 현재 장중 최고 11,390까지 올라 25% 이상의 수익률을 나타내고 있다. 6월 구매 이후 결산일까지의 수익률 추이는 다음의 그림과 같다.

정주영 씨는 자신이 제안한 투자가 좋은 실적을 내고 있어서 기분이 매우 좋다. 그러나 이와 별개로, 결산 시점에서 해당 ETF를 어떻게 회계처리하여야 할지 명확하지 않아 고민 중이다.

[토론사항 1] 해당 ETF를 어떤 계정으로 회계처리해야 할지 관련 회계기준을 찾아 논의해 보자.

[토론사항 2] 해당 ETF를 기말 결산 시 어떻게 평가하여 금액을 기록해야 하는지 관련 회계기준을 참고하여 제시해 보자.

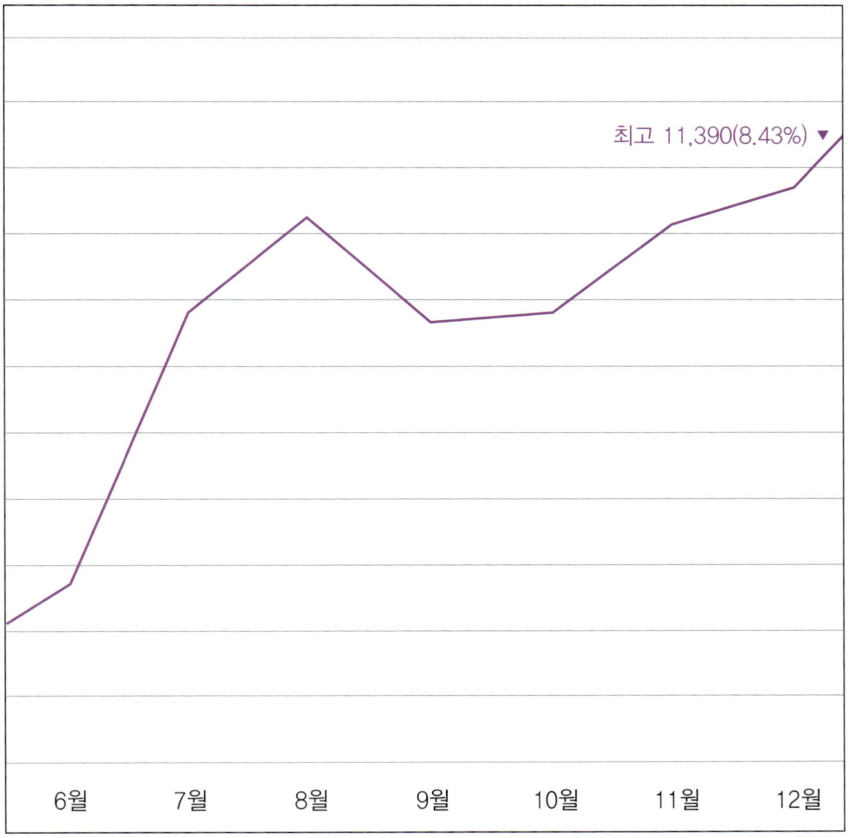

[토론사항 3] 한국거래소에서 12.31 장 마감시간인 3:30에 보고한 기준가는 주당 11,099.64원이다. 그러나 3:30 이후 중국 시장이 하락하여 중국 시장에서는 3:30 대비 4시에 1% 하락한 수치로 장을 마감하였다. 그렇다면 회사는 아래 두 가지 대안 중 해당 ETF를 얼마로 평가하여 보고하여야 할지 토론해 보자.

- 대안 1. 한국거래소 시장의 최종 공시가격을 기준으로 평가
- 대안 2. CSI300 지수 종목이 거래되는 중국거래소의 최종 공시가격을 반영하여 평가

[토론사항 4] 만일 한국거래소 장 마감시간 이후 중국에 큰 문제가 생겨 주가가 15% 급락했다고 가정해 보자. 이 경우 회사는 ETF를 얼마로 평가하여 보고하여야 할지 관련 회계기준을 찾아 토론해 보자.

* 관련 회계기준

- K-IFRS 1109 금융상품, K-IFRS 1113 공정가치 측정

[사안 2] 암호화폐 회계처리

(주)박주부는 암호화폐가 미래 중요한 자산이 될 것으로 판단하여 거래소를 통해 투자가치가 있을 것으로 판단되는 코인을 선별하여 총 1억을 투자하였다. (주)박주부가 투자한 암호화폐는 보안을 위해 암호화되어 기록된 것으로 국가에 의해 발행되지 않았고, 회사와 다른 당사자 간의 계약을 발생시키지 않는 성격을 지닌다. 결산일 현재 정주영 씨는 해당 투자금액을 어떻게 회계처리해야 할지 명확한 기준이 없어 고민 중이다.

[토론사항 1] 회계기준상 암호화폐에 투자한 금액을 회사의 자산으로 기록할 수 있는지 검토해 보자.

[토론사항 2] 암호화폐 투자액을 자산으로 기록한다면 아래 자산 항목 중 어떤 것으로 기록하는 것이 적절할 것으로 판단되는가? 아래 각 항목의 정의를 찾아보고, 그 정의에 가장 부합하는 것이 어떤 것일지 토론해 보자.

- 대안 1. 현금 및 현금성자산
- 대안 2. 금융자산
- 대안 3. 재고자산
- 대안 4. 유형자산
- 대안 5. 무형자산

* 관련 회계기준

- 재무보고를 위한 개념체계, K-IFRS 제1032호 금융상품-표시
- K-IFRS 1007호 현금흐름표
- K-IFRS 제1002호 재고자산, K-IFRS 제1038호 무형자산

[사안 3] 비상장주식 회계처리

회사는 바이러스 및 제약 사업이 향후 전망이 있을 것으로 보고, 장기적인 관점에서 바이오산업에 투자하기로 하였다. 이사회에서 관련 업종 회사 중 개발 가능성 및 사업성이 있다고 판단되는 회사 3곳을 선정하여 심층 논의한 끝에, 암 추적 약품을 개발하는 비상장기업인 (주)코나에 투자하기로 하였다. (주)박주부는 올해 9월 해당 기업의 주식 10%를 1억원에 매입하였다.

(주)코나는 관련 전공 박사 3명과 석사 2명이 3년 전 창업한 회사이다. 현재 제품 개발은 상당히 진행된 상태이나 아직 완성된 제품은 없어 수익은 나지 않고 있다. 9월 매입 당시 정주영 씨는 회사가 해당 주식을 단기에 매매할 계획이 없으므로 공정가치-기타포괄손익 금융자산으로 분류하였다.

[토론사항 1] (주)코나는 창업 초기단계로 결산일 현재 아직 제품을 개발 중인 상황이라 기업의 가치평가에 충분한 정보를 찾기 어려운 상황이다. 해당 주식에 대하여 가장 적절한 평가방법은 어떤 것이 있을지 토론해 보자. 또한 관련 기준 및 지침을 찾아 어떤 조항에 근거하여 결론을 내렸는지도 제시하도록 한다.

[토론사항 2] 2년 후 기말 시점 (주)코나가 개발하고 있던 의약품의 개발이 성공적으로 완료되었다고 생각해 보자. 임상 1상도 순조롭게 진행되고 있어 1년 안에 완료할 예정이다. 또한 관련 바이오 시장도 수요가 크게 증가하여 당초 예상했던 규모보다 두 배 가량 커진 상태이다. 이때 기말 시점에서 (주)코나의 주식은 어떻게 평가해야 하는지 금융상품 회계기준 및 지침을 찾아 토론해 보자. 어떤 조항에 근거하여 결론을 내렸는지도 제시하도록 한다.

＊ 관련 회계기준

- K-IFRS 제1109호 금융상품
- (참고) 금융감독원 감독지침

연구개발비 회계처리 사례: 제약회사를 중심으로

학습내용

본 사례는 제약·바이오 산업의 회계처리에서 지속적으로 논란이 되어 온 연구개발비의 회계처리에 대하여 살펴본다.

상당수의 제조기업은 장기적인 발전 및 기업가치 제고를 위하여 활발한 연구개발활동을 수행한다. 특히 제약·바이오 업종에 속한 기업들은 연구 및 개발 활동(R&D)에 대한 투자와 성공이 기업의 지속 가능성에 가장 중요한 요소 중 하나이므로, 기업의 총지출액 중 연구개발에 투자하는 금액의 비중이 상당히 크다. 그러나 이러한 연구개발에 대한 투자는 업종 특성상 대부분 성공 여부가 확실하지 않다. 신약을 개발하는 경우 첫 단계인 후보물질 탐색부터 마지막 단계인 승인까지 업계 평균 15년의 기간 및 1조원 이상의 자본이 투입되지만, 성공 가능성은 평균 0.01%에 불과할 정도로 낮다.[1)] 또한 막대한 자금 및 시간이 투자된 여러 신약 후보 물질 중 하나가 겨우 개발에 성공한다 하더라도 생각보다 많은 판매로 연결되지 않는 경우도 상당하다. 따라서 제약·바이오 업종 회계처리에서는 이러한 연구개발비 지출을 미래 경제적 효익을 가져올 무형의 자산으로 인정할 것인지, 아니면 당기 비용으로 처리할 것인지가 가장 큰 논란이 되어 왔다.

연구개발비 회계처리

연구 및 개발 활동에 대한 지출은 한국채택국제회계기준 제1038호 무형자산을 따라 회계처리한다. 동 회계기준 문단 54-56에서는 연구(또는 내부 프로젝트의 연구단계)에서 발생한 지출은 발생시점에 비용으로 인식하도록 규정하고 있다. 또한 문단 57에서는 개발활동(또는 내부 프로젝트의 개발단계)에서 발생한 지출은 다음 사항을 모두 제시할 수 있는 경우에만 무형자산으로 인식하고 나머지는 모두 비용처리하도록 하고 있다.

1) 한국제약바이오협회에서 발간한 2017 한국 제약산업 길라잡이 참고.

- 무형자산을 사용하거나 판매하기 위해 그 자산을 완성할 수 있는 기술적 실현 가능성
- 무형자산을 완성하여 사용하거나 판매하려는 기업의 의도
- 무형자산을 사용하거나 판매할 수 있는 기업의 능력
- 무형자산이 미래 경제적 효익을 창출하는 방법. 그중에서도 특히 무형자산의 산출물이나 무형자산 자체를 거래하는 시장이 존재함을 제시할 수 있거나 또는 무형자산을 내부적으로 사용할 것이라면 그 유용성을 제시할 수 있다.
- 무형자산의 개발을 완료하고 그것을 판매하거나 사용하는 데 필요한 기술적, 재정적 자원 등의 입수 가능성
- 개발과정에서 발생한 무형자산 관련 지출을 신뢰성 있게 측정할 수 있는 기업의 능력

해당 원가는 동 기준 문단 66에 따라 자산의 창출, 제조 및 경영자가 의도하는 방식으로 운영될 수 있게 준비하는 데 필요한 직접 관련된 모든 지출을 포함한다. 공시에 대한 문단 118 및 126에 따라 개발비로 자산화된 금액은 당기 증감 금액을 제시하여야 하며, 당기에 비용으로 인식한 연구와 개발 지출의 총액도 공시하도록 하고 있으므로 외부 정보이용자는 감사보고서 등을 통해 이러한 정보를 얻을 수 있다.

2018년 연구개발 회계처리에 대한 논란의 시작

2018년 1월 19일 독일 투자은행인 도이체방크는 당시 코스닥 시총 1위 상장사였던 셀트리온의 연구개발비 회계처리가 모호함을 지적하면서 해당 기업의 목표주가를 87,200원으로 제시하였다. 전일 종가가 294,236이었음을 고려할 때, 1/3 수준의 목표 주가를 제시한 셈이다. 도이체방크는 낮은 목표 주가를 제시한 구체적인 이유로 셀트리온의 영업이익률은 57%(2016년 당시)로 해당 산업에서 매우 높은 수준이나, 무형자산으로 자산화한 연구개발비를 글로벌 경쟁사 평균 수준 비율로 처리하면 영업이익률이 30% 중반 수준으로 떨어지게 된다고 언급하였다. 즉 영업이익률, 즉 수익성의 지속 가능성이 의심된다는 것이다. 이에 따라 이틀간 셀트리온의

주가는 10% 이상 급락하였으며,[2] 제약·바이오 업계 전반적인 연구개발비 회계처리에 대한 논란이 가중되었다.

이후 같은 해 3월 시가총액 2조원의 코스닥 상장사 차바이오텍이 연구개발 회계처리 문제로 외부 감사인인 삼정회계법인에 한정의견을 받았다. 한정의견의 이유는 2017년 무형자산으로 분류한 연구개발비 중 약 14억은 비용처리되어야 한다는 것이었으며, 차바이오텍은 3개 사업연도 연속 영업손실이 발생하여 2017년에도 손실이 발생하는 경우 관리종목으로 지정될 위기였다. 해당 감사보고서가 공시된 이후 차바이오텍의 주가는 절반으로 하락하고, 연구개발비 회계처리에 대한 의문이 높아지면서 주요 제약 바이오주의 주가가 큰 폭으로 동반 하락하였다.[3]

연구개발 회계처리 감독 지침 및 테마감리

제약·바이오 업종에서의 연구개발비 회계처리 논란이 지속되자 2018년 9월 19일 금융위원회 산하 증권선물위원회는 '제약·바이오 기업의 연구개발비 회계처리 관련 감독지침'을 발표하고 해당 기업 22개사에 대한 테마감리를 실시하였다. 또한 2018년 회계연도까지를 계도기간으로 하여 해당 회계연도에 오류를 수정하는 경우 별도 조치하지 않겠다고 공지함으로써 2019년 회계연도부터 제약·바이오 기업의 회계처리 관련 오류에 대해 적극적으로 지적할 가능성을 높였다.[4] '제약·바이오 기업의 연구개발비 회계처리 관련 감독지침'은 약품 유형별로 개발비를 자산화할 수 있는 단계를 설정하여 제시한다. 개발 단계를 (1단계) 후보물질 발굴 → (2단계) 전임상시험 → (3단계) 임상 1상 → (4단계) 2상 → (5단계) 3상 → (6단계) 정부승인으로 볼 때 지침에서 제시한 자산화가능 단계는 다음과 같다.

---

2) 1월 19일 도이체방크의 보고서가 발표되자 265(천원)으로 마감한 이후 22일 종가 259(천원)까지 하락하였다.

3) 2018년 1월 31일 종가 38,850원이었던 주가는 3월 30일 종가 19,700원까지 하락하였다.

4) 한국제약바이오협회가 개최한 "개정 외부감사법 설명회" 2019.4.23. 참고.

유 형	자산화 가능 단계	설정 근거
신 약	임상 3상 개시 승인	장기간 다수의 환자를 대상으로 시험약의 안전성·약효에 대한 검증을 거치지 않은 상태(임상 3상 개시 승인 이전)에는 일반적으로 자산가치의 객관적 입증이 어려울 것으로 판단됨. 미국 통계에 의하면 최근 10년간 임상 3상 개시 승인 이후 정부 최종 승인율이 약 50%
바이오 시밀러	임상 1상 개시 승인	정부가 오리지널약과의 유사성 검증자료를 확인하지 않은 상태(임상 1상 개시 승인 이전)에서는 일반적으로 자산가치의 객관적 입증이 어려울 것으로 판단됨. 미국 연구결과 임상 1상 개시 승인 이후 최종 승인율 약 60%
제네릭	생동성시험(오리지널 약품과 생체이용률이 통계적으로 동등한지 검증)계획 승인	정부가 오리지널약과의 화학적 동등성 검증자료를 확인하지 않은 상태에서는 일반적으로 자산가치의 객관적 입증이 어려울 것으로 판단됨
진단 시약	제품 검증(허가신청, 외부 임상신청 등)	외부의 객관적인 제품검증이 없는 상태에서는 일반적으로 자산가치의 객관적 입증이 어려울 것으로 판단됨

동 지침에서는 프로젝트별 개발활동과 직접 관련 있는 원가만 자산으로 계상해야 하며, 자산화한 금액은 개발 단계별로 주석으로 상세 공시하도록 규정하였다. 이러한 지침에 따라 재무제표를 재작성함에 따라 관리종목으로 분류될 가능성이 있는 기업의 경우 부작용을 최소화하기 위해 기술특례상장기업 요건에 준하여 상장유지요건 특례를 적용하여 지원하는 예외 조항도 두었다.

제약·바이오 업계 전망과 한국의 상황

제약·바이오 업계는 세계적으로 크게 성장하고 있는 추세이다. 한국제약바이오협회에서 발간한 '2017한국제약산업길라잡이'에 따르면, IMS Health는 2015년 10,690억 달러 규모의 의약품 시장이 2020년 14,300억 달러 규모로 성장할 것으로 전망하였으며 코로나 등의 특수상황과 더불어 성장세는 더욱 가파른 상황이다. 그러나 한국 제약회사의 시장점유율은 지속적으로 1%대에 머물고 있다.

제약·바이오 산업에서 고부가가치 산업은 신약 개발에서 나온다. 그러나 신약을 개발하고 출시하기 위해서는 성공을 확신할 수 없는 연구 및 개발 활동에 지속적으

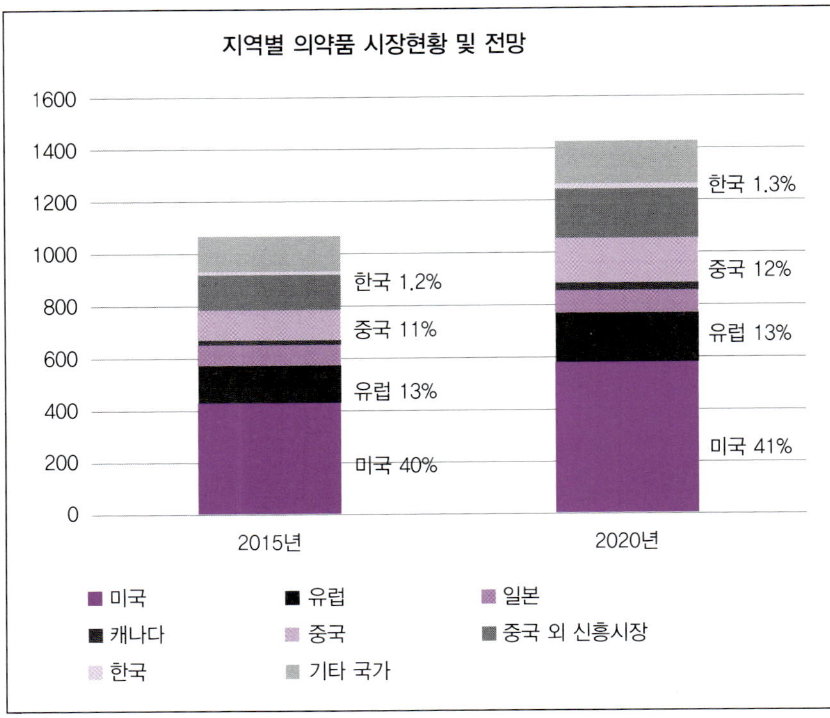

로 막대한 자금 및 시간을 투입하는 것이 필요하다. 국내 제약회사는 과거에는 전반적으로 규모가 크지 않았으므로, 수익성은 낮지만 위험도 크지 않은 복제약(제너릭)을 주로 생산하여 판매해왔다. 그러나 최근 규모가 커지고 관련 업계에 대한 투자도 활발해지면서 향후 더 큰 수익을 가져다 줄 수 있는 신약 개발에 노력을 기울이는 회사들이 늘고 있다.

[토론사항 1] 국내 대표적인 제약회사인 셀트리온과 바이오에피스는 모두 바이오시밀러를 주력 제품으로 하고 있다. 그러나 2018년 당시 두 기업의 연구개발비 자산화 비율은 확연한 차이를 보였다. 두 기업의 2017년과 2018년 사업보고서 또는 감사보고서에 공시된 총연구개발비용 및 무형자산으로 자산화한 금액을 찾아 비교하라. 두 기업의 관련 회계처리에 대한 설명을 검토해 보고 왜 차이가 발생하는지 논의해 보라. 또한 현재 시점에서는 해당 비율이 어떻게 달라졌는지 검토하여 논의하라.

[토론사항 2] 2018년 (주)차바이오텍은 연구개발비에 대한 한정의견을 받고 재무제표를 수정하였다. 수정 전과 수정 후 재무제표(2015년-2017년)를 찾아 비교해 보고, 변동사항 및 이러한 상황이 발생한 원인에 대해 논의해 보자. 또한 2018년 감사보고서도 지연공시 이후 수정되었는데, 마찬가지로 수정 전과 수정 후 재무제표를 비교해 보자.

[토론사항 3] 2018년 당시 금융감독원이 제시한 회계지침에 대하여 제약업계는 연구개발비용을 단순히 신약, 바이오시밀러로 나누어 획일적으로 회계처리한다는 것은 합리적이지 않으므로 연구 내용 및 성과에 따라 달라져야 하며, 또한 이러한 회계처리기준은 제약 및 바이오 산업을 위축시킬 것이라 반발하였다.[5] 이러한 의견에 대해 어떻게 생각하는지 토론해 보자.

---

5) 금감원, 제약·바이오 연구개발비 회계지침에...업계 "안될 말," 머니투데이방송, 2018.12.20.

이익조작지수를 활용한 이익조작예측, big data 활용

학습내용

본 사례는 국내 기업의 회계자료를 바탕으로 회계이익의 조작 정도를 예측하는 모형을 소개하고 이의 활용방법을 제시하는 것에 목적이 있다.

국내 상장사·등록기업 중 20%는 매출 및 이익 부풀리기, 부채 축소 등의 분식회계가 이루어지고 있다는 신문기사를 종종 찾아볼 수 있다.[1] 최근 분식회계로 세간의 주목을 받았던 수주산업의 분식회계 사건을 바탕으로 살펴보면 회계정보의 유용성 제고 측면에서 기업의 이익조작 가능성을 사전적으로 파악하는 것은 의미가 있다. 한 예로, 2014년 현대중공업, 삼성중공업과 같은 다른 조선사는 경기불황으로 인해 매출액이 감소한 반면 대우조선해양의 재무제표를 살펴보면, 매출과 영업이익이 증가했다고 보고하였다. 그러나 대우조선해양은 2015년 7월 큰 매출액 감소와 영업손실을 발표하였으며 2분기 실적 발표 이후 대우조선해양 투자자들은 큰 손실을 보게 되었다. 이에 대우조선해양의 분식회계 의혹이 제기되기도 하였다.

이에 금융감독원은 기업의 분식회계로 인한 투자자의 손실을 최소화하는 대안의 하나로 기업내부 감시기구의 경영진의 견제를 강화하기 위한 기준을 마련했으며, 회계법인의 대표이사와 중간감독자 역할 강화 방안을 제시하는 등 부실감사에 책임 소지를 보다 명확히 하는 기준(시행일 16.07.18)을 운영하기에 이르렀다.[2] 이는 경영진의 이익조작 행위를 감시하는 역할을 내부 감시기구인 감사(위원회)나 회계법인이 충분히 수행하지 못한 결과라고 해석될 수도 있을 것이다. 이와 같이 기업의 분식회계 이슈는 여전히 논의가 되고 있는 사항으로 경영진들은 자신들의 보상을 위해 경영성과가 실제 성과보다 좋아 보이도록 회계장부상 이익 등의 정보를 고의로 조작하는 분식회계를 수행할 여지가 있다. 이는 이익조정(earnings

---

1) 국내 상장·등록기업 10개 중 2개 분식회계(대체), 연합뉴스, 2005.04.24.

2) 분식회계 및 부실감사에 책임이 있는 회사 감사(감사위원)와 회계법인 중간감독자에 대한 조치기준신설, 금융감독원 보도자료, 2016.07.18.

management)과는 차별적 개념으로 기업회계기준을 위반하는 회계부정(accounting fraud)으로 볼 수 있을 것이다.

기업의 회계정보를 분석하고 이를 투자자나 회계정보이용자 입장에서 분석된 정보를 유용하게 활용한다는 것은 쉬운 일이 아니다. 하지만 최소한 기업이 제시하는 재무제표 숫자의 이익조정 여부, 이익조작 가능성, 미래 현금흐름 예상, 추정손실을 미리 예측하기 위해서는 기업이 보고하는 이익수치는 경영자의 사적 유인 등 이익조정 또는 이익조작 유인에 의해 달라질 수 있다. 따라서 재무제표에서 급격히 증가하거나 감소하는 계정에 대해서도 면밀히 살펴볼 필요성이 있으며, 어떠한 계정이 보다 이익조정 또는 이익조작에 영향을 미칠 수 있는지를 살펴보는 것은 의미가 있다 할 것이다.

이에 본 사례는 미국 기업 분석을 위해 재무분석가들이 활용하고 있고, 유수 경영대학원 MBA 교육과정에서 활용되고 있는 Beneish(1997, 1999), 고종권과 윤성수(2006)가 제시한 M-Score를 활용한 이익조작 정도를 추정하는 것을 제시하고자 한다.[3),4)]

① 채권회수기간지수(DSRI) $= (\text{매출채권}_t / \text{매출액}_t) / (\text{매출채권}_{t-1} / \text{매출액}_{t-1})$

② 매출총이익지수(GMI) $= (\text{매출총이익}_{t-1} / \text{매출액}_{t-1}) / (\text{매출총이익}_t / \text{매출액}_t)$

③ 자산품질지수(AQI) $= \dfrac{1-(\text{유동자산}_t + \text{유형자산}_t)/\text{총자산}_t}{1-(\text{유동자산}_{t-1} + \text{유형자산}_{t-1})/\text{총자산}_{t-1}}$

④ 매출성장성지수(SGI) $= \text{매출액}_t / \text{매출액}_{t-1}$

⑤ 감가상각지수(DEPI) $= \dfrac{\text{감가상각비}_{t-1}/(\text{감가상각비}_{t-1} + \text{유형자산}_{t-1})}{\text{감가상각비}_t/(\text{감가상각비}_t + \text{유형자산}_t)}$

⑥ 판매관리비지수(SGAI) $= (\text{판매관리비}_t / \text{매출액}_t) / (\text{판매관리비}_{t-1} / \text{매출액}_{t-1})$

⑦ 레버리지지수(LVGI) $= (\text{총부채}_t / \text{총자산}_t) / (\text{총부채}_{t-1} / \text{총자산}_{t-1})$

⑧ 총발생액비율(TATA) $= \{(\text{순이익}_t - \text{순이익}_{t-1}) - (\text{영업활동 현금흐름}_t - \text{영업활동 현금흐름}_{t-1})\} / \text{총자산}_t$

---

3) Beneish, M. D., 1999, The Detection of Earnings Manipulation, *Financial Analysts Journal*, pp. 24-36.; Beneish, M. D., 1997, Detecting GAAP Violation: Implications for Assessing Earnings Management among Firms with Extreme Financial Performance. *Journal of Accounting and Public Policy*, pp. 271-309.

4) 고종권, 윤성수, 2006, 이익조작지수를 이용한 회계부정 적발, *회계와 감사연구* 제43호, pp. 219-243.

또한, 고종권과 윤성수(2006)는 재무제표를 이용한 이익조작 가능성 예측을 위해 추가적으로 부채비율, 매출액매출채권비율, 매출액재고자산비율, 매출총이익률, 총자산매출액비율, 매출액순이익률, 총자산이익률, 운전자본비율, 현금흐름비율, 금융비용비율을 포함하고 있다. 다만 본 사례에서 제시되고 있는 이익조작 지표들은 이익조작 정도나 기업 부실 정도를 측정하는 일부 예시에 불과한 것으로 본 사례에 제시된 지표들 외에도 다양한 계정들이 포함될 여지는 충분히 있다. 또한, 기본적으로 학계에서는 발생액을 통한 이익조정 여부를 측정하는 것에 집중되어 있으므로 추가적으로 Dechow et al(1995),[5] Kothari et al(2005),[6] 등의 방법을 활용할 수 있을 것이다.

[토론사항 1] 회계정보의 유용성을 측정하기 위해서 대표적으로 이익조작 또는 이익조정 여부를 측정하고 있다. 이 두 개념의 차이를 설명하시오.

[토론사항 2] 실제 기업 재무자료를 바탕으로 특정 기업의 이익조작 가능성을 측정해보고, 이를 다른 기업(이익조작으로 감리지적된 기업) 또는 산업군과 비교를 수행하시오.

[토론사항 3] 최근 기업의 투명한 회계이익정보 공시를 위한 다양한 정부규제가 시행되고 있다. 특히, 기업 자체적 노력으로 내부·외부 감시기구의 역할이 강화되었다. 관련 규정을 소개하고 동 제도가 회계정보 유용성 증진에 미치는 영향을 논하시오.

---

5) Dechow, P. M., R. G. Sloan, and A. P. Sweeney, 1995, Detecting Earnings Management, *The Accounting Review* 70, pp. 193–225.

6) Kothari, SP., AJ. Leone, and CE. Wasley, 2005, Performance matched discretionary accrual measures. *Journal of accounting and economics* 39(1), pp. 163–197.

사회기반시설 민간투자사업

학습내용

본 사례는 사회기반시설 민간투자사업에 대한 기본적인 개념 이해와 관련 사례를 살펴보는 것에 목적을 둔다. 민간투자법은 도로, 철도, 항만 등 경제활동 기반이 되는 사회기반시설 투자에 대한 내용을 담고 있으며, 민간투자사업의 관리운영권 설정기간이 만료되는 사업들이 나오고 있고, 노후 사회기반시설의 관리에 대한 논의가 증대될 필요성이 있다.[1] 이에 본 사례는 정부기관의 민간투자사업 방식과 운영평가 등에 대한 내용을 학습함에 있어 기본적인 개념을 제공하는 것에 목적을 둔다.

민간투자사업이란 정부예산으로 도로, 항만 등과 같은 사회기반시설(SOC)의 건설, 운영 등에 대한 민간의 투자를 촉진하여 효율적인 사업확대와 활성화를 도모하고자 [사회기반시설에 대한 민간투자법]에 따라 추진하는 사업이다. 정부는 복지, 교육, 환경 등 투자에 대한 재원조달 문제를 해결하기 위한 방안으로 민간자본 유치방안을 1994년 제도화하였다. 이후 2005년 1월 학교시설, 군시설, 주거시설 등 사회기반시설을 대상으로 하는 임대형 사업(BTL)방식을 도입하면서 그 명칭을 [사회기반시설에 대한 민간투자법]으로 개정하였으며, 2020년에는 수익형 민자사업으로 투자비 회수가 어렵거나, 철도, 도로 등 사회기반시설의 요금 통제 등 공익적 목적을 달성하고자 혼합형(BTO+BTL)방식을 도입[2]하였다. 또한, 2020년 3월 민자사업 대상시설을 기존 열거주의에서 포괄주의 방식으로 전환하여 민자사업 대상시설을 확대하고 효율적인 공공서비스 제공을 위한 서비스 분야 사업모델 개발 필요성을 제기하기도 하였다.[3] 주요 제도 변화내역을 요약하면 다음 〈표 1〉과 같다.

사회기반시설에 대한 민간투자사업 추진방식[4]은 크게 수익형 사업(BTO, BOT, BOO)과 임대형 사업(BTL)으로 구분한다. 한 예로 BTO(Build-Transfer-Operate)방식은 사회기반시설의 신설, 증설, 개량과 동시에 관련 시설의 소유권이 정부(국가 또는

1) 엄근용과 이승우, 노후 인프라 개선을 위한 민간투자사업의 정책 방향, 한국건설산업연구원, 2021.03.
2) 2019년도 KDI 공공투자관리센터 연차보고서, KDI 공공투자관리센터
3) 민간투자사업기본계획(기획재정부공고 제2020-26호)
4) 사회기반시설에 대한 민간투자법 제4조, 민간투자사업 추진 일반지침 제3조, 2020년 사회기반시설에 대한 민간투자법시·행령, 민간투자사업기본계획, KDI 공공투자관리센터, 기획재정부.

〈표 1〉 사회기반시설에 대한 민간투자법 주요 제도 변화[5)]

기 간	주요 내용
1994년-1998년	• 1994년. 8월. [사회간접자본에 대한 민간자본 유치촉진법] 제정 • 1998년 12월. [사회간접자본시설에 대한 민간투자법]으로 변경 • 제1종 시설과 제2종 시설로 구분하여 제1종의 경우 BTO방식으로 제2종의 경우 BOO방식으로 추진할 수 있도록 규정
1999년-2004년	• [사회간접자본시설에 대한 민간투자법]으로 전면 개정, 정부지원 역할 분담, 제1종 및 제2종 시설 구분 폐지
2005년-2020년	• 2005년 1월 [사회기반시설에 대한 민간투자법]으로 개정하고 임대형 민자사업(BTL) 도입, 의무적으로 민간제안사업에 대한 적격성 조사 실시, 공모방식을 통한 인프라 펀드 활성화 등 • 2020년 2월 혼합형(BTO+BTL)방식 도입 • 2020년 3월 사회기반시설 포괄주의 적용

지자체)에 귀속되며, 사업시행자는 일정 기간의 시설관리운영권을 인정받는 방식이다. BTL(Build-Transer-Lease)방식은 사회기반시설 준공과 동시에 해당 시설 소유권이 정부(국가 또는 지자체)에 귀속되며, 사업시행자는 일정 기간의 시설관리운영권을 기반으로, 그 시설을 정부(국가 또는 지자체)에게 임대료를 수취함으로써 투자비를 회수하는 방식이다.

최근 기획재정부 2020년 민간투자사업기본계획을 보면 수익형 민자사업의 형태로 운영되는 비중이 임대형 민자사업으로 운영되는 비중보다 높은 것을 알 수 있다. 구체적으로 수익형 민자사업 총투자비는 33.3조원, 2020년 실집행액은 4.1조원인 것으로 보고되고 있으며, 임대형 민자사업 총투자비는 4.8조원, 2020년 집행액은 1.1조원인 것으로 보고하고 있다.

5) 1) KDI 공공투자관리센터 연차보고서(2019), 2) 2013 민간투자사업 종합평가, 기획재정부, KDI 한국개발연구원, 2015. 01. 26. (민간투자정책과-74) 내용에서 발췌.

[그림 1] 사회기반시설에 대한 민간투자사업 추진방식

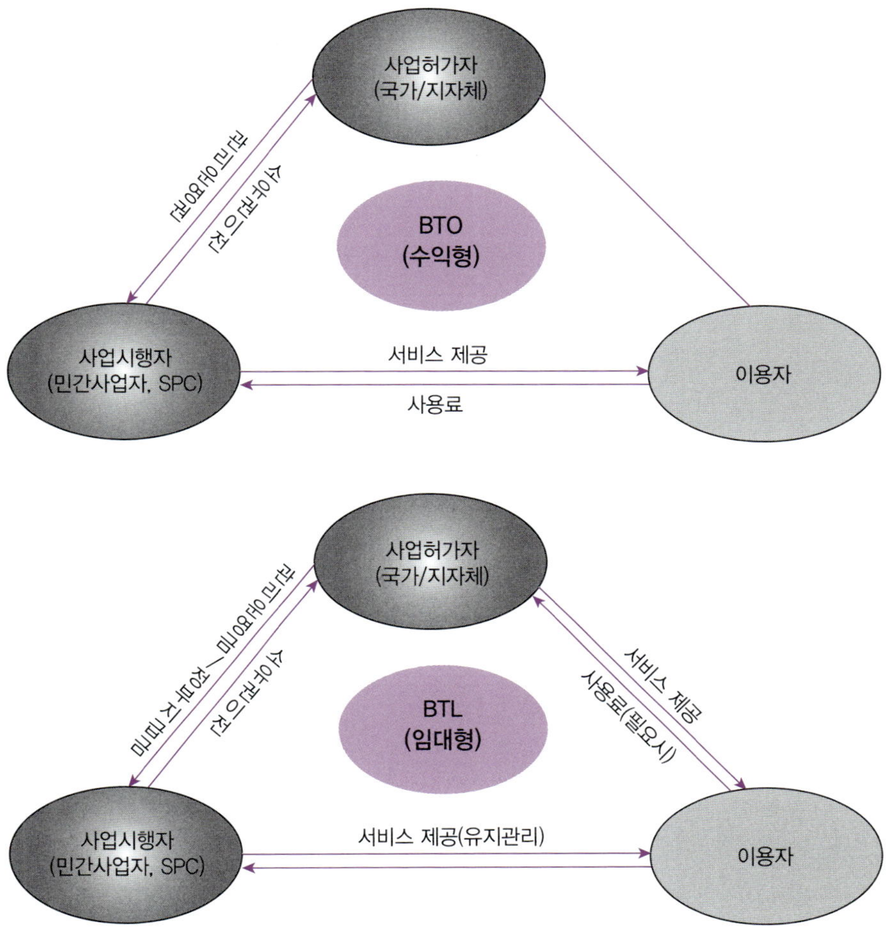

주 1) 국가회계편람(2020.12), 민간투자사업 회계처리지침 운영체계 내용 참고.

〈표 2〉 2020년도 민간투자사업기본계획

(단위: 조원)

구 분	총투자비		'20년 집행액	
	사업수(개)	규 모	사업수(개)	규 모
합 계	75	38.1 (23.8)	64	5.2 (4.0)
〈추진방식별〉				
• 수익형	46	33.3 (19.3)	40	4.1 (2.9)
• 임대형	29	4.8 (4.5)	24	1.1 (1.1)

구 분	총투자비		'20년 집행액	
	사업수(개)	규 모	사업수(개)	규 모
〈관리방식별〉				
• 국가관리사업	31	25.7 (16.2)	27	3.8 (3.0)
• 지자체관리사업	44	12.4 (7.6)	37	1.4 (1.0)
- 지자체사업	13	3.6 (3.1)	11	0.6 (0.5)
- 국고보조지자체사업	31	8.7 (4.5)	26	0.8 (0.5)

* 민간투자사업기본계획(기획재정부공고 제2020-26호) 내용 재구성.

비상경제 중앙대책본부 20-11 한국판 뉴딜사업 등 민간투자 활성화 방안 보고서에서도 성장동력을 확충하고 재정투자를 통한 민간투자 활성화를 위해 '25년까지 국비 114조원을 투자 예정이라고 발표하였다. 특히, 저출산, 고령화 등에 따라 사회복지 및 보건, 일자리 재정부담이 늘어날 것을 대비하여 관련 지출비중을 확대하기 위함이다. 또한 노후화된 하수처리장, 항만 관련 시설을 발굴하고 현대화 사업 적격성 조사 등을 위해 약 30조원을 투자할 예정에 있다. 이와 같이 민간투자사업은 기존 전통적 사회기반시설인 도로, 철도, 하수도처리, 항만 등 분야에 대한 투자사업의 일환이었다면, 최근에는 복지, 문화, 고령화 등과 같은 국민편의 제공 분야 등 뉴딜사업 분야로 확대되고 있는 실정이다. 또한, 민간투자사업 추진방식도 획일적인 수익형, 임대형 사업구조가 아닌 다양한 형태가 도입되고 있는 실정이다. 이에 본 사례를 학습함으로써 민간투자사업에 대한 기본 개념, 민간투자사업 추진방식의 차이, 장단점 등을 습득하고 실 사례를 학습하도록 한다.

[토론사항 1] 사회기반시설에 대한 민간투자법 하에서 제시하는 민간투자사업의 계약구조는 민간투자사업의 추진방식에 따라 회계처리가 달라진다. 민간투자사업은 사업시행자와 사업허가자의 건설과 운영에 대한 계약관계를 통해 공공정책 목적으로 사회기반시설과 관련된 서비스가 제공되도록 하는 목적을 가지고 있다. 이에 민간투자사업 사업시행자는 국가 및 지자체 등을 대신하여 공공서비스를 제공하는 계약상 의무를 부담하게 되며, 국가 및 지자체 등도 사업계획을 평가하고, 타당성, 적정성 등을 판단하고

운영상황 등을 모니터링하는 역할을 수행하게 된다. 이러한 민간투자사업의 인식과 측정을 위한 회계처리는 민간투자사업 추진방식에 차이가 발생한다. 이에 사업시행자와 사업허가자 입장에서 수행해야 할 회계처리방식을 제시하시오.

[토론사항 2] 2020년 정부는 민간투자사업 다원화, 신규 민자사업 활성화 등을 위해 기획재정부 제2020-26호에 기본계획 변경을 공고하였다. 특히, 기존 획일화된 민간투자사업방식을 다원화하고자 하는 취지로 시설이용자가 지불하는 사용료를 투자비로 회수하는 방식인 수익형 민자사업과 투자비를 시설임대료 등 사용료로 회수하는 부분으로 구성하는 혼합형 민자사업방식을 도입하는 것을 주 골자로 한다. 혼합형 민자사업의 도입취지와 관련 기준을 제시하고, 기존 민간사업투자사업으로 운영하고 있는 사례 중 혼합형 민자사업으로의 전환이 필요한 사례를 찾아보고 학습자가 주무관청 관계자라면 어떤 의사결정을 할지 논의하시오.

[토론사항 3] 민간사업투자 실 사례를 찾아보고 관련 민간투자사업의 예비타당성, 적정성, 사업성과 의사결정과정에 개별적 입장을 논의하시오.

기후변화와 탄소회계

학습내용

환경에 대한 관심과 환경문제를 해결해 나가려는 전 세계적인 노력에 대해 이해하고, 환경규제가 기업의 운영 및 회계기준에 미치는 영향을 인식한다.

환경문제의 중요성이 점점 중요해지면서 전 세계 국가들이 기후변화에 대한 해결책의 일환으로 기업의 탄소배출량을 줄이기 위해 온실가스를 배출할 수 있는 권리인 탄소배출권을 시장에서 거래하는 탄소배출권거래제(emissions trading system)와 정부가 정한 세율에 따라서 배출한 탄소량에 세금을 부여하는 탄소세(Carbon tax)를 도입하고 있다. 우리나라는 2015년부터 온실가스 배출기업[1)]을 대상으로 탄소배출권거래제를 도입하였고 기업에게 배출권을 유상 또는 무상[2)]으로 할당하고 있다. 정부로부터 배정받은 배출권의 여분 또는 부족분은 시장에서 거래하고, 거래내역은 회계처리하여 재무제표에 반영한다. 배출권 매입액은 배출권자산으로 기입하고, 배출권 제출 의무 이행을 위한 소요액 추정치는 배출부채로 회계처리한다. 정부로부터 배출권을 할당받은 상장법인 중 상위 30사(2019년 할당량 기준)의 배출권자산과 배출부채는 아래 표와 같다.

구분(단위: 억원)	2017년	2018년	2019년	2020년
배출권자산	2,163	2,113	5,618	5,237
배출부채	6,574	4,451	10,157	7,092

출처: 2021년 4월 9일 금융감독원 보고자료.

국내 배출권 거래량 및 거래가격 추이를 보면 다음의 표와 같다. 거래량은 꾸준히 증가하고 있으면 배출권의 연평균 가격은 톤당 29,604원으로 2015년의 11,013원에 비해 3배 가까이 상승하였다.

---

1) 최근 3년간 온실가스 배출량의 연평균 총량이 125,000톤 이상인 업체.

2) 2021년부터 총할당량의 10%를 경매절차를 통해 유상으로 할당한다.

연 도	거래량(백만톤)	연평균 가격(원)
2015년	5.7	11,013
2016년	12.0	17,056
2017년	26.3	20,951
2018년	47.3	22,122
2019년	38.0	28,440
2020년	43.9	29,604

[토론사항 1] 탄소배출권에 대해서 설명하시오. 또한, 탄소중립의 의미에 대해서 학습하고 토론하시오

[토론사항 2] 탄소배출권과 관련된 회계처리기준에 대해서 학습하고 토론하시오.

철강업계는 석유화학, 시멘트, 정유업계 등과 더불어 탄소배출이 많은 산업이다. 국내 온실가스 배출량 1위 기업은 포스코이다. 그 뒤로 한국남동발전, 한국동서발전, 한국남부발전, 한국서부발전, 한국중부발전, 현대체철, 삼성전자 등이 있다. 포스코는 정부로부터 온실가스 배출권을 할당받은 기업으로서 탄소배출 저감을 위한 녹색경영을 표명하였다. 포스코는 2050년까지 탄소중립을 달성하겠다고 선언했다.

라. 녹색경영
당사는 「온실가스·에너지 목표관리 등에 의한 운영지침」 제30조에 의해 관리대상업체로 지정받았으며, 2012년 이후 배출목표를 할당받아 이를 이행하였습니다. 그리고 「온실가스 배출권의 할당 및 거래에 관한 법률」 제8조에 의해 2014년 배출권 할당대상업체로 지정받았으며, 2015년부터 이를 이행 중에 있습니다.

포스코는 2015년부터 배출권거래제에 참여하고 있으며 포스코가 2015년~2019년 정부에 신고한 회사 온실가스 배출량, 에너지 사용량은 다음과 같이 2020년 사업보고서에서 확인할 수 있다.

구 분	2019년	2018년	2017년	2016년	2015년
온실가스(단위: 백만tCO_2-eq)	80.5	73.1	71.3	71.0	73.1
에너지(단위: PJ)	397	402	398	408	418

※ 2014년부터 에너지 사용량은 검증기관의 권고에 따라 명세서 검증 시 유연탄 등 원료로 사용되는 물질의 발열량을 연료사용량에서 제외

※ 2019년 9월 포스코에너지의 부생가스 복합발전소를 인수하여 2019년 온실가스 배출량이 크게 증가

2020년까지는 탄소배출권 유상할당량이 3%였으나 2021년부터는 유상할당량이 10%로 증가하여, 국내 기업들이 구매해야 하는 탄소배출권이 늘어 거래가격 상승이 우려되며 해당 기업들에게 큰 부담이 될 전망이다. 포스코의 탄소배출 부채는 2019년 대비 50% 이상 증가하였다. 다음은 포스코의 2020년 재무상태표와 포괄손익계산서이다.

재무상태표

제 53 기 2020.12.31 현재

제 52 기 2019.12.31 현재

제 51 기 2018.12.31 현재

(단위: 원)

	제 53 기	제 52 기	제 51 기
자 산			
Ⅰ. 유동자산	19,579,953,330,110	18,216,066,010,030	16,796,400,047,219
(1) 현금및현금성자산	1,822,659,511,020	978,138,798,756	259,219,202,425
(2) 매출채권	3,693,535,160,508	3,987,041,395,595	3,968,372,204,556
(3) 기타채권	279,555,037,069	321,351,931,552	206,432,195,074
(4) 기타금융자산	9,607,632,144,254	7,858,978,596,860	7,025,142,818,036
(5) 재고자산	4,093,829,396,206	4,988,529,839,417	5,288,008,733,361
(6) 매각예정자산	32,244,076,007	53,923,984,354	25,682,637,031
(7) 기타유동자산	50,498,005,046	28,101,463,496	23,542,256,736
Ⅱ. 비유동자산	37,215,015,171,419	37,494,700,407,090	37,329,579,638,935
(1) 장기매출채권	2,455,714,886	6,014,418,293	7,672,837,046

	제 53 기	제 52 기	제 51 기
(2) 기타채권	84,036,676,414	56,468,222,327	57,766,942,936
(3) 기타금융자산	1,072,817,355,419	1,257,896,025,839	1,176,756,502,564
(4) 종속기업, 관계기업 및 공동기업투자	14,883,152,081,135	15,069,857,442,875	15,121,338,668,904
(5) 투자부동산	149,616,567,731	158,076,902,701	108,214,880,390
(6) 유형자산	20,216,932,016,206	20,132,198,550,174	20,154,333,945,364
(7) 무형자산	621,926,266,536	708,914,719,964	645,222,018,546
(8) 순확정급여자산	76,501,161,995		
(9) 기타비유동자산	107,577,331,097	105,274,124,917	58,273,843,185
자산총계	56,794,968,501,529	55,710,766,417,120	54,125,979,686,154
부 채			
Ⅰ. 유동부채	5,089,110,669,881	3,331,446,367,137	3,895,972,889,381
(1) 매입채무	1,258,470,168,712	667,550,795,243	1,106,225,511,795
(2) 차입금	2,408,391,758,582	1,146,475,925,098	826,862,386,789
(3) 기타채무	1,127,323,121,432	1,113,002,704,839	1,072,732,890,439
(4) 기타금융부채	12,788,134,610	10,969,086,444	12,638,216,163
(5) 당기법인세부채	137,857,659,789	237,293,512,210	803,543,339,691
(6) 충당부채	63,603,755,316	21,006,673,984	19,164,585,156
(7) 기타유동부채	80,676,071,440	135,147,669,319	54,805,959,348
Ⅱ. 비유동부채	6,591,153,732,744	6,765,134,918,740	4,957,905,021,987
(1) 장기차입금	5,346,944,320,958	5,191,536,543,801	3,444,108,112,689
(2) 기타채무	220,612,043,603	222,802,262,187	144,342,819,296
(3) 기타금융부채	122,154,164,264	46,925,496,385	79,936,271,936
(4) 순확정급여부채		54,146,093,851	863,314,487
(5) 이연법인세부채	848,316,508,827	1,190,553,024,206	1,179,671,644,521
(6) 충당부채	52,602,260,738	53,941,502,242	93,718,571,647
(7) 기타비유동부채	524,434,354	5,229,996,068	15,264,287,411
부채총계	11,680,264,402,625	10,096,581,285,877	8,853,877,911,368
자 본			
Ⅰ. 자본금	482,403,125,000	482,403,125,000	482,403,125,000

	제 53 기	제 52 기	제 51 기
Ⅱ. 자본잉여금	1,339,288,764,328	1,252,220,277,524	1,154,775,257,236
Ⅲ. 신종자본증권	199,383,500,000	199,383,500,000	199,383,500,000
Ⅳ. 적립금	(296,625,997,051)	(183,929,515,428)	(207,190,518,583)
Ⅴ. 자기주식	(2,391,522,759,280)	(1,508,303,486,780)	(1,532,728,485,498)
Ⅵ. 이익잉여금	45,781,777,465,907	45,372,411,230,927	45,175,458,896,631
자본총계	45,114,704,098,904	45,614,185,131,243	45,272,101,774,786
자본과부채총계	56,794,968,501,529	55,710,766,417,120	54,125,979,686,154

포괄손익계산서

제 53 기 2020.01.01 부터 2020.12.31 까지
제 52 기 2019.01.01 부터 2019.12.31 까지
제 51 기 2018.01.01 부터 2018.12.31 까지

(단위: 원)

	제 53 기	제 52 기	제 51 기
Ⅰ. 매출액	26,509,920,446,184	30,373,510,738,515	30,659,425,433,515
Ⅱ. 매출원가	24,323,352,080,110	26,700,873,690,120	25,728,293,176,018
Ⅲ. 매출총이익	2,186,568,366,074	3,672,637,048,395	4,931,132,257,497
Ⅳ. 관리비및판매비	1,051,371,800,929	1,086,277,696,663	1,121,756,444,813
(1) 대손상각비	4,371,872,040	(4,534,821,063)	6,585,612,788
(2) 기타일반관리비	807,626,100,506	851,140,065,519	881,162,793,403
(3) 판매및물류비	239,373,828,383	239,672,452,207	234,008,038,622
Ⅴ. 영업이익	1,135,196,565,145	2,586,359,351,732	3,809,375,812,684
Ⅵ. 금융손익	410,482,753,715	360,440,231,705	171,613,760,398
(1) 금융수익	1,230,684,213,438	868,681,977,486	629,939,899,548
(2) 금융비용	(820,201,459,723)	(508,241,745,781)	(458,326,139,150)
Ⅶ. 기타영업외손익	(527,799,352,070)	(1,115,550,683,594)	(1,746,090,860,076)
(1) 기타의대손상각비	487,350,059	(286,432,701)	2,924,842,063
(2) 기타영업외수익	146,548,122,785	238,210,001,986	306,543,230,767
(3) 기타영업외비용	(674,834,824,914)	(1,353,474,252,879)	(2,055,558,932,906)
Ⅷ. 법인세비용차감전순이익	1,017,879,966,790	1,831,248,899,843	2,234,898,713,006

	제 53 기	제 52 기	제 51 기
Ⅸ. 법인세비용	52,016,526,439	655,536,497,544	1,162,307,150,121
Ⅹ. 당기순이익(손실)	965,863,440,351	1,175,712,402,299	1,072,591,562,885
XI. 기타포괄손익	(61,783,269,016)	(65,599,558,850)	(237,702,536,160)
(1) 후속적으로 당기손익으로 재분류되지 않는 포괄손익			
1. 확정급여제도의 재측정요소	53,815,672,041	(80,554,476,393)	(106,056,534,719)
2. 지분증권평가손익	(115,598,941,057)	14,954,917,543	(131,646,001,441)
XII. 총포괄손익	904,080,171,335	1,110,112,843,449	834,889,026,725
XIII. 주당이익			
(1) 기본주당순이익 (단위: 원)	12,123	14,592	13,186
(2) 희석주당순이익 (단위: 원)	12,123	14,592	13,186

[토론사항 3] 포스코의 충당부채의 구성과 배출권과 관련된 자산(기타유동부채)과 부채(충당부채)를 주석에서 확인하고 토론하시오. 그 외 배출권과 관련된 회계처리기준을 주석에서 확인하시오(dart.fss.or.kr에서 2020년 포스코 사업보고서 확인).

[토론사항 4] 포스코의 2020년 손익계산서에 보고된 기타영업외손익에서 배출권과 관련된 항목들을 확인하고 토론하시오.

다음은 2020년 The Royal Dutch Shell plc의 사업보고서(annual report) 재무제표 주석에 보고된 내용이다. 재무제표는 IFRS 기준으로 작성되었다.

Environmental schemes and related environmental plans

Emission trading schemes

Emission certificates acquired for compliance purposes are initially recognised at cost and classified under intangible assets. In the schemes where a cap is set for emissions, the associated emission certificates granted are recognised at cost, which may be zero. Emission certificates held for trading purposes are recognised at cost or net realisable value, whichever is lower, and classified under inventory. An emission liability is recognised under other liabilities when actual emissions occur that give rise to an obligation. To the extent the liability is covered by emission certificates held for compliance purposes, the liability is measured with reference to the value of these emission certificates held and for the remaining uncovered portion at fair market value. The associated expense is presented under "production and manufacturing expenses". Both the emission certificates and the emission liability are derecognised upon settling the liability with the respective regulator.

[토론사항 5] 탄소배출권은 할당량(allowance)과 크레딧(credit) 혹은 emission certificate로 구성되는데, 그 차이에 대해서 설명하시오.

남양유업의 대리인 문제와 지배구조

학습내용

불매기업으로 추락한 남양유업이 직면한 문제들을 대리인 갈등의 시각에서 분석한다. 구체적으로 경영자 보상, 이사회, 내부 감사기구 및 기업지배권시장의 측면에서 남양유업의 대리인 문제에 대해 학습한다.

4년째 남양유업 대리점을 운영하고 있는 A씨. 그의 대리점에는 주문하지 않았는데 본사 지점에서 떠넘긴 요구르트, 우유가 박스째 쌓여있다. (중략) 대리점을 운영하는 동안 하루도 빠짐없이 반복된 일상이다. – 2005년 11월 10일, 오마이뉴스

남양유업 '살인적 밀어넣기'로 급성장? – 오마이뉴스 (ohmynews.com)

남양유업의 전 · 현직 대리점 업주 7명은 본사가 제품강매에 이어 명절 '떡값'이나 임직원 퇴직위로금을 요구하는 등 불공정행위를 했다며 지난 25일 공정위에 신고했다. 이어 28일 오후에는 본사 앞에서 집회 시위를 벌였다.

– 2013년 1월 30일, 아시아경제

남양유업 '강매 횡포 · 떡값 요구' 구설수 – 아시아경제 (asiae.co.kr)

서울 종로경찰서에 따르면 홍원식(70) 남양유업 회장 등 7명이 명예훼손 등의 혐의로 입건돼 수사를 받고 있다. 홍 회장 등은 지난해 3월 부산에 있는 홍보대행사를 동원해 "매일유업에 원유를 납품하는 유기농 목장 근처에 원전이 있어 방사능 유출 영향이 있을 것"이라는 댓글을 인터넷 육아정보 카페에 지속적으로 게시한 혐의를 받고 있다. – 2020년 5월 6일, 서울신문

남양유업 '댓글부대' 동원, 매일유업 비방글 유포 혐의 홍원식 회장 등 7명 수사 | 서울신문(seoul.co.kr)

남양유업의 발효유 불가리스가 신종 코로나바이러스 감염증(코로나19) 억제효과가 있다는 연구 결과가 발표됐다. (중략) 박종수 남양유업 중앙연구소장은 '불가리스의 항바이러스 연구성과'를 발표하고 "불가리스 발효유 제품의 실험실 실험 결과

인플루엔자바이러스(H1N1)를 99.999%까지 사멸하는 것을 확인했고 COVID-19 억제효과 연구에서도 77.8% 저감효과를 확인했다"고 발표했다.

– 2021년 4월 13일, 서울경제

백신도 흔들리는데…'불가리스 코로나 억제 효과'? (sedaily.com)

식품의약품안전처(김강립 처장)는 최근 남양유업 불가리스 제품의 코로나19 억제효과 발표와 관련해 '식품표시광고법' 위반 혐의로 행정처분 및 고발조치를 했다고 15일 밝혔다.

– 2021년 4월 15일, 매일경제

식약처, 남양유업 불가리스 '식품표시광고법' 위반 고발 – 매일경제 (mk.co.kr)

홍원식 남양유업 회장(71)이 4일 '불가리스 사태'에 책임을 지고 회장직에서 물러나기로 했다. 홍 회장은 이날 서울 논현동 본사에서 기자회견을 열어 "분노하셨을 모든 국민들과 직원, 대리점주 및 낙농가 여러분들께 진심으로 사과드린다"며 "모든 것에 책임을 지고 회장직에서 물러나겠다"고 밝혔다. 이어 "자식에게도 경영권을 물려주지 않겠다"고 덧붙였다.

– 2021년 5월 4일, 경향신문

[속보] '불가리스 파문' 홍원식 남양유업 회장 사퇴 – 경향신문 (khan.co.kr)

남양유업의 창업주 고 홍두영 명예회장은 우리나라 낙농산업의 선구자였다. 한국전쟁 직후 아기들에게 제대로 먹일 것이 없던 현실에 대한 안타까움에 1964년 남양유업을 창업했고, 천안에 공장을 지은 지 3년만인 1967년 순수 국내 기술로 남양분유를 시장에 내놓았다. 1970년대 '우량아 선발대회' 주관 스폰서로 산모들에게 인지도를 쌓았고, 1990년대 중반에는 '아인슈타인' 유제품이 공전의 히트를 기록하며 급속도로 성장했다. 그러나 이후 수많은 사회적인 물의를 일으키며 기업 이미지는 손상되었고, 불매운동이 확산되며 2013년에는 10년 만에 손실을 보이는 등 위기를 맞았다.

남양유업의 위기는 기업이 직면하고 있는 대리인 문제의 결과이다. 대리인 문제는 의사결정권한을 위임하는 주인과 이를 위임받은 대리인 사이에 발생하는 문제이다. 전통적인 대리인 문제는 기업의 주인인 주주와 전문경영인 사이에 존재하는 정보비대칭으로 인해 발생한다. 주주에게 기업 경영을 위임받은 전문경영인은 본인의 노력과 기업 경영상태에 대해 잘 알지만 주주들은 그렇지 못하다. 이에 전문경영인은 정보비대칭을 이용하여 자신의 사적 이익을 추구하려는 동기를 가진다. 그런데 남양유업에서는 주주-전문경영인 사이의 대리인 문제가 심각하지 않다. 기업의 지분 53.08%를 소유하고 있는 홍원식 회장 가족이 경영자를 감시할 유인과 능력을 모두 가지고 있기 때문이다.

남양유업이 직면하고 있는 대리인 문제는 지배주주-비지배주주 사이의 갈등에서 발생한다. 지배주주인 홍원식 회장 가족은 막강한 지배력을 이용하여 비지배주주의 이익을 희생시키는 한편 그들의 경제적 권리를 넘어서는 사적 이익을 추구할 수 있다. 구체적으로, 53%의 지분을 가진 창업자 가족이 기업 자산을 통해 100의 이익을 사취하는 경우 이들이 부담하는 비용은 53에 불과하다. 즉, 지배주주는 지배주주의 부를 그들에게 이전시킬 수 있는 능력을 가진다. 따라서 남양유업과 같이 지배주주-비지배주주 대리인 문제를 겪는 기업에서는 이를 해결하기 위한 지배구조 매커니즘의 역할이 중요하다. 대표적인 지배구조 매커니즘은 보상을 통한 경영자 동기부여, 이사회, 내부 감사기구, 기업지배권시장 등이다.

[토론사항 1] 경영자 보상

우리나라는 2013년 자본시장법 개정으로 연간 5억원 이상의 보수를 받는 상장사 등기임원은 의무적으로 보수를 공개하고 있다. 남양유업의 경우 홍원식 회장만이 유일한 대상자이다. 사업보고서를 이용하여, (1) 보상의 수준, (2) 계약 구성요소 및 (3) 성과보상민감도의 세 가지 관점에서 남양유업 경영자 보상을 분석하라(팁: 남양유업 사업보고서 'Ⅲ. 재무에 관한 사항'의 '4. 재무제표'와 'Ⅷ. 임원 및 직원 등에 관한 사항'의 '2. 임원의 보수 등'을 참고).

[토론사항 2] 이사회

이사회는 기업의 주요 의사결정에 참여하고 경영자의 경영활동을 감시/감독하는 역할을 수행하여 주주 등의 이해관계자를 보호하는 역할을 하는 기업운영의 핵심기구이다. 사업보고서 및 분기보고서를 이용하여 (1) 이사회 독립성, (2) 이사회 활동성, (3) 이사회 전문성의 세 가지 관점에서 남양유업 이사회의 감시/감독 기능을 분석하라(팁: 남양유업 사업보고서 'VI. 이사회 등 회사의 기관에 관한 사항'의 '1. 이사회에 관한 사항'을 참고).

[토론사항 3] 내부 감사기구

내부 감사기구는 경영진을 감시하여 주주와 경영자 사이의 정보비대칭을 해소하고 내부통제시스템의 적절성을 평가하는 역할을 수행한다. 내부 감사기구는 크게 두 가지 유형으로 구분되는데, 이는 감사와 감사위원회이다. 자산총액 2조원 이상 상장회사의 경우 상법에 따라 의무적으로 감사위원회를 설치해야 한다. 이 경우, 감사위원회는 회계 또는 재무 전문가를 포함한 3명 이상의 이사로 구성되어야 하고, 3분의 2 이상이 사외이사로 구성되어야 한다. 자산규모가 2조원 미만인 주권상장 및 코스닥상장법인인 경우 감사 또는 감사위원회를 기업이 선택하여 적용할 수 있다. 사업보고서를 이용하여 (1) 내부 감사기구의 독립성, (2) 내부 감사기구의 전문성 관점에서 남양유업의 내부 감사기구 기능을 분석하라(팁: 남양유업 사업보고서 'VI. 이사회 등 회사의 기관에 관한 사항'의 '2. 감사제도에 관한 사항'을 참고).

[토론사항 4] 기업지배권시장

기업지배권시장(market for corporate control)은 비효율적이거나 비도덕적인 경영자를 규율하는 기능을 하는 외부 통제장치이다. 비효율적이거나 비도덕적인 경영으로 기업의 주가가 하락할 때 기업을 인수하여 경영자 및 이사회를 교체하여 기업가치를 제고하는 역할을 할 수 있다. 기업지배권시장을 통한 기업 감시규율은 사후적으로 보다 효율적인 경영자를 선택하는 효과를 가질 뿐 아니라 사전적으로 경영진의 비효율적이거나 비도덕적인 경영활동을 견제하는 역할을 한다. 2012년 남양유업에 대한 인수합병 관련 신문기사 검색을 통해 남양유업에 대해 기업지배권시장이 효과적으로 기능을 수행하는지 분석하라.

[토론사항 5] 남양유업의 경영자 보상, 이사회, 내부 감사기구 및 기업지배권시장에 대한 분석을 토대로 남양유업 기업지배구조의 개선안을 제시하라.

재무제표에 없는 3가지 정보, ESG 경영을 달성하고 있는가? - 이아름드리 코스메틱

학습내용

본 사례는 국내외적으로 환경, 사회, 지배구조(ESG)와 같은 비재무지표 개념에 대해 학습하고, 기업의 ESG 경영이 기업의 재무적 성과에 미치는 영향을 살펴보는 것에 목적을 둔다. 이에 기업 경영활동에 비재무적 정보가 미칠 수 있는 위험과 기회 요인에 대해 신문기사, 개별 기업 사례, 지속가능경영보고서 사례 등을 통해 살펴보고, 기업의 ESG 활동이 창출하는 경제적·사회적·환경적 성과에 대해 논의하도록 한다.

"유럽연합(EU)이 ESG 관련 법안을 연이어 도입하는 가운데 우리나라 기업이 새로운 시장에 진출하기 위한 발판 마련을 위해서는 해외 ESG 경영 이슈를 규제가 아닌 사업기회로 활용하기 위한 노력이 필요하다."[1)]

ESG 경영은 '지속가능투자'의 관점에서 기업의 비재무적 요소로 기업활동에 사회·윤리적 가치를 강조하는 것을 말한다. 이에 **E**nvironment, **S**ocial, **G**overnance의 머리글자를 축약하여 ESG라는 단어를 사용하고, 기존 재무정보만을 평가하던 전통적 방식과 달리, 기업의 환경, 사회, 지배구조 등의 성과를 활용하고, 장기적 관점에서 지속 가능한 발전을 도모할 수 있도록 기업이 행동해야 한다는 관점이다.

세계적 흐름을 주시하면서 환경, 사회, 지배구조 관점에서 기업 경영환경과 이에 대한 운영·성과 입증시스템을 마련한다면 기업에게 새로운 시장진출 기회를 제공할 수 있을 것으로 기대된다.

K-영화, K-드라마, K-뮤직 등 한국의 브랜드 가치가 커지고 있는 만큼 한국 문화와 제품에 관심을 갖는 해외 소비자들이 늘고 있다. 이와 같은 한류 열풍에 드라마나 영화 속 스타들의 뷰티 아이템이 대세다. 2020년 감염병으로 인해 외부 활동이 제한되고 매장영업이 어려워 화장품 소비가 줄어들 것으로 예상했지만, 온라인을 통한 상품구매가 늘고, 마스크 생활에 따른 피부 문제를 관리하기 위한 기초화

1) 한국무역협회 > 무역통상정보 > 통상지원센터 > 통상뉴스—"EU, ESG 법안 속속 도입…. 시장진출 기회로 활용해야," 2021.04.27.의 내용 참조.

[그림 1] ESG 경영이란?

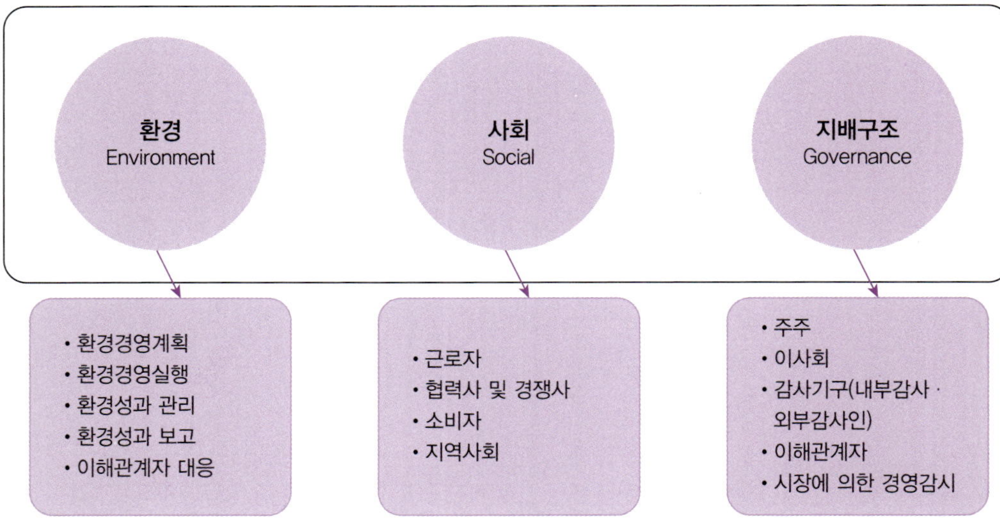

주 1) 한국기업지배구조원, 보도자료, 개정 ESG 모범 규준 공개, 2021.08.05 내용 참조.

장품의 수요가 증가하여 국산 화장품의 해외 수출액은 6,122백만 달러로 전년 대비 14.8% 늘어 수출 증가세를 이어가고 있다.

〈표 1〉 지난 3년간 국가별 화장품 수출 및 전자상거래 수출[2)]

〈패널 A: 국가별 화장품 수출 현황〉

순위	2018년			2019년			2020년		
	국가명	수출액 (백만달러)	증감률 (%)	국가명	수출액 (백만달러)	증감률 (%)	국가명	수출액 (백만달러)	증감률 (%)
1위	중국	2,016	37.5	중국	2,443	21.2	중국	3,046	24.6
2위	홍콩	1,035	7.4	홍콩	790	△23.7	홍콩	615	△22.1
3위	미국	429	16.8	미국	431	0.4	일본	549	58.7
4위	일본	257	32.4	일본	346	34.4	미국	485	12.6
5위	베트남	146	18.4	베트남	194	32.6	베트남	228	17.6
기타	(142개국)	1,050	31.4	(166개국)	1,132	7.8	(168개국)	1,200	6.1
	전 세계	4,934	25.7	전 세계	5,335	8.1	전 세계	6,122	14.8

2) 관세청, 보도자료, '코로나에도 지난해 한국 화장품 수출 역대 최고기록 경신—61억 2,200만 달러로 전년 대비 14.8% 증가—,' 2021.04.25의 내용 참고.

〈패널 B: 전자상거래 수출 증감률〉

구 분		2018년		2019년		2020년	
		수출액 (백만달러)	증감률(%)	수출액 (백만달러)	증감률(%)	수출액 (백만달러)	증감률(%)
화장품		4,934	25.7	5,335	8.1	6,122	14.8
	일반수출	4,897	25.5	5,287	8	5,978	13.1
	전자상거래수출	37	68.6	47	29.7	145	204.5

이에 이아름드리 코스메틱 사업을 운영하고 있는 이나경 대표는 기존 스킨케어, 선케어, 팩/마스크, 페이스메이크업에서 피부 트러블 스킨케어 라인을 확장하였으며, 최근 남성들의 화장품에 대한 관심으로 남성 스킨케어와 메이크업 라인을 한층 강화하였다. 이아름드리 코스메틱의 라인별 매출구성은 아래와 같다.

〈표 2〉 **이아름드리 코스메틱 매출구성**

(단위: 천원)

구 분	당 기		전 기	
	매출액	영업이익	매출액	영업이익
기초화장품(스킨케어, 선케어, 팩/마스크 등)	3,913,548	440,125	3,016,524	168,215
페이스 메이크업	3,319,154	434,754	2,4,55,596	155,354
남성 스킨케어 및 메이크업	683,866	19,856	512,545	3,598

이와 같은 상황에서 이나경 대표는 깊은 고민에 빠졌다. 한류 열풍으로 화장품 사업이 급성장을 하면서 올해 매출액 330억대의 급성장을 이루었지만, 화장품 판매가 대체로 온라인을 통해 이루어지고 있어, 배송서비스에 대한 고민이 되었던 것이다. 더군다나 이나경 대표는 한 조찬세미나에서 기업생존 키워드로 ESG 경영의 중요성에 대한 세미나를 들었던 기억이 났다. 이 대표는 기업의 지속가능성장을 위해서는 사회적 가치에 대한 투자가 중요하다는 강의을 했던 교수의 말을 떠올리며, 당장 기업의 입장에서 ESG 경영을 위해 많은 돈을 투자하기는 어렵지만 작은 일에서부터 ESG 경영을 시작하기로 마음먹었다. 이에 이나경 대표는 임직원들에게 ESG 경영 참여를 적극 표명하고 이를 적극 외부 투자자들에게 홍보하기로 하였다.

이에 임직원들에게 ESG 경영 아이디어를 한 달간 모집하였으며, 취합된 아이디어를 바탕으로 아래와 같은 ESG 경영 비전을 수립하였다.

〈표 3〉 이아름드리 코스메틱 ESG 경영 비전

구 분	지표항목	세부 추진목표
환 경	사회환경적 효익 창출	저탄소화장품 구조화
		재생 플라스틱 등 에코라벨링 제품 증대
	제품 안전성 강화	친환경 비건 제품 출시
사 회	협력사 상생	협력회사 기술, 금융지원 확대
	고객 서비스	고객 친화적 소통 피드백 창구 마련
	임직원 복지	글로벌 교육체계 구축
기업지배구조	ESG 지배구조 구축	사내이사와 사외이사 다양성 강화
	ESG 지배구조 구축	사내이사와 사외이사 전문성 강화

그러나 아직 초기 단계로 이나경 대표는 임직원들에게 상시 사회적 책임 경영 시스템으로의 전환 가능한 아이디어를 공모하고 전사적으로 임직원들의 ESG 경영 마인드 확립을 위해 관련 교육을 지속적으로 실시할 예정이다. 이와 같은 상황에서 아래 내용을 논의해 보고자 한다.

[토론사항 1] 이나경 대표는 동종업종의 ESG 사례를 찾아보고 올해부터 차근차근 ESG 경영체계를 구축하고자 한다. 이에 이아름드리 코스메틱 이 대표가 알아야 할 ESG 경영 개념에 대해서 살펴보고, 관련 규정에 대해 살펴보자.

[토론사항 2] ESG 경영은 비재무정보로 기업의 사회적 가치를 평가한다는 측면에서 투자자들에게 의미 있는 정보일 것이다. 그러나 중소기업들은 ESG 적용에 있어 비용 측면(37%), 인력부족(22.7%), 가이드라인 부재(16.3%), 도입 필요성 확신 부족(10%) 등으로 ESG 경영 필요성에 대해 체감[3)]하고 있지만 실제 ESG 경영을 효과적으로 운영하

3) 「中企 ESG 경영 대응동향 조사」 결과와 정책적 시사점, KOSME 이슈 포커스, 2021.07.14. (2021-08호)의 내용 참조.

고 있는 기업은 많지 않다. 또한, ESG 경영과 그 정보가 기업의 매출, 이윤 증가, 자본조달을 위해 필요하다고는 생각하지만 실질적으로 기업가치를 증진시키는지에 대해서도 의문을 가지고 있다. 이에 ESG 경영이 실질적인 경영성과로 나타날 수 있는지에 대해 논의해 보자.

[토론사항 3] ESG 경영이라고 하면 친환경 측면을 떠올리기 쉽다. 이아름드리 이 대표도 첫 시작은 환경친화적 기업의 이미지를 제고하는 것이었다. 이에 이나경 대표는 배송서비스에 친환경 포장재를 활용하는 것으로 ESG 경영을 시작하였다. 그러나 ESG 경영은 환경 측면뿐만이 아니라 사회적 기여나 지배구조 측면에서도 고려할 수 있다. 이에 이나경 대표는 〈표 3〉과 같이 환경, 사회적 기여, 기업지배구조 측면에서 ESG 경영비전을 제시하고 있다. 추가적으로 이아름드리 이 대표가 고려할 수 있는 ESG 경영전략에는 무엇이 있을까?

[토론사항 4] ESG 경영은 기업별, 산업별로 차별적일 수 있다. 이에 동종 산업 중 다른 기업 또는 다른 산업군에서 적용하고 있는 실 사례를 통해 ESG 경영의 범위를 살펴보자.

PART 2

원가, 관리회계 케이스

CHAPTER 4

원가의 종류, 행태, 배부 및 분석

- 활동기준원가계산의 사례 - H타이어 납품가격
- 원가차이분석의 사례 - K에너지의 차이분석
- 사내대체가격 - T실업의 사내대체가격
- 기말재고자산 측정 오류와 그 효과 - 행복기업의 재고자산 기말가액

원가분석 없이는 경영분석도 없다

원가란 어떤 재화나 서비스를 취득하기 위해 희생한 자원의 가치를 의미한다. 본 장에서는 시장 진입, 기업의 성과분석 및 내부 제품 구입 등의 경영의사결정에 원가 관련 자료가 어떻게 활용될 수 있는지 학습한다. 또한 재무회계와 관련하여 재고원가의 기록 오류가 기업 회계자료에 미치는 영향 역시 본 장에서 학습할 것이다.

먼저, 새로운 거래처와의 계약을 추진하고 있는 가상의 기업 사례를 통해, 활동기준원가의 의미를 이해하고 그 유용성에 대하여 학습한다. 다음으로는 경영 목표를 초과 달성한 기업의 사례를 소개하고 차이분석을 통해 이 기업의 높은 성과가 실제로 합리적 경영의 결과라 판단할 수 있는지 여부를 알아보도록 한다. 또한 내부 제품의 구입에 관한 의사결정의 case를 학습하고 한 부서에는 최적의 결정이 기업 전체의 입장에서는 바람직하지 못한 결과를 가져 올 수 있음을 학습하기로 한다. 마지막으로는 재고자산의 기록 오류가 회계정보에 어떠한 영향을 미치며 그 오류가 얼마나 오래 지속되는지 여부도 가상의 사례를 통해 살펴본다.

이를 통해 학생들은 경영의사결정에 있어서 원가정보의 중요성에 대하여 이해하게 될 것이다.

활동기준원가계산의 사례 – H타이어의 납품가격

학습내용

활동기준원가계산에 대하여 이해하고 활동기준원가계산이 필요한 경우에 대하여 알아본다.

H타이어는 자전거용 타이어와 자동차용 타이어를 제작하여 시장에 납품하고 있다. 시장에서도 H타이어의 기술력을 높이 평가하고 있으며 꾸준한 거래처가 있는 상황이다. H타이어의 시장 납품가는 자전거용 타이어는 개당 $115, 자동차용 타이어는 개당 $220이다. 최근 여가 생활의 변화에 따라 글로벌 자전거 제조업체인 T자전거가 한국 진출을 타진하고 있다. T자전거는 한국 현지에 공장을 설립하여 직접 자전거를 생산하여 공급할 계획을 가지고 있으며, 자전거의 타이어를 공급할 수 있는 국내 업체를 알아보고 있는 중이다.

이에 H타이어의 판매책임자인 M은 T자전거의 책임자를 만나 T자전거에 대한 타이어 공급계약을 체결하고자 한다. 서울 시내의 모처에서 M은 T자전거의 이사 K를 만나 계약조건에 대해 이야기를 나누었다. K는 M에게 T자전거는 본국에서 거래하던 타이어 업체가 있으며, 이 업체와의 공급계약은 개당 $99에 체결되어 있다 이야기하고, 만일 H타이어가 이보다 낮은 가격에 T자전거에 타이어를 공급해 줄 수 있다면, H타이어와의 계약을 고려할 뜻을 내비쳤다. M은 H타이어가 높은 기술력을 가지고 있으니 조금 높은 가격인 개당 $113 수준에서 거래하는 것이 어떻겠느냐 이야기를 해 보았지만, T자전거는 받아들일 수 없다는 입장이며, 개당 $99 수준의 가격을 고수하고 있는 상황이다.

T자전거와의 거래를 놓치고 싶지 않았던 M은 K에게 며칠간 판단할 시간을 달라 이야기하고 논의를 마무리지었다. 며칠의 시간 동안 M은 T자전거의 요구사항을 받아들일 수 있을지 여부를 검토해 볼 계획이다. 먼저, M은 H타이어의 원가담당자 J에게 자전거용 타이어와 자동차용 타이어의 단위당 원가수준을 문의하였다. J에 따르면, 자전거용 타이어와 자동차용 타이어의 원가계산은 직접원가계산에 의하

며, 제조간접원가는 기계작업시간을 기준으로 배부된다. 다음 〈표 1〉에 나타난 바와 같이 자전거용 타이어와 자동차용 타이어의 단위당 원가는 각각 $108, $190이다.

〈표 1〉 H타이어의 제품 원가구조

	자전거용 타이어		자동차용 타이어		
	원 가	단위당 원가	원 가	단위당 원가	계
직접재료원가	$80,000	$16.00	$100,000	$50.00	$180,000
직접노무원가	60,000	12.00	80,000	40.00	140,000
직접원가	140,000	28.00	180,000	90.00	320,000
제조간접원가	400,000	80.00	200,000	100.00	600,000
총원가	540,000	108.00	380,000	190.00	920,000
생산량	5,000		2,000		

간접원가항목	금 액	배부기준	제 품	제품별 발생량	제품별 배부액
제조간접원가	$600,000	기계작업시간	자전거용 타이어	40,000시간	$400,000
			자동차용 타이어	20,000	200,000

M은 T자전거가 요구하는 자전거용 타이어의 납품가격 단위당 $99는 원가에 미치지 못함을 파악하고 T자전거와의 계약을 포기하려 한다. 그러나 이때 이 이야기를 들은 사원 L은 다음과 같은 이야기를 건네며 M을 설득하였다.

(1) T자전거가 현재 거래하고 있는 Z타이어의 기술수준은 우리 H타이어에 미치지 못한다.
(2) 그럼에도 불구하고 Z타이어가 낮은 가격에 T자전거에 납품하고 있는 상황을 봐서는 우리 H타이어의 원가계산방법이 문제가 있을 가능성이 있다.

L은 M에게 자신이 두 제품의 원가를 더욱 정밀하게 검토하여 보겠다 보고하고 M의 허가를 받아 원가의 분석절차에 착수하였다. 먼저, L은 제품에 직접 추적 가능한 원가가 제조간접원가로 처리되고 있었는지를 파악해 보았다. 그 결과 원가계산시스템을 검토하던 중 제조간접원가로 처리된 원가 중 제품의 제품품질보존 관련 원가 $100,000는 제품에 직접 추적이 가능함을 확인하고 직접원가로 분류하였다.

그 결과 H타이어의 원가구조는 다음 〈표 2〉와 같이 변경되었다.

〈표 2〉 **H타이어의 제품 원가구조 - 수정 후**

	자전거용 타이어		자동차용 타이어		
	원 가	단위당 원가	원 가	단위당 원가	계
직접재료원가	$80,000	$16.00	$100,000	$50.00	$180,000
직접노무원가	60,000	12.00	80,000	40.00	140,000
품질보존원가	40,000	8.00	60,000	30.00	100,000
직접원가	180,000	36.00	240,000	120.00	420,000
제조간접원가	333,333	66.67	166,667	83.33	500,000
총원가	513,333	102.67	406,667	203.33	920,000
생산량	5,000		2,000		

간접원가항목	금 액	배부기준	제 품	제품별 발생량	제품별 배부액
제조간접원가	$500,000	기계작업시간	자전거용 타이어	40,000시간	$333,333
			자동차용 타이어	20,000	166,667

원가계산시스템을 일부 수정하였음에도 불구하고 여전히 H타이어가 생산한 자전거용 타이어의 단위당 원가는 $99보다 높다. 이에 L은 활동기준원가(activity based costing: ABC)를 도입하여 보기로 결정하였다. 이에 L은 아래와 같은 활동들을 찾아 분류하고 각각에 따라 배부기준을 설정하였다. ABC 적용 후 H타이어의 제품 원가구조는 다음과 같다.

〈표 3〉 **H타이어의 제품 원가구조 - ABC**

	자전거용 타이어		자동차용 타이어		
	원 가	단위당원가	원 가	단위당원가	계
직접재료원가	$80,000	$16.00	$100,000	$50.00	$180,000
직접노무원가	60,000	12.00	80,000	40.00	140,000
품질보존원가	40,000	8.00	60,000	30.00	100,000
직접원가	180,000	36.00	240,000	120.00	420,000
디자인	107,143	21.43	42,857	21.43	150,000

	자전거용 타이어		자동차용 타이어		
	원 가	단위당원가	원 가	단위당원가	계
사출기계설치	68,571	13.71	51,429	25.71	120,000
제품포장	33,333	6.67	26,667	13.33	60,000
공장관리감독	72,857	14.57	97,143	48.57	170,000
제조간접원가	281,905	56.38	218,095	109.05	500,000
총원가	461,905	92.38	458,095	229.05	920,000
생산량	5,000		2,000		

활 동	금 액	배부기준	제 품	제품별 발생량	제품별 배부액
디자인	$150,000	제품 생산량	자전거용 타이어	5,000개	$107,143
			자동차용 타이어	2,000	42,857
사출기계설치	120,000	설치작업의 수	자전거용 타이어	800회	68,571
			자동차용 타이어	600	51,429
제품포장	60,000	포장재료사용량	자전거용 타이어	500kg	33,333
			자동차용 타이어	400	26,667
공장관리감독	170,000	직접노무원가	자전거용 타이어	$60,000	72,857
			자동차용 타이어	80,000	97,143

그 결과 H타이어의 자전거용 타이어의 단위당 원가는 $92.38로, 자동차용 타이어의 단위당 원가는 $229.05로 계산되었다. L은 T자전거의 기존 거래처가 $99라는 낮은 가격으로 T자전거와 거래할 수 있었던 이유를 짐작할 수 있었다.

[토론사항 1] L이 활동기준원가계산의 도입이 필요하다고 판단한 이유는 무엇일까? 각자의 생각을 이야기해 보시오. 어떠한 경우 활동기준원가계산의 도입이 필요하다고 판단되는가?

[토론사항 2] 활동기준원가계산의 도입 후 H타이어의 납품가격 책정전략은 어떻게 변화해야 한다고 판단하는가? 각자의 생각을 이야기해 보시오.

원가차이분석의 사례 – K에너지의 차이분석

학습내용 차이분석의 개념에 대해 알아보고 시장규모 차이, 시장점유율 차이, 가격 차이, 능률 차이 등의 개념에 대해 사례를 통해 이해하여 본다. 아울러, 기업의 성과평가에 차이분석이 어떻게 응용될 수 있는지 알아본다.

전기자동차용 배터리 제조업체인 K에너지는 자사의 배터리 제품을 국내외 자동차 제조업체들에 납품한다. 최근 온실가스 배출과 관련한 규제 강화로 친환경 전기차에 대한 관심이 높아짐에 따라 전 세계 전기자동차용 배터리 시장은 지속적으로 성장하고 있다. K에너지 이외에도 세계 각국의 여러 기업들이 전기자동차용 배터리 시장에 투자하고 있으나 그 중에서도 K에너지는 전기자동차용 배터리와 관련하여 독자적인 기술력을 인정받아 전 세계 차량용 배터리 시장의 약 절반 정도를 점유하고 있는 상황이다. 2020년 말 K에너지의 경영진은 컨퍼런스콜에서 2021년의 K에너지의 영업이익 예측치를 920,000원으로 발표하였다. 1년이 지난 2021년 말, K에너지의 이사로 재직하고 있는 J는 관련 부서로부터 2021년 K에너지의 영업실적을 보고받았다.

다음의 표에 나타난 바와 같이, 2021년 K에너지의 영업이익은 1,360,000원으로 당초 예측치인 920,000원을 약 47.8%나 웃도는 것으로 나타났다. 실적을 확인한 J는 크게 기뻐하며 보고서의 분석 결과를 살펴보았다. 보고서의 내용은 다음과 같다.

참고 1 **2021년도 K에너지의 영업실적과 관련한 보고서의 일부 내용**

2021년도 K에너지의 영업실적

	실제 결과	당초 계획
판매량	24,000	20,000
매출액	4,320,000원	3,000,000원
변동원가	2,760,000	1,880,000
직접재료원가	2,160,000	1,400,000

	실제 결과	당초 계획
직접노무원가	600,000	480,000
고정원가	200,000	200,000
영업이익	1,360,000	920,000

- 2021년 K에너지의 영업이익은 당초 예상 920,000원을 초과 달성하였음.
- 2021년에는 원재료 가격과 임금이 전반적으로 모두 상승하여 원가상승압력이 존재하였으나, 2021년의 배터리 시장의 호황과 더불어 지난해부터 추진해 온 적극적인 시장 개척의 결과 사상 최대의 영업이익을 기록한 것으로 판단됨.

이사 J는 CEO에게 2021년의 실적과 향후 경영전략을 보고하기 전, 구체적인 자료를 살펴볼 필요가 있다고 판단하고 팀장 L을 불러 현재 글로벌 배터리 시장의 현황과 관련한 보고서를 작성하라 지시하였다. 그리고 K에너지가 출하한 배터리의 단위당 판매가와 단위당 변동원가를 파악하여 보고하라 지시하였다.

또한 이사 J는 자재팀장 A와 노무팀장 B에게는 2021년 배터리 생산과 관련한 직접재료의 사용량과 직접노무시간 등 원가요소의 사용량을 파악하여 보고하라 지시하였다. 이에 팀장 L은 글로벌 배터리 시장의 현황과 관련하여 다음과 같은 보고서를 작성하여 보고하였다.

참고 2 글로벌 배터리 시장과 관련한 보고서의 일부 내용

- 2021년 글로벌 배터리 시장은 전년 대비 크게 성장.
- 글로벌 배터리 총출하량은 2019년 30,000대에서 2020년 35,000대, 그리고 2021년에는 60,000대로 크게 상승. 특히 2021년의 총출하량은 당초 예상하였던 40,000대의 수준을 크게 웃도는 상황임.

또한 팀장 L은 K에너지에서 출하한 배터리의 단위당 가격과 단위당 변동원가를 다음과 같이 보고하였다. 팀장 L은 배터리의 글로벌 수요 증대로 인해 K에너지가 생산한 배터리의 가격이 예상보다 많이 상승하였으며, 배터리 생산수요가 증가함에 따라 단위당 직접재료원가 및 직접노무원가가 함께 증가하였다고 보고하였다.

〈표 1〉 **배터리 판매가격 및 단위당 변동원가**

	실제 결과	당초 계획
배터리 가격	180원	150원
단위당 직접재료원가	90	70
단위당 직접노무원가	25	24

또한 팀장 L의 의견에 따르면, 최근의 원자재 가격 상승과 임금 상승이 배터리 단위당 원가 상승의 주요 원인으로 판단된다.

한편, K에너지의 자재팀장 A와 노무팀장 B는 2021년 중 재료의 사용량과 공장 근로자의 직접노무시간 등을 보고하였다. 자재팀장 A와 노무팀장 B는 예상보다 자재 사용량이 많고 노동시간이 늘어나긴 했지만, 이는 생산량 증가에 따라 불가피한 측면이 있다고 보고하였다. 이사 J에게 보고한 내용은 다음과 같다.

참고 3 **2021년 배터리 생산과 관련한 원가요소의 사용현황**

- 2021년 배터리 생산 증가에 따라 재료 사용량 및 노동시간 역시 예상보다 크게 증가하였음.

	실제 결과	당초 계획
직접재료사용량(kg)	15,000	10,000
직접노무시간(시간)	2,400	1,500

팀장들의 보고로 이사 J는 배터리 판매량의 증가, 배터리 가격의 상승 및 생산 단위당 원가의 상승 추세를 확인하였다. 이에 따라 이사 J는 K에너지의 CEO에게 다음과 같은 취지의 보고를 준비하고 있다.

참고 4 **최근 K배터리의 이익 확대에 대한 CEO 보고 의견**

- 2021년 글로벌 배터리 시장의 호조에 따라 배터리 판매량이 증가하였으며, 배

터리 단가 역시 크게 상승. 특히 K에너지는 지속적으로 추진해 온 적극적인 시장 개척의 결과 기대 이상의 높은 실적을 거둔 것으로 판단됨.

- 그러나 배터리의 시장수요 증대로 인해 원가 상승 압력이 커진 것으로 보임. 글로벌 원자재 가격 상승과 과도한 임금 상승으로 배터리 생산의 단위당 원가가 예상보다 상승하였으며, 향후 이와 관련한 모니터링이 필요할 것으로 판단됨.

이사 J는 보고서 작성 중 공장 근로자들이 초과 근로시간에 대한 정당한 임금 지급을 요구하며 시위를 벌이고 있다는 소식을 들었다. 이사 J는 생산량이 크게 확대됨에 따라 근로자들의 초과 근무가 불가피하였을 것이라 예상하였으나, 생산량 단위당 직접노무원가가 예상치(24원)보다 상승한 25원이 지급된 것을 보고 정당한 임금의 지급이 이루어진 것으로 판단하였다. 또한 최근 기업들의 인건비 부담이 증가하고 있다는 소식을 많이 접하였기 때문에 근로자들이 시위에 나서는 것은 적절치 않다는 입장이다.

[토론사항 1] K에너지의 이사 J의 입장에서 [참고 2]의 자료를 참조하여 [참고 1]의 보고서 내용을 평가해 보자. [참고 1]의 보고서 내용은 정당한가?

[토론사항 2] [참고 1]~[참고 4] 및 〈표 1〉의 자료를 종합하여 K에너지의 차이분석을 수행하여 보자. K에너지가 예상보다 높은 영업이익을 거둘 수 있었던 이유는 무엇 때문이라 생각하는가? 수익 측면과 원가 측면에서 이야기하시오.

[토론사항 3] 2021년의 자료에 의할 때, K에너지가 중점을 두어야 할 사항은 무엇이라 생각하는가?

[토론사항 4] 공장 근로자들의 임금 관련 시위는 정당한가? 만일 정당하다고 생각한다면(정당하지 않다고 생각한다면), 그 이유는 무엇인가?

사내대체가격 - T실업의 사내대체가격

학습내용

사내대체가격의 의미를 학습하고, 사내 다른 부서에서 중간재를 구입하는 것보다 외부 구매가 유리한 경우, 그리고 한 부서에는 유리한 의사결정이지만, 기업 전체의 입장에서는 적절하지 않은 경우 등에 대하여 알아본다.

T실업은 데코레이션이 가미된 선물용 고급 전통 술잔세트 M을 제조하여 판매하고 있다. 최근 전통주 판매 증가에 따라 T실업이 생산하는 제품 M의 수요는 폭발적으로 증가하고 있는 상황이다. T실업에서는 M의 제조를 위해 A부문과 B부문이라는 두 개의 사업부문을 운영하고 있으며, A부문은 주로 기본형의 전통잔을 제조하여 B부문으로 판매하고 B부문은 A부문에서 만든 기본형의 전통잔을 사내 구매하여 추가적인 외형 장식과 데코레이션을 가미한 후 제품 M을 만들어 시장에 판매한다. T실업은 B부문에서 진행하고 있는 T실업 특유의 추가적인 외형 장식과 데코레이션 작업을 기업의 핵심 역량으로 판단하고 있다. 2019년 말, 2020년의 수요 예측에 따르면, T실업은 M의 판매량을 2,000세트로 예상하고 있다. 제품 M의 생산원가 자료는 다음과 같다.

〈표 1〉 **A부문의 기본형 전통잔 생산원가 자료**

항목	금액
A부문의 전통잔 단위당 변동원가	$200
A부문에서의 고정원가	70,000

위 자료에 의할 경우, 2,000단위 생산 시, A부문에서 생산한 기본형 전통잔의 총원가는 $470,000, 단위당 원가는 $235가 될 것으로 판단된다. 따라서 B부문에서는 $235에 기본형 전통잔 세트를 A부문으로부터 구입하여 B부문에서의 추가적인 처리(단위당 $100)를 거친 후, 단위당 $380에 판매 중이다.

[토론사항 1] T실업이 A, B부문의 이익을 독립적으로 작성한다 할 경우, A, B 두 부서의 2020년 예상되는 이익은 얼마인가? 또한 T실업 전체의 이익은 얼마인가?

한편, B부문의 부문장 Lee는 A부문에서 생산하는 기본형 전통잔이 좋은 원료를 이용하여 높은 품질을 가지고 있다는 점은 인정하면서도 지나치게 평범하게 보인다 판단하였다. 부문장 Lee는 2020년 승진을 앞두고 있어, 부서의 실적 개선이 필수적이라 판단하고 A부문에서 생산하는 기본형 전통잔 대신 외부 업체에서 기본형 전통잔을 더욱 저렴하게 매입하여 B부문에서 데코레이션을 하여 판매하는 방안을 구상하고 있다. Lee는 직원에게 지시하여 외부의 기본형 전통잔 생산업체를 알아보게 하였으며, 직원은 Z실업을 유력한 대안으로 제시하였다. Z실업의 담당자와 상의하여 보니, Z실업에서 주문 시, 연간 멤버십을 가입하여야 하며, 연간 멤버십비는 $20,000라 한다. 또한 멤버십 가입 시 세트당 $220로 구매가 가능하다. 따라서 Z실업에서 기본형 전통잔을 구입할 경우의 구입원가 자료는 다음과 같다.

〈표 2〉 **외부 구입 시 기본형 전통잔 구입원가 자료**

Z실업에서 구입 시, 전통잔 단위당 변동원가	$220
Z실업에서 구입 시 고정원가	20,000

따라서 제품 M 2,000세트를 판매할 때, Z실업의 기본형 세트를 구입하여 가공할 경우, 총원가는 $460,000, 단위당 원가는 $230가 될 것으로 판단된다. 따라서 B부문에서는 $230에 기본형 전통잔 세트를 구입하여 B부문에서의 추가적인 처리(단위당 $100)를 거친 후, 단위당 $380에 판매한다면, B부문의 추가적인 이익 발생이 예상된다. Z실업의 기본형 전통잔은 A부문의 제품보다 품질 측면에서 다소간 부족한 점이 있지만 유의미한 차이는 아니라 판단된다. 부문장 Lee는 이와 같은 분석결과를 T실업의 CEO에게 보고한 상황이다.

[토론사항 2] 만일, 당신이 T실업의 CEO라면 B부문장 Lee의 제안을 받아들여 외부에서의 구입을 승인하겠는가? 만일 승인하고자(불승인하고자) 한다면, 그 이유는 무엇인가? (단, A부문의 경우 B부문에 판매하는 것 이외에는 다른 대안이 없다고 가정한다.)

A부문의 부문장 Kim은 B부문의 움직임에 위기의식을 느끼고 A부문에서 생산한 기본형 전통잔의 외부 판매를 알아보고 있다. 시장조사 결과, A부문에서 생산한 전통잔이 다소 비싸기는 하지만 높은 품질로 인해 시장의 신뢰도가 높은 것으로 나타났으며, 외부 판매 시 단위당 $250의 가격으로 1,600단위를 판매할 수 있을 것으로 판단된다. 이에 따라 A부문의 순이익은 $10,000가 될 수 있을 전망이다. Kim은 이 내용을 T실업의 CEO에게 보고하였다. 이 경우 A부문은 B부문에 판매할 수량을 추가 생산할 여력은 없다.

[토론사항 3] 이 경우, 당신이 T실업의 CEO라면 어떠한 판단을 내리겠는가?

2020년 말, 2021년 중 T실업의 제품 M에 대한 수요는 크게 증가할 것으로 예상된다. 따라서 제품 M에 대한 시장의 수요는 2021년 3,500세트가 될 것으로 예측되고 있다. 원자재 시장의 안정으로 인해 원가함수는 2020년 수준에서 변화하지 않을 것으로 예상된다.

[토론사항 4] 2021년 중 A부문에서 제조한 기본형 전통잔 단위당 원가와 Z실업에서 구매한 기본형 전통잔 단위당 원가는 얼마로 추정되는가?

B부문의 부문장 Lee는 2020년도와 마찬가지로 A부문의 기본형 전통잔을 사용한 세트와 Z실업에서 구입한 기본형 전통잔을 사용한 세트 중 어떠한 것이 B부문에 유리한지 검토를 지시하였다.

[토론사항 5] Lee의 입장에서 어떠한 선택을 하는 것이 바람직할 것으로 판단되는가? 그 이유는 무엇인가?

[토론사항 6] 위 정보에 기반하여 T실업의 CEO의 입장에서 어떠한 선택을 하는 것이 바람직할 것으로 판단되는가? (단, A부문의 경우 B부문에 판매하는 것 이외에는 다른 대안이 없다고 가정한다.)

[토론사항 7] 2021년도에는 A부문의 전통잔 외부 판매 시 단위당 $250의 가격으로

2,200단위를 판매할 수 있을 것으로 판단된다(이 경우 A부문은 B부문에 판매할 수량을 추가 생산할 여력은 없다.). 이 경우 T실업의 CEO의 입장에서 어떠한 선택을 하는 것이 바람직할 것으로 판단되는가?

기말 재고자산의 측정 오류와 그 효과 – 행복기업의 재고자산 기말가액

학습내용 재고자산 평가의 오류가 재무정보에 미치는 영향을 학습하고, 현재 연도의 평가오류가 지속되는 기간을 학습한다. 또한 인위적으로 재고자산의 평가를 왜곡할 경우, 영업이익에 미치는 영향에 대해 알아본다.

행복기업은 공구 제조기업으로부터 공구세트를 구매하여 시장에 가정용 공구세트를 납품하고 있는 가정용 공구 도매업체이다. 행복기업의 재무팀에서는 매출원가의 파악을 위해 실지재고조사법을 사용하고 있다. 따라서 매년 말, 재고관리 담당자는 재고자산 창고에서 재고를 확인한 후, 기초의 재고자산, 당기 중의 매입액, 그리고 기말의 재고액에 기반하여 당기의 매출원가를 계산하고 있다. 행복기업은 창사 이래 실지재고조사법을 큰 문제없이 적용하고 있는 상황이다.

[토론사항 1] 실지재고조사법의 의미를 파악해보자. 이는 계속기록법과 어떠한 차이가 있는가?

최근, 재고의 파악을 담당하였던 사원 A가 건강 관련 문제로 퇴직하자, 행복기업은 해당 업무를 담당할 사원을 신규로 채용하기로 하고 신입사원 K를 채용하였다. 기업의 인력사정이 넉넉치 않은 관계로 신입사원 K는 동시에 여러 개의 업무를 수행하게 되었으며 그중 하나가 기말 행복기업의 재고자산 창고에 들어가 공구세트의 재고를 파악하고 기록하는 것이었다. 전임자였던 A가 건강 문제로 급히 퇴직하는 바람에 K는 업무 현황에 대한 인수인계를 충분히 받지 못한 채 실무에 참여하였다. 또한 여러 가지 일을 처리해야 했던 K는 기말 재고의 파악을 항상 기한이 다 되어서야 급히 처리하는 방식으로 진행할 수밖에 없었다.

K는 2020년 말 행복기업의 공구세트 재고량은 총 1,400개로 파악하였으며, 선입선출법을 가정하여 단위당 원가를 계산한 결과 단위당 원가는 세트당 5,000원이다.

또한 2021년 말과 2022년 말에도 사원 K는 기말재고량 단위당 원가를 구하였는데 이 정보는 다음의 〈표 1〉과 같다.

〈표 1〉 **행복기업의 기말상품재고액과 단위당 원가**

연 도	2020	2021	2022
기말재고량	1,400개	1,200개	1,500개
단위당 원가	5,000원	6,000원	7,000원
기말재고액	7,000,000원	7,200,000원	10,500,000원

이 정보에 기반하여 구성된 행복기업의 손익계산서는 다음의 〈표 2〉와 같다. 논의의 단순화를 위해 영업이익과 당기순이익은 일치한다고 가정하였다.

〈표 2〉 **행복기업의 요약손익계산서**

연 도	2020	2021	2022
매 출	12,500,000원	14,500,000원	8,500,000원
매출원가	10,000,000	11,300,000	6,700,000
기초상품재고액	6,000,000	7,000,000	7,200,000
당기상품매입액	11,000,000	11,500,000	10,000,000
기말상품재고액	7,000,000	7,200,000	10,500,000
매출총이익	2,500,000	3,200,000	1,800,000
판매비와 관리비	1,000,000	1,100,000	1,300,000
영업이익 (당기순이익)	1,500,000	2,100,000	500,000

[토론사항 2] 2020년 초, 기초상품재고액의 총원가는 6,000,000원으로 나타나 있다. 기초상품재고의 단위당 원가가 4,000원이며, 2020년 중 행복기업이 제조업체로부터 구입한 공구세트의 단위당 매입원가는 5,000원이다. 이 경우, 2020년 중 판매한 공구세트의 수량은 몇 개인가?

또한 2020~2022년의 기간 중 행복기업 재무상태표 상의 자산, 부채 그리고 자본의 총액은 〈표 3〉에 나타난 바와 같다.

〈표 3〉 행복기업의 요약재무상태표

연 도	2020	2021	2022
자 산	30,000,000원	35,000,000원	36,000,000원
부 채	10,000,000	12,900,000	13,400,000
자 본	20,000,000	22,100,000	22,600,000

2022년 말, 2년의 시간이 흐른 후, 업무가 익숙해지고 여유시간이 생긴 신입사원 K는 우연히 지난 2년간 재고량을 체크하였던 자신의 메모를 확인하여 보았다. 그 결과, 2020년과 2021년, 실제 보고한 재고량이 자신이 창고에서 헤아린 재고량과 차이가 발생하였음을 발견하였다. 이에 놀란 K가 그 이유를 추적하여 보니, 2020년과 2021년 메모에는 올바른 숫자가 기입되어 있으나 실제 자료 보고에서 실수를 범하여 오류가 있는 숫자를 보고한 것으로 파악되었다. K가 계산에서의 오류를 정정한 결과, 행복기업의 기말상품재고액과 단위당 원가는 다음의 〈표 4〉와 같이 수정되었다.

〈표 4〉 행복기업의 기말상품재고액과 단위당 원가 - 수정 후

연 도	2020	2021	2022
기말재고량	1,500개	1,100개	1,500개
단위당 원가	5,000원	6,000원	7,000원
기말재고액	7,500,000원	6,600,000원	10,500,000원

K는 이와 같은 상황을 담당 책임자 J에게 보고하였다. 담당 책임자 J는 K에게 엄중히 경고하고 위와 같은 오류로 인해 재무제표의 수정이 필요한 사항을 파악하라 지시하였다. K는 이와 같은 지시에 따라 요약 손익계산서와 요약 재무상태표를 수정하고자 한다.

[토론사항 3] K는 위 정보에 따라 매출원가, 매출총이익, 영업이익(당기순이익)을 수정하고자 한다. 위와 같은 오류가 2020~2022년의 행복기업의 매출원가, 매출총이익, 영업이익(당기순이익)에 어떠한 영향을 미칠 것으로 예상되나?

[토론사항 4] 위 정보에 따라 2021년과 2022년 행복기업의 매출원가, 매출총이익, 영

업이익의 변동을 아래 〈표 5〉에서 구해 보자. 그리고 표를 통해 구한 숫자가 [토론사항 3]에서 예상한 바와 같은지에 대해 이야기해 보자.

〈표 5〉 행복기업의 요약 손익계산서 - 수정 후

연 도	2020	2021	2022
매 출	12,500,000원	14,500,000원	8,500,000원
매출원가	(　　　)	(　　　)	(　　　)
기초상품재고액	6,000,000	(　　　)	(　　　)
당기상품매입액	11,000,000	11,500,000	10,000,000
기말상품재고액	7,500,000	6,600,000	10,500,000
매출총이익	(　　　)	(　　　)	(　　　)
판매비와 관리비	1,000,000	1,100,000	1,300,000
영업이익(당기순이익)	(　　　)	(　　　)	(　　　)

[토론사항 5] K가 위와 같이 손익계산서를 수정할 경우, 재무상태표 상의 자산, 부채 및 자본에 미치는 영향을 이야기하시오.

[토론사항 6] 만일, 〈표 1〉에서 2020년의 기말재고량에만 오류가 있고 2021년의 기말재고량은 올바로 측정되었다 가정하자. 이와 같은 오류는 2022년도의 재무제표에 영향을 미치는가? 미친다면(미치지 않는다면) 그 이유를 설명하시오.

[토론사항 7] 여러분이 행복기업의 대표이사라 가정하자. 2020년 현재, 행복기업의 이익 수준이 기대에 미치지 못한다고 생각하여 회계정보의 조작을 통해 기업의 이익을 증가시키는 방향으로 보고하고자 한다. 이 경우, 기말 재고자산량은 실제보다 과소하게 보고해야 하는가? 아니면 과대하게 보고해야 하는가? 그리고 이렇게 이익을 증가시키는 방향으로 보고하였을 경우의 영향에 대해 이야기해 보자.

CHAPTER 5

의사결정과 관련 원가

- Health Academy Gym
- 아웃소싱 - (주)한바트 사례
- CVP 및 의사결정 - (주)한국막걸리 사례
- Big Market의 지점 개설
- 특수한 세금 과세 제품에 대한 회계처리 및 의사결정 - 담배 사례
- (주)동주농장 - 스마트팜 자본예산분석

정확한 원가분석이 경영의 성패를 가른다

기업은 지속적인 성장을 위하여 끊임없이 신제품 개발 및 출시, 제품 또는 부문 철수, 제품 가격 인하 또는 인상, 새로운 사업에 대한 진출, 자본투자 등 중요한 경영의사결정을 수행한다. 이때 기업 차원에서 올바른 결정을 내리기 위해서는 의사결정 대상과 관련된 원가가 어떻게 구성되어 있고, 그중 고려해야 할 사항은 무엇인지에 대한 정확한 분석이 선행되어야 한다. 이에 본 장에서는 기업의 주요 의사결정사항 중 창업, 아웃소싱, 제품 철수 및 가격 인하 결정, 적자 사업부 폐지 및 새로운 사업부 개설, 재고관리 및 자본투자에 초점을 맞추어 관련 원가에 대한 분석이 이러한 의사결정에 어떠한 영향을 미치며, 어떻게 해당 정보를 분석하여 활용할 수 있는지 가상의 사례를 통해 연습해 본다.

Health Academy Gym

학습내용 본 케이스는 고정원가, 변동원가 등 원가의 행태에 대한 이해와 기업의 수익성 분석을 학습하도록 돕는다.

2019년 2월, 서울의 한 대학에서 스포츠과학과를 졸업한 동수는 그의 집에서 가까운 서울시 동대문구에 피트니스 센터(fitness center)를 오픈하기 위해 창업 실현 가능성을 조사하고자 분석에 필요한 정보를 수집하고 있다. 동수는 대학 재학 중에 피트니스 센터에서 파트타임 강사로 2년 동안 근무한 경험이 있고, 재학 중인 대학교에서는 창업동아리에서 활동하면서 창업에 필요한 준비를 해왔다. 그는 기회가 있을 때마다 창업 정보를 제공하는 세미나에 참석하였으며 학교 선배들의 창업 경험들을 듣고 다양한 조언을 구하기도 했다. 그는 요즘 사람들이 남녀노소 모두 건강에 관심이 많을 뿐 아니라 몸매를 가꾸는 데에도 열심이기 때문에 피트니스 센터는 매력적인 창업 아이템이라고 생각한다. 다만, 이미 수년 전부터 이 업종이 치열한 경쟁 상태이므로 창업에 있어서 매우 신중해야 한다는 것을 그는 잘 알고 있다.

동수는 다수의 회원으로부터 정해진 기간 동안 운동시설을 사용할 수 있는 회원비를 받는 전형적인 대규모의 피트니스 센터보다는 일대일 혹은 소수의 회원들을 대상으로 수업을 하는 피티샵(personal training shop)을 오픈하려고 계획 중이다. 그러나, 수익성을 높이기 위하여 개인 피티수업을 따로 받지 않지만, 운동 시설물만을 이용하는 회원제 제도도 함께 운영하는 것을 고려 중이다. 이러한 경우, 대규모의 피트니스 센터에 비해 회원 가격을 조금 다르게 책정하는 고객유치전략이 필요하다고 생각한다. 대규모의 피트니스 센터에서는 회원들이 좀 더 다양한 종류의 운동기구를 사용할 수 있고, 또한 요가, 소도구 필라테스, 스피닝, 줌바댄스 등의 수업이 오전과 오후에 몇 차례 진행되므로 동수는 대규모 헬스 센터와 직접적인 경쟁을 하기보다는 시장 내 포지셔닝을 다르게 해야 한다고 생각한다. 비교적 작은 규모의 헬스장은 가격경쟁력을 높이기 위해 회원제 가격이 시장성이 있어야 하고, 회원들에게 좀 더 친밀하고 밀접하게 운동을 도와주는 헬스장을 찾는 고객을 타겟 대상으로 하고 있다. 그는 헬스장의 이름을 Health Academy Gym으로 하기로 하고, 본격적으로 창업 성공 가능성을 알아보기 위해 투자금 확보는 물론 지역 조사, 수요 및 경쟁업체 분석, 그리고 매출 추정과 비용 예측을 꼼꼼하게 검토하기 시작했다.

동수가 창업하려고 계획 중인 해당 지역에는 새롭게 들어선 대규모의 아파트 단지와 더불어 건축된 지 다소 오래된 다세대주택이 밀집되어 있다. 다양한 연령대의 주민들이 거주하는 대표적인 주거 밀집지역이다. 근처에는 카페, 식당, 약국, PC방 등 소규모 가게들이 많이 있지만 상업지역이 아니므로 큰 규모의 회사들은 없다. 따라서, 이 지역에서 피티샵 영업을 할 경우, 대상 고객은 근처에 거주하는 주민들이다. 일반적으로 약 도보 10분 이내의 거리에 있는 피티샵을 선호하므로 대상 고객들은 근처 1km에 거주하는 주민들일 것이다. 또한 주거지역의 특성상, 오전에는 출근하지 않는 회원들이 동수의 헬스 센터를 찾을 것이고, 점심시간부터 이른 오후까지는 꽤 한가할 것이다. 오후 5시 이후부터 늦은 저녁까지가 퇴근 후 운동을 하려는 사람들로 인해 가장 바쁜 시간이 될 것이다. 동수는 이러한 지역적인 요소들을 고려하여 적당한 장소를 물색한 결과, 한 건물의 2층에 있는 공간을 임차하기로 결정하였다. 해당 건물은 버스 정거장에서 가깝다. 1km 반경 안에는 대규모 피트니스 센터가 한 곳 있고, 요가 센터가 한군데 있으며, 필라테스와 피티샵의 혼합 형태로 영업을 하는 곳이 한군데 있다. 1km 안에 1,000세대가 있는 대형 아파트 단지 세 곳이 있으며 그 외로는 대부분 다세대주택과 빌라 등이 존재한다. 주변 환경을 고려했을 때, Health Academy Gym에는 오전에는 주부들이 주로 방문하고 오후에는 직장인 회원이 방문할 것으로 예상된다.

목표 시장을 세밀하게 조사한 결과 해당 건물을 중심점으로 반지름 1km의 거리에 약 20,000명 정도의 주민이 있으며, 그중에 피티샵을 찾을 것으로 예상되는 20세에서 60세 사이의 잠재적인 고객의 수는 약 8,000명 정도로 예상된다. 8,000명 중에 동수의 Health Academy Gym의 고객이 될 것이라고 예상되는 인원은, 낙관적인 경우에는 한 해에 800명이 20회의 개인 피티수업을 들으며 100명이 6개월의 회원권을, 그리고 50명은 12개월 회원권을 구매할 것으로 예측된다. 그러나, 좀 더 현실적으로는 600명이 20회의 수업을 듣고, 80명이 6개월의 회원권을, 그리고 30명이

12개월 회원권을 살 것으로 예측된다. 마지막으로 비관적인 예상은 300명의 사람들이 20회의 수업을 듣고, 50명이 6개월의 회원권을 사며, 20명이 12개월 회원에 관심이 있을 것이라고 예측된다.[1),2)] 근처의 피트니스 센터와 요가 센터 등 경쟁업체의 가격을 고려한 결과 동수는 20회의 회원권의 경우에는 회당 60,000원을 책정하는 것이 적정하다고 생각한다. 따라서 20회 회원권을 구입하는 고객으로부터, Health Academy Gym은 1,200,000원의 매출 수익을 벌어들일 것이다. 장기회원권의 경우에는 개인 수업은 없지만, 고객이 원할 때 언제나 운동시설을 이용할 수 있다. 대규모의 피트니스 센터에 비해서 공간도 좁고 운동기구도 다양하지 않으므로 장기회원권의 가격 경쟁력을 높이기 위해서 6개월 회원권의 가격은 360,000원으로, 그리고 12개월 회원권의 가격은 600,000원으로 하기로 한다.

동수는 그의 사업을 시작할 수 있는 필요한 비용과 투자에 대한 정보를 수집하였다. 건물 임차료는 보증금 50,000,000원에 월 4,000,000원이다. 전기와 물, 가스의 사용료는 계절에 따라서 달라지지만 한 달 평균으로 1,000,000원이 예상된다.[3)] 그 외에 한 해 보험료로 2,000,000원을 선지급할 것이다. 카페 홍보를 위한 광고, 마케팅과 프로모션에 대한 비용으로 3,000,000원의 광고비가 발생할 것으로 예상하였다. 기타 다른 등록, 허가 등으로 인한 창업비용으로는 합해서 5,000,000원이 발생할 것으로 추정하였다. 또한, 잡다한 매월의 관리와 행정상의 비용은 500,000원이 들 것이다. Health Academy Gym에 근무하는 헬스트레이너는 오전과 오후로 구분하여 각 3명이 수업 및 행정, 관리 등을 모두 함께 책임지기로 한다. Health Academy Gym은 오전 9시에 영업을 시작하여 오후 10시까지, 월요일부터 토요일까지 주 6일 영업할 계획이다. 따라서, 오전 근무자는 영업 전 청소 및 정리를 위해 오전 8시부터 오후 2시까지 총 6시간 근무하고, 오후 근무자는 오후 4시부터 오후 10시까지 총 6시간을 근무한다. 헬스트레이너의 경우에는 월급과 회원 수에 따른 성과급을 포함하여 급여를 지불한다. 월급은 한 달에 1,000,000원이다. 개인 수업을 하는 회원의 경우 회원권의 30%를 트레이너의 인센티브 급여로 책정하며, 나머지 70%

---

1) 한 회원이 회원권을 반복해서 여러 번 구매할 경우를 포함하여 명수를 계산하였다.

2) 모든 회원권의 구매와 사용은 한 해 안에 이루어지는 것을 가정한다.

3) 이러한 비용은 사용 정도에 따라 변동적이지만, 영업을 위해 매달 발생한다고 가정한다.

를 Health Academy Gym의 수익으로 인식한다. 장기회원권의 수입은 모두 Health Academy Gym의 매출수익이다.

동수는 임차한 공간을 피티샵 목적에 맞도록 내부 공사가 필요하다고 판단하였다. 먼저, 남녀 탈의실과 샤워실의 공간이 필요하고 책상 하나 정도가 들어가는 작은 사무 공간도 필요하다. 화장실 공사도 하려고 한다. 바닥 공사와 기타 인테리어 등의 모든 공사비용을 전문가와 상담하였다. 상담 결과, 총 1달의 공사기간이 필요하고 관련 비용으로는 100,000,000원이 책정되었다. 건물 외부와 내부의 간판 비용으로는 4,000,000원을 책정하였다. 그리고, 피티샵 운영에 필요한 장비를 준비하기 위해 장비목록을 작성하였다. 필요한 일부 장비는 구매하고 나머지 장비는 1년 단위의 사용계약을 하기로 계획하였다. Health Academy Gym에 필요한 장비목록은 각각 구매할 장비나 비품의 목록과 1년 단위의 렌탈을 할 운동장비 리스트로 구분하여 〈표 1〉에 정리하였다. 구매한 장비의 경우 1년에 2,000,000원의 유지, 관리 및 수리 비용이 발생한다. 렌탈하는 장비의 경우는 렌탈업체에서 수리비를 부담한다.

동수는 그의 창업비용 목록을 훑어본 후, 그의 사업에 필요한 자금을 어떻게 확보할지 고민하였다. 그는 창업을 위해 그동안 저축해 두었던 돈인 70,000,000원을 창업에 투자하기로 했다. 그리고, 창업을 위한 추가 금액을 확보하기 위해서 몇 차례 미팅과 협상을 거친 후에 동업자 한 명을 찾았다. 두 사람은 나머지 금액은 은행에서 대출을 받기로 결정하였다. 동업자는 70,000,000원을 투자하여 동수와 투자자가 각 50%의 지분을 소유하기로 하였다. 나머지 50,000,000원은 은행에서 연 3%의 이율로 대출받기로 하였다.

[토론사항 1] Health Academy Gym의 원가형태를 분석하시오. (고정비와 변동비 구분 등)

[토론사항 2] 동수는 Health Academy Gym을 창업해야 하는가? Gym의 수익과 비용, 그리고 시장 상황을 파악하여 수익성을 계산하여 토론하시오. 손익 계산 시에 추가로 고려할 사항들에 대해서 논의하시오.

[토론사항 3] Health Academy Gym이 수익성을 높이기 위해 어떤 전략을 추진하는 것을 추천하는가?

〈표 1〉 장비 목록

a. 구매장비목록

장비 이름	장비 수	장비 구매가격
책 상	3	750,000
의 자	3	600,000
컴퓨터	3	3,600,000
복합기(프린터)	1	500,000
청소기	1	1,000,000
정수기	1	1,500,000
샤워실 내 사물함	20	2,000,000
신발사물함	60	3,000,000
인바디 기계	1	4,000,000
저 울	1	500,000
커피머신	1	500,000
냉장고	1	3,000,000
요가매트	5	250,000
수 건	70	140,000
barbell	5	700,000
Kettlebell	5	300,000
Dumbbell	20	1,200,000
기타 소도구	10	1,000,000
총 가격		**295,900,000**

b. 렌탈장비목록

장비 이름	장비 수	장비 렌탈가격(갯수당, 1년 렌탈)
Leg press	1	2,400,000
Leg extension	1	2,400,000
Multi jungle-5-stack	1	3,000,000
Assist deep chin	1	2,400,000
Bench press	1	2,400,000
Chest press	1	2,400,000
Shoulder press	1	2,400,000
Hyper back extension bench	1	2,400,000
Hip adduction	1	2,400,000
Treadmill	3	2,400,000
Cycle	3	3,000,000
총 가격		**38,400,000**

아웃소싱 - (주)한바트 사례

학습내용

본 사례는 학생들이 의사결정에 대한 기본 개념을 숙지한 후 아웃소싱 사례를 통해 의사결정을 해 보는 것을 목표로 한다. 구체적으로 IT 관련 서비스를 외부 조달하는 경우와 자체 조달하는 경우의 관련 원가와 비관련 원가가 무엇인지를 찾아보고, 이를 서로 비교하여 비용절감 측면에서 어떤 것이 더 유리한지 의사결정한다. 이에 더하여 외부 조달 의사결정 시 고려해야 하는 질적 요소에 대해서도 토론해 본다.

한지영 씨는 (주)한바트의 대표이사이다. (주)한바트는 가구를 판매하는 상장기업으로 처음에는 작은 서랍장, 선반 등으로 시작하였으나 이후 출시한 DIY 조립 제품이 크게 인기를 끌면서 설립 이후 20년간 크게 성장하였다. 이에 5년 전에는 코스닥 상장에도 성공하였다. 그러나 상장 이후로는 출시한 신제품이 별다른 반응을 보이지 않으면서 매출 성장은 정체된 데 반해 원자재 및 인건비 등 비용은 지속적으로 증가하고 있어 3년 전부터는 매년 당기순이익이 감소하고 있다. 이에 따라 배당도 지급하지 못하고 신규 투자도 늘리지 못하면서 주가도 최고가 대비 20% 이상 하락한 상태이다. 한지영 씨는 현재 상황을 타개하기 위하여 매출에 영향을 주지 않는 한도 내에서 비용을 전략적으로 줄일 수 있는 방안을 찾고 있다.

한지영 씨는 8년 전 회계팀장으로 입사하여 CFO를 거쳐 작년에 대표이사로 승진하였다. 회사의 수익 및 각종 비용에 대한 전반적인 회계처리를 담당했던 과거 경험상, 회사가 과거 십수 년간 매출이 매년 크게 성장하면서 조직도 방만하게 운영되어 왔기 때문에 판매 및 관리 비용에서 절감할 여지가 많다는 것을 알고 있다. 이에 재무팀장에게 부서별 상세 비용내역을 정리해 오도록 지시하고 1월 3일 새해 첫 임원 회의를 소집하였다.

임원 회의 당일 모든 부서장들이 모여 함께 부서별 비용목록을 검토한 결과, 비용을 절감할 수 있는 여러 대안이 제시되었다. 그중 비용이 올해까지 지속적으로 증가하고 있는 IT부서가 가장 눈에 띄었다. 온라인 판매 확장으로 4년 전 대대적인 장비투자를 수행하였고 매년 많은 비용이 발생하고 있으나, 온라인 판매 분야 및 IT분야 전반에 대한 전문성 부족으로 매년 홈페이지 및 온라인 주문에 대한 소비자

불만이 지속되고 있는 상황이다. IT부서장은 전문인력을 추가로 채용할 것을 주장하였으나, 회계팀장 및 마케팅팀장은 관련 업무 전체를 외부 전문업체에 아웃소싱하는 대안이 어떨지 조심스럽게 제안하였다. 한지영 사장도 만일 적절한 금액을 제시하는 전문적이고 믿을만한 업체를 찾을 수 있다면 아웃소싱을 하는 방안이 IT 관련 비용을 크게 절감하면서도 소비자 불만 등을 해결하는 데 더 효율적일 것으로 판단되어 추가적으로 심층 검토하기로 하고 회의를 마무리지었다.

(주)한바트 개요

(주)한바트는 오피스가구와 가정용가구를 판매하는 가구 제조 및 판매 업체이다. 20년 전 설립된 이래 합리적인 가격과 품질로 매출이 급성장하여 총직원수가 300명에 달하는 중견기업으로 성장하였으며, 5년 전 코스닥에도 상장하였다. 그러나 그 이후 여러 소규모 가구업체가 우후죽순으로 생기고 값싼 중국산 제품 등을 제시하는 온라인 판매가 증가하면서, 경쟁 심화로 매출이 정체되고 있다. 이러한 상황을 타개하기 위하여 최근에는 젊은 싱글족을 대상으로 하는 간단한 DIY가구도 다양하게 출시하였으며, 온라인 판매에도 진출하였다. 전국에 직영매장 8곳을 운영하여 제품을 전시하고 판매하고 있으며, 대리점은 30곳이 계약되어 있다.

(주)한바트의 IT부서 현황

(주)한바트는 5년 전까지는 대부분의 제품을 직영매장 및 대리점을 통해 판매하였기 때문에, IT부서의 규모가 크지 않았다. 당시 IT부서의 주 업무는 구매 및 회계시스템 유지보수 및 홈페이지 관리, 그리고 내부 직원의 컴퓨터 사용 지원이 대부분이었다. 또한 온라인 판매는 홈페이지를 통한 소량의 액세서리 및 부품 정도였기 때문에 특별한 시스템이 필요하지 않았다. 그러나 경쟁사들이 온라인 판매를 확장하고 소비자의 요구가 늘어나면서 5년 전부터 제품의 온라인 판매를 늘리면서 관련 IT 설비 및 인력 증설을 위한 프로젝트를 계속 진행해왔다. 그러나 전반적인 시스템 구축이 수행된 것이 아니고 필요할 때마다 추가하는 방식으로 진행되었기 때문에 오류가 많고 소비자의 불만도 증가하고 있어서, 투자 및 규모에 비해 효율적으로 운영되고 있지 않고 있다는 평가를 받고 있다. 또한 지속적인 업데이트 및 증설

이 필요하여 매년 관련 비용이 증가하고 있는 추세이다. 현재 모든 제품군에서 온라인 판매가 성장하고 있기 때문에, 향후 온라인 판매 관련 시스템 비용은 더욱 증가할 것으로 예상된다.

아웃소싱 결정사항

한지영 씨는 아웃소싱 여부를 결정하기 위하여 내년 IT부서의 비용 예산을 정리해 오도록 회계팀장에게 지시하였다. 회계팀장은 항목별 인원 및 비용을 정리하여 아래 〈표 1〉~〈표 3〉을 제출하였다. 회사의 평균 임금상승률은 3%이며, 대안선택 시 사용하는 가중평균자본비용은 8%이다. 여러 상황을 고려하였을 때 향후 3년간 IT부서의 직원을 추가 채용할 계획은 없다.

IT부서장과 논의한 결과 아웃소싱 업체로는 가장 안정적인 서비스를 제공한다고 알려진 (주)일타가 가장 좋은 대안으로 제시되었다. 이에 (주)일타와 구체적인 업무 범위 및 가능성을 논의하였다. 그 결과 (주)일타에서는 오류가 거의 없는 안정적인 서비스를 보장하면서 초기 프로젝트 비용 25억원 및 매년 수수료 10억원(첫해 이후 매년 3% 인상)을 제시하였다.

만일 아웃소싱을 결정하게 되면 내년 초부터 IT부서에서 하는 업무 대부분을 아웃소싱할 계획이다. 아웃소싱 이후에는 IT부서에 부서장 및 업무가 원활하게 수행되는지 확인하기 위한 기획팀 3명, 그리고 내부 IT기기 사용 및 기타 운영관리 부서(현재 운영관리팀) 6명만을 남기고 나머지 직원은 모두 해고하며, 해고 시 퇴직위로금으로 3개월 치 급여(연평균 급여의 25%)를 지급할 예정이다. 단 IT부서를 감원하더라도 임차료 등 회사의 다른 간접비는 절감될 부분이 없다.

〈표 1〉 IT부서 업무별 인원수 및 평균임금

	인원수	고정비/변동비	1인당 연평균 급여
IT부서장(임원)	1	고정비	100,000,000
팀장급	5	고정비	72,000,000
기획팀	3	고정비	60,000,000
시스템운영팀(서버 및 네트워크관리)	7	변동비(서버)	51,000,000
시스템개발팀(웹 및 서버 개발)	6	고정비	57,000,000
데이터분석팀	7	고정비	61,000,000
어플리케이션(운영) 관리	6	고정비	50,000,000
고객지원팀	10	변동비(판매량)	36,000,000
총급여			2,426,000,000

* 시스템운영팀 및 고객지원팀은 변동비이나 서버 및 판매증가율을 고려할 때 향후 3년간은 채용계획 없음.

〈표 2〉 IT 서버 장비

항 목	취득가액	매년 증가율
서 버	1,200,000,000	5%
소프트웨어 구입비(비용처리)	10,000,000	2%
네트워크 관련 비용(비용처리)	5,000,000	2%

〈표 3〉 IT부서 비용

항 목	기 준	금 액
급 여		2,426,000,000
복리후생비	급여의 10%	242,600,000
기타 급여 관련 비용	급여의 15%	363,900,000
서버 감가상각비	정액법, 내용연수 6년	200,000,000
서버 유지비	서버 비용의 5%	60,000,000
소프트웨어 구입비		10,000,000
소프트웨어 관리	소프트웨어 비용의 5%	500,000
네트워크 관련 비용		5,000,000

항 목	기 준	금 액
회사 간접비 배부액	기타 판관비 배부액	24,000,000
합 계		3,332,000,000

〈표 4〉 기타 정보

항 목	비 율
평균 임금상승률	3%
자본비용(cost of capital)	8%

[토론사항 1] 비용 절감 측면에서 한지영 씨가 ㈜일타에 아웃소싱하는 대안을 받아들이는 것이 좋을지 판단하라. 단, 빠르게 변화하는 업종 특성상 향후 3년까지만 고려하며, 모든 비용은 연말에 발생하는 것으로 한다.

[토론사항 2] 아웃소싱을 결정할 때 비용 절감 외 고려해야 할 점을 제시하라.

CVP 및 의사결정 - (주)한국막걸리 사례

학습내용

본 사례를 통해 회사의 손익계산서를 분석하여 변동원가와 고정원가를 구분하고, 이를 바탕으로 공헌이익계산서로 재구성해 본다. 또한 손익계산서 상 손실이 발생하고 있는 제품을 철수할지 여부 및 제품의 가격인하 결정, 추가적인 비용 지출 여부 등의 회사의 주요 의사결정에 이러한 정보를 어떻게 활용하는지 연습한다.

(주)한국막걸리는 막걸리 제조 및 판매회사로, 올해 3월 전문경영인인 박 사장을 고용하였다. 박 사장은 화장품 및 외국계 맥주 및 위스키 회사 등에서 다양한 경험을 가지고 있으며, 업계에서 기업 수익성 관리뿐 아니라 리더십 측면에서도 탁월한 능력이 있다고 인정받는 경영인이다. 박 사장이 고용되기 전 (주)한국막걸리는 창립자인 정기현 회장이 운영해왔다. 정 회장은 60년 전 부모님으로부터 물려받은 작은 양조장에서 출발하여 회사를 매출 200억 규모로 키워 온 입지전적 인물이다. 막걸리 열풍에 따라 매출이 급성장하고 회사 운영이 어느 정도 안정되면서 정 회장은 5년 내 코스닥 상장을 계획하고 준비하고 있었다.

그러나 최근 다른 주류 중 수입맥주가 다양하게 판매되고 국내 제조 맥주도 젊은 층에게 좋은 반응을 얻고 있으며, 와인 등 다른 주류의 가격도 저렴해지면서 전반적으로 막걸리에 대한 수요가 감소하고 있다. 또한 막걸리 시장 내에서도 여러 경쟁사에서 다양한 종류의 막걸리를 출시하면서 (주)한국막걸리의 매출은 점차 감소하고 있는 추세이다. 또한 작년에 정 회장의 판단 오류로 몇 가지 잘못된 투자를 시행함으로써 손실이 많이 발생하여 걱정이 많다. 그러던 중 올해 손익계산서(〈표 1〉)을 받아본 정 회장은 회사에 43백만원의 당기순손실이 발생한 것을 보고 깜짝 놀랐다. 담당 회계법인은 현재 상태로는 몇 년 내 코스닥 상장은 어렵고, 현 매출 감소 추세가 지속되면 장기적으로 기업의 존속이 의심될 수도 있다는 조언을 제시하였다. 정 회장은 고민 끝에 전문경영인을 고용하여 다시 한번 도약의 기회를 만들기로 결정하였다. 이에 따라 정 회장은 주류업계에서 회사의 수익성 증대 및 직원관리에서 평판이 좋은 박 사장을 영업하기 위해 적극적으로 노력해왔다. 박 사장은 스톡옵션 부여 및 경영 전반에 대한 결정 권한을 전적으로 위임해 줄 것을 요구하였으며, 정 회장은 이에 동의하였다. 이에 올 3월 박 사장은 전문경영인으로서 회사에서 근무를 시작하였다. 단, 정 회장은 박 사장이 회사의 특성이나 강점과 개선점을 정확하게 파악하기 전 주요 영업사항을 결정하는 경우 장기적으로 회사에 손해를 끼칠 가능성이 있음을 우려하여, 박 사장과 논의 끝에 처음 1년간은 (주)한국막걸리의 회장으로서 회사의 주요 회의에 참여하여 조언하는 역할을 유지하기로 하였다.

제품군

(주)한국막걸리는 전통막걸리, 생막걸리, 고급막걸리 3가지 제품을 만들어 판매하고 있다. 우선 전통막걸리는 살균막걸리로 한 병에 1,500원에 판매하고 있으며, 올해 판매량 3,424병으로 매년 감소추세이다. 이에 반해 2,500원에 판매하고 있는 생막걸리는 최근 건강에 대한 관심이 커지면서 수요가 증가하고 있으며, 올해 판매량은 4,530병으로 회사의 제품군 중 가장 많이 판매되고 있는 제품이다. 마지막으로 고급막걸리는 차별화된 막걸리에 대한 수요에 대응하기 위하여 연구개발을 통해 2년 전 출시되었다. 고급막걸리는 젊은 층을 대상으로 수요가 점차 증가하고 있으나 당초 예상한 것보다는 성장세가 빠른 편은 아니다. 현재 8,000원에 판매 중이고, 원재료 가격이 높아 1병당 원가율이 다른 제품에 비해 높은 편이다.

생산, 판매 및 경쟁자

(주)한국막걸리의 모든 제품은 진천에 위치한 공장에서 직접 생산하고 있다. 판매망은 전국에 위치한 8개의 직영대리점 및 10개의 위탁대리점에서 지역을 나누어 소매점에 판매하는 형태로 구성되어 있다. 규모가 작은 소형 양조장을 제외하면 비슷한 제품을 판매하는 경쟁사는 전국에 5개 있으며, 그중 2개는 (주)한국막걸리보다 규모도 크고 판매 제품군도 더 다양하다.

의사결정 사항

새로운 경영자로 취임인 박 사장은 회사에 어떠한 문제 및 기회가 있는지 일단 파악하고 대안을 논의하기 위해 정 회장을 포함한 이사회를 소집하였다. 사내이사들은 대부분 (주)한국막걸리에서 10년 이상의 경력이 있는 사람들로, 회사의 여러 상황 및 문제점을 잘 알 것으로 생각된다. 회의 전 우선 재무상황을 파악하기 위하여 회계팀장에게 제품별 손익계산서를 요청하였다(〈표 2〉). 또한 비용 항목별 성격도 정리하여 보고하도록 하였다(〈표 3〉). 이러한 정보를 바탕으로 이사회에서 각 부서장들에게 영업상의 문제점 및 합리적인 대안을 제시할 것을 지시하였다.

〈표 1〉 **손익계산서**

(주)한국막걸리 2020.1.1～2020.12.31 (단위: 백만원)

항목	금액
총매출액	**20,237**
(−) 매출에누리및환입	417
순매출액	**19,820**
(−) 매출원가	**13,710**
매출총이익	**6,110**
(−) 판매비와관리비	**5,821**
급여(퇴직급여 포함)	1,918
복리후생비	119
여비교통비	101
접대비	75
수도광열비 및 통신비	10
세금과공과	21
대손상각비	156
감가상각비	89
지급임차료	98
보험료	22
차량유지비	62
운반비	1,365
지급수수료	243
광고선전비	1,051
무형자산상각비	477
리스료	14
영업이익	**289**

영업외손익	
(+) 이자수익	32
(−) 이자비용	364
당기순손실	**(43)**

〈표 2〉 **제품별 손익계산서**

(단위: 백만원)

	고급막걸리	생막걸리	전통막걸리	합 계
개당 판매가(원)	8,000	2,500	1,500	
판매수량(천개)	472	4,530	3,424	
총매출	3,776	11,325	5,136	20,237
(−) 매출에누리및할인	38	239	140	417
순매출	3,738	11,086	4,996	19,820
(−) 매출원가 (*)	2,702	7,491	3,517	13,710
- 직접재료비	1,934	4,230	1,788	7,952
- 직접노무비	311	1,543	596	2,450
- 제조간접비				3,308
간접재료비	73	387	160	620
간접노무비	31	176	98	305
전력비	31	163	70	264
가스수도비	43	164	84	291
감가상각비	79	376	338	793
임차료	31	147	131	309
수선비	21	89	79	189
운반비	54	112.00	65	231
보험료	13	59	51	123
경상개발비	81	45	57	183
매출총이익	1,036	3,595	1,479	6,110
판매비와 관리비	1,254	2,631	1,936	5,821

	고급막걸리	생막걸리	전통막걸리	합 계
급여-직접비	101	253	202	556
급여-간접비	410	490	462	1,362
복리후생비	22	67	30	119
여비교통비	5	56	40	101
접대비	14	43	18	75
수도광열비 및 통신비	2	6	2	10
세금과공과	4	12	5	21
대손상각비	12	85	59	156
감가상각비	27	31	31	89
지급임차료	28	36	34	98
보험료	5	9	8	22
차량유지비	19	23	20	62
운반비	69	832	464	1,365
지급수수료	89	76	78	243
광고선전비	342	376	333	1,051
무형자산상각비	102	230	145	477
리스료	3	6	5	14
영업외비용				
이자수익	11	11	10	32
이자비용	121	122	12	364
법인세차감전순이익	(328)	853	(568)	(43)

* 계산을 간단하게 하기 위하여 기초 및 기말 제품은 없는 것으로 가정한다.

〈표 3〉 **비용별 성격 분석**

비용 항목	성 격
매출원가	
- 직접재료비	변동비
- 직접노무비	변동비
- 제조간접비	
간접재료비	고정비
간접노무비	고정비
전력비	변동비
가스수도비	변동비

비용 항목	성 격
감가상각비	고정비
임차료	고정비
수선비	고정비
운반비	변동비
보험료	고정비
경상개발비	고정비
판매비와 관리비	
급여-직접비	변동비. 계약 소매점 영업사원.
급여-간접비	고정비. 본사 및 지사 정규직원
복리후생비	고정비에 가까우나 회사 방침에 따라 변동 가능
여비교통비	변동비
접대비	고정비에 가까우나 회사 방침에 따라 변동 가능
수도광열비 및 통신비	고정비
세금과공과	고정비
대손상각비	변동비
감가상각비	고정비
지급임차료	고정비
보험료	고정비
차량유지비	고정비
운반비	변동비
지급수수료	고정비
광고선전비	고정비에 가까우나 회사 방침에 따라 변동 가능
무형자산상각비	고정비
리스료	고정비
영업외비용	
이자수익	고정비
이자비용	고정비

[토론사항 1] 제품별 손익계산서를 검토하던 중 한 임원이 전통막걸리의 경우 수요가 감소하고 있고 손실이 발생하고 있으므로, 시장에서 철수하는 것이 어떨지 질문하였다. 이러한 의견이 타당한지 검토하고, 만일 철수한다면 회사의 이익에 미치는 영향은 얼마인지 토론해 보자.

[토론사항 2] 막걸리의 경우 세 제품 모두 같은 공정을 사용하고 있다. 공장장은 수익성을 높이기 위해서는 단위당 수익성이 높은 제품을 더 많이 생산하고 다양한 판촉활동을 통해 더 많이 판매하는 것이 어떨지 제안하였다. 분석을 위해 재무구조상 판매수량당 수익성이 가장 높은 제품과 가장 낮은 제품은 무엇인지 제시하라. 또한 이러한 의사결정을 하는 것이 좋을지 토론해 보자.

[토론사항 3] 회의 중 마케팅부서장은 (주)한국막걸리가 동일한 제품을 수십 년 동안 판매하다 보니, 제품의 이미지가 나이든 '사람이 마시는 술'로 인식되는 경향이 있다고 지적하였다. 이에 따라 이미지 개선을 위한 활동이 시급하다고 언급하면서, 요즘 젊은 대학생 및 직장 초년생들 사이에서 큰 인기를 끌고 있는 유명 배우를 섭외하여 광고를 하자고 주장하였다. 만일 광고를 진행한다면 1년간 광고비용은 3억이 필요할 것으로 예상되며, 경쟁사 추이 및 리서치 결과를 검토하였을 때 주요 타겟층인 20~30대의 수요 증가로 전반적으로 1년간 고급막걸리는 3%, 생막걸리는 10% 매출이 증가할 것으로 예측된다. 전통막걸리는 젊은 층 소비가 거의 없어 영향이 없을 것으로 판단된다. 그 외 다른 원가비중 및 금액은 변동이 없다. 마케팅부서장의 의견이 타당한지 검토하고, 만일 광고를 진행한다면 순이익이 어떻게 달라질지 토론해 보자(단, 1년만 고려한다).

[토론사항 4] 영업부서장은 최근 경쟁이 심화되면서 경쟁업체가 신제품을 저렴하게 출시하여 당사의 매출에 부정적인 영향을 주고 있다고 보고하였다. 이에 현재 8,000원에 판매하고 있는 고급막걸리의 가격을 경쟁사보다 낮게 다시 책정하여 판매할 것을 제안하였다. 영업부서장이 제시한 소비자 조사 결과를 보면, 비슷한 경쟁사 제품보다 가격이 낮은 7,000원에 제품을 판매할 경우 판매 수량이 15% 증가할 것으로 예측된다. 영업부서장의 이러한 의견이 타당한지 검토하고, 가격을 낮추게 되면 이익에 어떠한 영향이 있을지 토론해 보자.

Big Market의 지점 개설

학습내용

여러 사업부에 공통으로 배부되는 원가가 존재할 경우, 적자 사업부를 폐지하는 것은 더욱 문제가 될 수 있음을 학습한다. 또한, 새로운 사업부를 개설하거나 기존 사업부를 폐지하는 정책이 기업의 성과에 미칠 수 있는 다양한 가능성을 학습한다.

(주)Big Market은 편의점을 운영하고 있으며 3년 전 편의점 사업을 시작하여 A시에 1개소, B시에 1개소의 편의점을 직영으로 개설하여 운영 중이다. A시와 B시의 편의점 영업이익은 각각의 편의점의 매출액에서 매출원가를 차감하고 기타 판매비와 관리비를 추가적으로 차감하여 계산된다. 현재 Big Market의 편의점 운영실적은 그리 만족스럽지 못하여 A시의 편의점과 B시의 편의점의 영업이익을 합하면 0인 상황이다.

Big Market 편의점의 매출원가율은 매출의 70% 수준이며 판매비와 관리비에는 편의점 근무자의 급여와 편의점 운영에 따른 전기, 가스, 수도료가 포함된다. A시와 B시의 편의점 모두 1명의 근무자가 일하고 있으며, 이들은 같은 수준의 급여를 받고 있다. 그러나 B시 편의점의 규모가 조금 더 작아 B시 지점의 전기, 가스, 수도료는 A시에 비해 낮은 상황이다. 또한 Big Market은 본사의 지점관리비를 A시와 B시의 편의점에 각각 배부하고 있다. 지점관리비는 각 지점을 관리하기 위해 본사에서 발생한 비용으로 고정비의 성격을 가지고 있으며 A시와 B시의 편의점에 각각 절반씩 배부한다. A시 지점과 B시 지점의 이익 관련 자료는 다음 〈표 1〉과 같다.

〈표 1〉 **편의점 지점별 이익자료**

	전 체	A지점	B지점
매출액	8,500,000원	5,500,000원	3,000,000원
매출원가	5,950,000	3,850,000	2,100,000
판매비와 관리비	2,550,000	1,350,000	1,200,000
급 여	1,000,000	500,000	500,000
전기가스수도료	650,000	400,000	250,000

	전 체	A지점	B지점
지점관리비	900,000	450,000	450,000
영업이익	0	300,000	−300,000

영업실적이 마음에 들지 않는 Big Market의 CEO인 Kim은 회사의 수익성 개선을 위해 지점의 재배치를 계획 중이다. 일단 영업손실이 B지점에서 발생하고 있으므로 Kim은 B지점의 철수를 고려하기로 하였다. 따라서 부하직원 Lee에게 적자가 발생하고 있는 지점 B를 폐쇄하고 A단독지점으로 운영할 경우, 수익성 개선의 정도를 측정하여 보라 지시하였다. 따라서 Lee는 현재의 매출액과 원가수준이 지속될 경우를 가정하고 B지점 철수 시의 이익변화를 측정하였다.

[토론사항 1] B지점 철수 시의 전체 예상이익은 얼마인가? Kim의 입장에서 B지점의 철수가 바람직한지 여부를 판단하여 보시오. 바람직하다면(바람직하지 않다면) 그 이유는 무엇인가?

Kim은 A지역 지점이 높은 수익성을 나타내고 있으므로 B지점 폐쇄 후 A지역에 하나의 지점을 더 개설할 계획을 세우고 있다. 따라서 이번에는 부하직원 Lee에게 A지역에 제2지점을 개설할 경우의 수익성 개선의 정도를 측정하여 보라 지시하였다.

이 경우, A지역 제2지점의 규모는 B지점과 같은 수준으로 예상하고 있다. 따라서 A지역 제2지점에서 발생하는 비용의 크기는 B지점과 같을 것으로 예상된다. Lee는 A지역의 상권을 조사한 결과 A지역 제2지점의 매출액은 현재 B지점의 수준을 뛰어넘는 3,500,000원 수준이 될 것으로 예상된다. 다만, A지역에 또다른 편의점이 개설되므로 기존 A지점의 매출액은 하락할 가능성이 있다.

[토론사항 2] 제2의 편의점이 현재 A지역 편의점의 매출에 아무런 영향을 미치지 못할 것이라는 가정 하에서 A지역에 제2의 편의점 개설은 바람직한가?

[토론사항 3] 만일 제2의 편의점 개설이 A지역 편의점의 매출을 감소시킨다면, 현재 이익수준을 유지하기 위해 용인 가능한 기존 A지역 매출액의 감소폭은 얼마로 예상되는가?

최근 B지역의 개발이 시작되어 1인가구용 주거시설이 B지역에 들어설 예정이다. Kim은 이러한 변화를 B지역 편의점의 적자를 해소할 수 있는 기회로 인지하고 있다. 따라서 Kim은 부하직원 Lee에게 B지역에 주거시설이 추가적으로 건축될 경우, B지역 편의점의 매출액 변화를 예측해 보도록 지시하였다. Lee는 조사결과 새로 지어지는 주거시설과 B편의점과는 거리가 있어서 B지점의 매출증대 효과는 10% 정도에 그칠 것으로 예상하고 있다.

[토론사항 4] B지역의 매출이 10% 증가한다 하였을 때의 전체 영업이익 수준은?

Lee는 B지역 편의점의 매출증대 효과가 미미하므로 새로 들어서는 주거시설 근방의 B지역에 새로운 지점 개설을 건의하였다. 만일 이 편의점이 개설된다면, 기존 B지점도 역시 얼마간의 매출 하락은 피할 수 없을 것이라 예상되며, 하락 수준은 10%가 될 전망이다. 다만, 새로운 편의점이 개설되므로 기존의 지점관리비는 세 지점에 동일하게 배부될 예정이며, 새로운 편의점의 전기, 가스, 수도료는 기존 B지점과 동일하게 발생할 것으로 예측된다. Lee의 계획을 들은 Kim은 B지역에서 손실이 나지 않게 하기 위해 새로 개설하는 B지점이 최소한으로 달성해야 하는 매출액 수준을 추정해 보라 지시하였다.

[토론사항 5] B지역에 새로운 지점을 개설하였을 때, B지역에서 손실이 발생하지 않게 하기 위해 최소한으로 달성해야 하는 매출액 수준은 얼마인가?

Kim은 새로운 지점을 개설하는 것은 수지가 맞지 않는다 판단하고 다른 대안을 찾아보기로 하였다. 따라서 B지역의 기존 지점을 폐쇄하고 새로 들어서는 주거시설 근처에 A지역의 편의점 규모로 큰 지점을 개설하는 것을 고려하고 있다. 이 경우, 전기, 가스, 수도료는 A지점과 유사한 정도로 청구될 것으로 보이며, 새로 개설되는 B지점의 매출액은 기존 B지점 매출액보다 10% 증가할 것으로 예상된다.

[토론사항 6] 기존 B지역 지점을 철수하고 새로운 지점을 개설하는 것이 바람직한지 여부를 논의하여 보자.

특수한 세금 과세 제품에 대한 회계처리 및 의사결정 – 담배 사례

학습내용

본 사례는 정부가 정해진 목적을 달성하기 위하여 일부 제품에 특수하게 부과하는 세금, 대표적으로 개별소비세, 주세, 담배소비세의 회계처리를 살펴보고, 회계처리가 회사의 경영활동에 어떠한 영향을 미치는지 생각해 본다.

정부가 특수한 목적을 달성하기 위하여 특정 제품에만 한정하여 부과하는 세금이 있다. 사치성 제품(보석, 귀금속, 승용차, 유흥업소 등)에 대한 개별소비세 및 담배소비세, 주세 등이 대표적이다. 이러한 세금이 부과되는 제품을 주요 영업 대상으로 하는 기업의 경우, 해당 세금의 부과방법 및 변동이 회사의 회계처리 및 가격산정, 마케팅, 영업활동 등 전반적인 경영의사결정에 큰 영향을 미치게 된다. 본 사례에서는 회사의 연간 이익에 대하여 부과하는 법인세 외에도 제품 자체에 부과되는 소비세, 지방교육세 및 각종 부담금 등이 제품 가격의 70% 이상을 차지하는 담배(궐련)를 중심으로 이러한 세금이 회계처리 및 경영진 의사결정에 어떠한 영향을 미치는지 살펴본다.

담배에 매겨지는 세금

개별소비세의 경우 물품은 종량세(제품 또는 상품의 수량에 따라 매겨지는 세금)와 종가세(제품 또는 상품의 가격에 일정 비율로 매겨지는 세금)로, 장소는 종가세와 정액세로 과세된다. 담배(궐련)에 매겨지는 담배소비세 및 관련 세금은 부가가치세를 제외하고는 종량제로 책정되어 있어, 제품 가격에 관계 없이 모두 동일하게 1갑당 담배소비세 1,007원, 개별소비세 594원, 지방교육세 443원, 그리고 각종 부담금 및 기금 870원으로 총 2,914원이 매겨진다. 이 중 담배소비세 및 지방교육세는 지방재정, 개별소비세와 부가가치세는 국가재정에 귀속된다.

〈표 1〉은 현재 주요 담배 제품의 가격 및 관련 세금을 제시하고 있다. 가장 많이 팔리는 제품군인 말보로와 에쎄클래식의 가격은 4,500원으로, 담배소비세 및 관련

세금, 부가가치세 포함(법인세는 별도) 총 3,323원을 지급하고 나면 1,177원이 남게 되는 구조이다. 부가가치세만 납부하는 일반적인 다른 제품과 비교하면 사실상 제품 가격이 4,500이 아닌 1,500원도 안되는 셈이다. 즉 이 가격의 담배 제품의 경우는 제품 가격에서 관련 세금이 74%로 제품 가격 중 상당한 부분을 차지하는 것을 알 수 있다. 세금은 부가가치세를 제외하면 가격과 상관 없이 갑(보루)당으로 매겨지는 종량제로 책정된다. 따라서 가격이 5,000원으로 상대적으로 높은 에쎄스페셜골드, 클라우드9 등의 경우 가격 대비 세금 부담이 67%로 낮고, 가격이 4,000원으로 낮은 디스, 켄트 등의 경우에는 세금 비중이 82%로 높다.

〈표 1〉 **현재 담배 가격 및 관련 세금**

판매 가격	디스/켄트/ 메비우스 **4,000**	말보로/던힐/레종/ 에쎄클래식 **4,500**	에쎄스페셜골드/ 클라우드9 **5,000**
세　금			
- 담배소비세	1,007	1,007	1,007
- 개별소비세	594	594	594
- 지방교육세	443	443	443
- 건강증진부담금	841	841	841
- 폐기물부담금	24	24	24
- 연초생산안정화기금	5	5	5
- 부가가치세	364	409	455
세금 합계	**3,278**	**3,323**	**3,369**
가격 대비 세금 비중	**82%**	**74%**	**67%**

담배소비세 변동

담배 관련 세금은 가장 최근으로는 2015년 초에 인상되었다. 담배 가격은 세금의 영향을 크게 받으므로, 이에 따라 담배 가격도 같은 시기에 함께 인상되었다. 가격 인상 이전의 담배 관련 세금은 〈표 2〉에 제시되어 있다.

〈표 2〉 2015년 가격 인상 전 담배 가격 및 관련 세금

	디 스	던힐/에쎄클래식	말보로	에쎄스페셜골드
판매 가격	**2,000**	**2,500**	**2,700**	**3,000**
세 금				
- 담배소비세	641	641	641	641
- 개별소비세				
- 지방교육세	321	321	321	321
- 건강증진부담금	354	354	354	354
- 폐기물부담금	7	7	7	7
- 연초생산안정화기금	15	15	15	15
- 부가가치세	182	227	245	273
세금 합계	**1,519**	**1,565**	**1,583**	**1,610**
가격 대비 세금 비중	**76%**	**63%**	**59%**	**54%**

국세인 개별소비세는 2015년 관련 세금 인상 시 새로 도입된 것으로 이전에는 없었다. 인상액을 상세히 살펴보면 담배소비세 366원, 개별소비세 신설로 594원, 지방교육세 123원, 건강증진부담금 487원, 폐기물부담금 17원이 증가하고 연초생산화안정화기금은 10원 감소하여 총 1,576원 인상된 것을 확인할 수 있다. 세금 인상 전 말보로 가격은 2,700원으로 비슷한 주요 제품군인 던힐 및 에쎄클래식의 가격보다 200원 높았다.

담배소비세 관련 회계처리

담배소비세, 특별소비세 및 주세 등의 소비세는 최종 소비자를 대신하여 세무당국에 납부하고 제품 판매 시 사후적으로 회수하는 부분이므로 실질적으로 판매자에게 귀속되는 경제적 효익의 유입으로 볼 수 없다(회계기준적용의견서 04-1). 따라서 매출액에 포함시키지 않는다. 또한 재고자산을 구성하는 취득원가에 포함되는 부대원가도 아니므로 매출원가에도 포함시키지 않는다. 국내에서 제조하여 판매하는 담배제품의 경우 다음과 같이 회계처리한다.

시 점	회계처리			
출고 시	대납담배소비세	×××	미납담배소비세	×××
담배판매 시	매출채권	×××	매 출	×××
담배소비세 납부 시	미납담배소비세	×××	현 금	×××
판매대가 회수 시	현 금	×××	매출채권	×××
			대납담배소비세	×××

단, 계정과목은 회사가 다르게 선택할 수 있으며, 주세 및 다른 특별소비세의 경우에도 동일한 방식으로 회계처리한다.

향후 담배 가격 인상 가능성

보건복지부는 2021년 1월 제5차 국민건강증진종합계획을 발표하면서, OECD 평균 담뱃값 수준의 건강증진부담금 인상을 통한 담뱃값 인상안을 제시했다(1월 27일 보도자료 참고). 한국은 1994년 이후 담배 관련 세금 신설 또는 인상을 통해 담뱃값을 7차례 인상하였으며, 가장 최근에는 2004년 500원 인상(대표 제품기준 2,000원에서 2,500원)한 이후 2015년 2,500에서 4,500원으로 인상하였다. 2020년 기준 OECD

[그림 1] **나라별 말보로 가격**

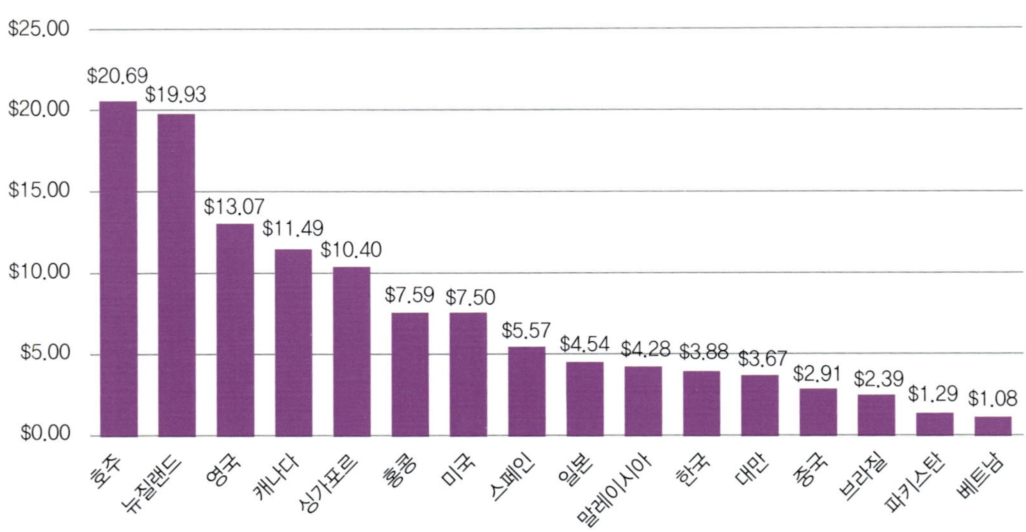

출처: https://fairreporters.net/health/prices(of(cigarettes(by(state)

가입국 평균 가격이 약 8,000원 수준임을 고려할 때, 향후 가격이 더 인상될 여지는 충분하다. 참고로, 2020년 기준 말보로 한 갑당 주요 국가별 가격은 앞의 [그림 1]과 같다.

[토론사항 1] 2015년 담배소비세 인상이 담배를 판매하는 회사의 손익에 어떠한 영향을 미쳤을지 논의해 보자. 감사보고서가 공시되는 담배회사(브리티쉬아메리칸토바코, 필립모리스, 케이티앤지)의 재무제표를 검색하여 실제로 어떻게 변동되었는지 확인해 보자.

[토론사항 2] 〈표 3〉에 담배 세금인상 이전인 2014년과 이후인 2015년 필립모리스의 재무상태표 및 손익계산서가 비교 표시되어 있다. 가격 인상 전후로 크게 변동한 항목을 찾아보고, 회사의 어떠한 활동이 이러한 변동을 발생시켰을지 토론해 보자.

[토론사항 3] 2015년 초 담배 관련 세금 인상으로 담배 가격이 인상됨에 따라 판매량 감소가 예상되었다. 이러한 상황에서 필립모리스, 브리티쉬아메리칸토바코 등 담배회사에서 수익성을 높이기 위한 어떠한 의사결정을 하였는지 신문기사 등을 찾아보자. 또한 추후 관련 세금이 다시 인상되는 경우 회사 입장에서 수익성을 높이기 위한 의사결정은 어떤 것이 있을지 논의해 보자.

[토론사항 4] 기획재정부 보도자료(2017.1.7)에 따르면, 2015년 담뱃값 인상으로 담배 판매량 및 반출량 변동은 다음 표와 같이 판매량은 10억갑, 반출량은 13.3억갑 감소하였다(궐련 기준). 통상적으로 담뱃값 인상 전 연도에는 매출이 증가하고, 그 다음 해에는 매출이 감소하게 된다. (단위: 억갑)

구 분	'14년	'15년	증감	증감률
판매량	43.6	33.3	△ 10.3	△ 23.7%
반출량	45.0	31.7	△ 13.3	△ 29.6%

또한 정부 입장에서의 관련 세수 변동은 다음과 같이 2014년 6.9조원에서 2015년 10.5조원으로 약 3.5조원 증가하였다.

(단위: 조원)

합 계			국 세			지방재정			건강증진부담금 등		
'14년	'15년	증감	'14년	'15년	증감	'14년	'15년	증감	'14년	'15년	증감
6.9	10.5	3.6	0.6	1.6	1.0	4.8	6.2	1.4	1.6	2.8	1.2

기획재정부 보도자료에 따르면(2020.1.29), 2020년 담배 판매량은 32.1억갑으로 집계되었다. 담배 가격 인상 이후 판매량과 반출량, 세수 변동은 다음과 같다.

구 분	'14	'15	'16	'17	'18	'19	'20
판매량(억갑)	43.6	33.3	36.6	35.2	34.7	34.5	35.9
반출량(억갑)	45.0	31.7	37.3	34.2	35.8	33.6	36.4
제세부담금(조 원)	7.0	10.5	12.4	11.2	11.8	11.0	12.0

출처: 2020년 담배시장 동향, 보도 · 참고자료 | 기획재정부 (moef.go.kr)

2015년 담뱃값 인상 후의 판매 및 반출량 추이를 고려할 때, 만일 담배 가격이 8,000원 수준까지 증가하는 경우 관련 판매량 및 세수는 어떻게 변동할지 추정해 보고, 정부 세수 입장에서 담배 가격을 인상하는 것이 유리할지 토론해 보자.

[토론사항 5] 기획재정부는 2020년부터 맥주와 탁주(막걸리)의 세금을 종가세가 아닌 종량세로 전환한다고 발표하였다. 기존 종가세 세제에 따르면 국산 맥주는 제조원가와 판매관리비 및 이윤이 모두 포함된 판매가격(출고가격)을 기준으로 세율이 적용되는 데 반해 수입맥주는 수입신고가격(판매관리비 및 이윤 제외, 관세 포함)을 기준으로 하고 있어 형평성 논란이 제기되어 왔으며, 또한 고품질 주류 개발을 저해한다는 지적도 있었다. 종량세로 전환되면 단위당으로 세금이 매겨지므로, 같은 캔맥주의 경우 동일한 세금을 지급하게 된다. 맥주의 종류별(생맥주, 페트맥주, 병맥주) 세제 변경 전후 세금 차이를 찾아서 비교해 보고, 각 제품을 판매하는 회사의 손익 및 전략이 어떻게 달라질지 토론해 보자.

〈표 3〉 담배 세금 인상(2015 초) 전후 필립모리스의 재무상태표 및 손익계산서

재무상태표

제 27 기 : 2015년 12월 31일 현재

제 26 기 : 2014년 12월 31일 현재

한국필립모리스 주식회사 (단위: 백만원)

과 목	제 27 (당) 기		제 26 (전) 기	
자 산				
Ⅰ. 유동자산		378,735		404,855
(1) 당좌자산		298,244		303,866
1. 현금및현금성자산	226,824		23	
2. 매출채권	17,325		65,472	
대손충당금	(173)		(655)	
3. 미수금	7,145		7,889	
대손충당금	(71)		(79)	
4. 미수수익	235		18	
5. 선급비용	1,298		1,532	
6. 선급금	-		29	
7. 대납담배소비세 등	41,291		225,746	
8. 파생상품자산	-		1,788	
9. 유동이연법인세자산	4,371		2,101	
(2) 재고자산		80,491		100,990
1. 상 품	163		44	
2. 제 품	16,451		35,142	
제품평가충당금	(472)		-	
3. 원재료	34,517		30,051	
원재료평가충당금	(166)		-	
4. 재공품	1,560		2,187	
5. 저장품	12,372		9,891	
저장품평가충당금	(3,491)		(615)	
6. 미착품	19,557		24,290	

과 목	제 27 (당) 기		제 26 (전) 기	
Ⅱ. 비 유 동 자 산		283,708		301,823
(1) 투자자산		58		58
1. 기계장치	178		178	
기계장치 감가상각누계액	(120)		(120)	
(2) 유형자산		265,844		285,696
1. 토 지	31,447		31,447	
2. 건 물	79,610		79,610	
감가상각누계액	(7,264)		(5,274)	
3. 구축물	19,374		19,081	
감가상각누계액	(4,265)		(3,144)	
4. 기계장치	205,266		215,532	
감가상각누계액	(65,187)		(59,597)	
감액손실누계액	(1,532)		(2,256)	
5. 차량운반구	530		530	
감가상각누계액	(496)		(426)	
6. 비 품	11,280		10,658	
감가상각누계액	(7,147)		(6,023)	
7. 임차시설물	2,715		1,887	
감가상각누계액	(1,510)		(1,040)	
8. 건설중인자산	3,022		4,711	
(3) 기타비유동자산		17,806		16,068
1. 장기선급비용	10		158	
2. 보증금	8,867		8,714	
3. 비유동이연법인세자산	8,929		7,197	
자산 총계		662,443		706,678
부 채				
Ⅰ. 유동부채		391,493		488,606
1. 단기차입금	-		254,845	
2. 매입채무	25,083		23,398	
3. 미지급금	33,042		27,393	

과 목	제 27 (당) 기		제 26 (전) 기	
4. 예수금	2,458		2,811	
5. 부가세예수금	59,015		35,345	
6. 미지급비용	18,905		12,202	
7. 미지급담배소비세 등	208,136		105,740	
8. 미지급법인세	44,776		25,711	
9. 파생상품부채			1,160	
10. 복구충당부채	78			
Ⅱ. 비유동부채		33,873		29,530
1. 퇴직급여충당부채	32,178		28,572	
2. 장기미지급비용	828		958	
3. 복구충당부채	867			
부채 총계		**425,366**		**518,136**
자 본				
Ⅰ. 자본금		30,204		30,204
1. 보통주자본금	30,204		30,204	
Ⅱ. 이익잉여금		206,873		158,337
자본 총계		**237,077**		**188,541**
부채와 자본 총계		**662,443**		**706,678**

손익계산서

제 27 기 : 2015년 1월 1일부터 2015년 12월 31일까지

제 26 기 : 2014년 1월 1일부터 2014년 12월 31일까지

한국필립모리스 주식회사 (단위: 백만원)

과 목	제 27 (당) 기		제 26 (전) 기	
Ⅰ. 매출액		**810,871**		**703,027**
Ⅱ. 매출원가		**329,237**		**289,362**
Ⅲ. 매출총이익		**481,633**		**413,666**
Ⅳ. 판매비와관리비		229,712		228,407
Ⅴ. 영업이익		**251,921**		**185,258**
Ⅵ. 영업외수익		18,916		12,618

과 목	제 27 (당) 기		제 26 (전) 기	
1. 이자수익	1,397		398	
2. 외환차익	5,492		870	
3. 외화환산이익	638		263	
4. 수입수수료	5,044		611	
5. 유형자산처분이익	1,184		50	
6. 파생상품거래이익	4,820		6,752	
7. 파생상품평가이익			1,788	
8. 전기부가세환급금			1,584	
9. 기타대손충당금환입	7			
10. 잡이익	333		303	
Ⅶ. 영업외비용		16,977		15,370
1. 이자비용	1,087		2,655	
2. 외환차손	7,361		1,788	
3. 외화환산손실	851		5,602	
4. 기부금	371		342	
5. 감가상각비	515			
6. 유형자산처분손실	766		383	
7. 유형자산감액손실	119		692	
8. 유형자산폐기손실	45			
9. 파생상품거래손실	4,483		2,692	
10. 파생상품평가손실			1,160	
11. 매출채권처분손실	573			
12. 기타대손상각비			48	
13. 잡손실	805		7	
Ⅷ. 법인세차감전순이익		**253,861**		**182,506**
Ⅸ. 법인세비용		**62,090**		**39,270**
Ⅹ. 당기순이익		**191,771**		**143,235**

(주)동주농장
- 스마트팜 자본예산(capital budgeting) 분석

학습내용

본 사례를 통해 기업의 자본예산 투자결정을 위한 현금흐름 분석, 자본비용 계산, 그리고 투자의사결정모형에 대해 학습한다.

(주)동주농장은 1999년 8월 1일 설립되었으며 농산물 재배 및 농산물 식품의 도소매업을 사업목적으로 하고 있다. 농장에서는 바질 등의 허브, 상추 등의 잎채소, 오이, 피망 등의 넝쿨 작물과 블루베리, 딸기 등을 재배하고 있다.

(주)동주농장은 스마트팜을 도입하는 것을 고려 중이다. 스마트팜이란 비닐하우스, 유리온실이나 축사 등에 ICT(information and communication technology)를 접목하여 자동으로 작물과 가축의 환경을 적정하게 유지하고 관리할 수 있는 농장을 의미하는 것으로 1차 산업인 농업의 효율성을 높이는 기술이다. (주)동주농장은 스마트팜 시설투자를 통해서 작물의 생육정보와 환경정보에 대한 데이터를 기반으로 최적 생육환경을 조성하여, 노동력을 줄이고, 양분 등을 덜 투입하고도 농산물의 생산성과 품질 향상을 가능하게 할 것으로 기대하고 있다.

2021년 12월 20일, 스마트팜 설치기업인 (주)스마트온(SmartOn)의 김형직 이사는 (주)동주농장을 방문하여 스마트팜 시설에 대해서 설명했다. 김형직 이사는 스마트팜 시설이 농장의 온도, 습도, 토양수분 등에 대한 정보를 수집하고 원격 모니터링하여 농산물이 자라기 좋은 환경을 관리할 뿐만 아니라, 병해충 관리, 냉한해 방지, 적정 관수 등 통합적인 생장관리를 가능하게 하여 농산물의 품질과 생산성을 향상시킬 수 있다고 설명했다. 더욱 중요한 것으로, ICT를 접목한 스마트팜 시설은 노동력을 절감하여 농장 작업자의 삶의 질도 개선되어 농장에서 근무하기를 희망하는 신규 인력도 증가해 인력난 해소에도 기여할 것으로 기대된다고 설명했다.

(주)동주농장이 스마프팜 시설을 설치하기 위해서는 2022년과 2023년에 걸쳐 약 2년의 시간이 설계와 공사에 소요될 것으로 예상된다. 스마트팜 투자액은 2022년

에 ₩15,000,000,000이 그리고 2023년에는 ₩8,000,000,000이 투입될 것이다. 총 230억원의 투자비용 중 30%는 미래 농업경제 활성화를 위한 정책의 일환으로 정부 지원이 가능하다. 향후, 스마트팜 시설은 (주)동주농장이 노동비와 생산비용 등의 각종 비용을 절감하게 할 것으로 기대된다. 시설이 완공된 첫해인 2023년에 기존의 판매관리비 대비 20%의 비용이 절감되고 그 이후로는 판매관리비의 30%가 절감될 것이다. 판매관리비의 절감은 스마트팜 시설설비에 대한 유지보수비용을 고려하여 산정되었다. 또한, 첨단기술을 활용한 농작물 재배 환경관리로 인해 농작물의 품질과 생산성이 향상되고, 이와 함께 상품의 품질관리로 인한 가격 상승으로 인해 매출액이 증가할 것이다. (주)동주농장은 스마트팜 시설로 인해 매출액이 2022년에는 2021의 매출을 유지하지만, 2023년부터 향후 5년간의 매출은 전년도 대비 15% 증가할 것으로 예측한다. 5년 이후부터는 매출의 증가는 미미할 것으로 예측한다. 2021년의 매출은 ₩4,000,000,000이었다. 매출의 증가는 재고자산과 매출채권도 증가시킬 것이다. 총운전자본은 매출의 20%이다. 따라서, 2023년부터 순운전자본(net working capital)에 대한 투자는 매출액 증가분의 20%가 될 것이다. 투자된 유형자산은 스마트팜 설치가 완성된 2023년부터 내용연수 10년에 걸쳐 정액법으로 감가상각하고 잔존가치는 없다. (주)스마트온(SmartOn)의 김형직 이사에 의하면, 스마트팜 설비의 내용연수를 10년으로 보고 감가상각하지만 실제 스마트팜 설비의 사용가능 연수는 15년이 넘을 것이라고 하였다.

(주)동주농장은 투자에 대한 최소수익률(hurdle rate; discount rate)이 10%는 되어야 한다는 기업 내부 방침을 가지고 있다. 해당 최소수익률은 농장의 과거 10년 동안의 자본비용(cost of capital)에 근거하여 결정하였다. 그러나, 최소수익률 10%는 정교한 계산과정없이 단순 데이터를 사용하여 결정한 수익률로서 검토가 반드시 필요하다고 경영진은 판단하고 있다. 최소수익률의 검토를 위해서 (주)동주농장의 재무팀은 〈표 1〉에 필요한 정보를 수집하여 제시하였다. (주)동주농장의 유효법인세율은 30%라고 가정한다.

[토론사항 1] 자본예산(capital budgeting)이란 무엇이고 어떤 분석방법들을 통해 자본투자 의사결정을 하는지 학습하시오.

[토론사항 2] (주)동주농장은 어떤 할인율(discount rate)을 사용하여 현금흐름을 분석해야 하는가? (주)동주농장의 내부수익률(IRR; internal rate of return)을 계산하시오.

[토론사항 3] (주)동주농장의 부채비용과 자본비용을 각각 확인하고, 가중평균자본비용(WACC; weighted-average cost of capital)을 계산하시오. 가중평균자본비용을 이용하여 (주)동주농장의 스마트팜에 대한 투자를 2022년을 기준으로 투자안의 순현재가치(NPV; net present value)를 계산하고 투자의 타당성에 대해서 토론하시오.

[토론사항 4] 회수기간법(payback period method)을 이용하여 자본투자의 타당성을 분석하시오.

〈표 1〉

1. (주)동주농장 자본비용 정보

은행 기준금리	1.25%
채권수익률(bond rate)	
채권수익률(1년)	0.5%
채권수익률(5년)	1.5%
채권수익률(10년)	2.05%
시장위험프리미엄(market risk premium)	6.0%
회사채금리(corporate bonds)	
Aaa	2.5%
Aa	3.5%
A	3.9%
Baa	5.0%

2. (주)동주농장 요약 재무정보

단기차입금(bank loan payable)	₩1,000,000,000
장기부채(long-term debt)	₩4,000,000,000
자기자본(common equity)	₩500,000,000
유통주식수(number of shares outstanding)	1,000,000
주당 장부가치(book value per share)	₩5,000
주당 시장가치(market value per share)	₩20,000
회사채 등급(corporate bond rating)	A
Beta	1.10

[저자 약력]

김유라

現 서울시립대학교 경영대학 교수
UCLA 응용수학과 이학사(1997)
KT연구원 근무
Purdue University, 경영학 석사(2000)
Holthouse, Carlin, & Van Tright LLP, 회계법인 근무
삼성토탈 근무
University of Maryland 경영학 박사(2011, 회계학 전공)
국민대학교 경영대학 조교수(2012~2014)
미국공인회계사(AICPA), 공인관리회계사(CMA)

김선미

現 전남대학교 경영대학 부교수
現 기획재정부 국가회계제도심의위원회 민간위원, 전라남도 지방보조금 심의위원회 위원, 광주광역시 지방세심의위원회 위원, 전라남도 재난관리기금 및 재해구호기금 운용관리 위원회 심의위원 등
광주광역시 서구 금고지정심의위원회 위원(2017~2019)
고려대학교 경영학 석사(2009)
고려대학교 경영학 박사(2012)

김진욱

現 건국대학교 경영대학 교수, 경영전문대학원 부원장
건국대학교 경영학과/부동산학과 졸업(2005)
Ohio State University 회계학과 졸업(2006)
Cornell University 통계학 석사(2008)
University of Oregon 경영학 박사(2012, 회계학 전공)
Rutgers University 조교수(2012~2013)
금융감독원 회계제도실 자문교수(2015~2016)

이세중

現 서울시립대학교 경영대학 부교수, 입학부처장
강의우수교수상, 서울시립대학교(2020~2021)
서울대학교 경제학부 졸업(2000)
한국은행 경제통계국, 금융안정국, 경제연구원 근무
고려대학교 경영학 석사(2012)
The University of Hong Kong 경영학 박사(2016, 회계학 전공)
홍익대학교 경영대학 조교수(2016~2018)

정주렴

現 서울시립대학교 경영대학 부교수
연세대학교 경영학 학사, 박사(2000, 2016)
서울대학교 경영학 석사(2012)
삼일회계법인 감사팀(1999~2003)
BATK 영업재무팀장, 회계팀장, 내부감사팀장, 프로젝트관리(2003~2011)
강의우수교수상, 서울시립대학교(2018~2019, 2021)
한국공인회계사, 세무사

Case로 배우는 회계학

2022년 5월 23일 초판 인쇄
2022년 5월 25일 초판 발행

저 자 김유라·김선미·김진욱·이세중·정주렴
발행인 윤 동 구
발행처 **창 민 사**
서울시 마포구 창전로 46 4층 401호
등 록 1999. 10. 28/제10-1846호
전 화 3272-1243~4
팩 스 3272-1245
e-mail cmbooks@hanmail.net

정가 23,000원 ISBN 979-11-92272-02-3 93320